Jörg Breitenfeld

Leben unter dem Infohighway

Entwicklungen und Tendenzen der Informationsgesellschaft (Internet, Online-Dienste, Mailboxen, Interaktives Fernsehen)

Jörg Breitenfeld

Leben unter dem Infohighway

Entwicklungen und Tendenzen der Informationsgesellschaft (Internet, Online-Dienste, Mailboxen, Interaktives Fernsehen)

diplom.de

Bibliografische Information der Deutschen Nationalbibliothek:

Bibliografische Information der Deutschen Nationalbibliothek: Die Deutsche Bibliothek verzeichnet diese Publikation in der Deutschen Nationalbibliografie; detaillierte bibliografische Daten sind im Internet über http://dnb.d-nb.de/ abrufbar.

Copyright © 1995 Diplomica Verlag GmbH
Druck und Bindung: Books on Demand GmbH, Norderstedt Germany
ISBN: 978-3-8386-3977-2

http://www.diplom.de/e-book/219615/leben-unter-dem-infohighway

Jörg Breitenfeld

Leben unter dem Infohighway

Entwicklungen und Tendenzen der Informationsgesellschaft (Internet, Online-Dienste, Mailboxen, Interaktives Fernsehen)

Seminararbeit
an der Universität der Künste zu Berlin
Fachbereich 5
Lehrstuhl für Prof. Bernward Wember
Dezember 1995 Abgabe

Diplom.de

Diplomica GmbH
Hermannstal 119k
22119 Hamburg

Fon: 040 / 655 99 20
Fax: 040 / 655 99 222

agentur@diplom.de
www.diplom.de

ID 3977
Breitenfeld, Jörg: Leben unter dem Infohighway · Entwicklungen und Tendenzen der
Informationsgesellschaft (Internet, Online-Dienste, Mailboxen, Interaktives Fernsehen)
Hamburg: Diplomica GmbH, 2001
Zugl.: Berlin, Kunsthochschule, Seminararbeit, 1995

Diplomica GmbH
http://www.diplom.de, Hamburg 2001
Printed in Germany

„*Er schaute auf die Coke-Uhr des Kiosks. Seine Mutter wäre mittlerweile daheim von Boston; wenn nicht, würde sie eines ihrer liebsten Rührstücke verpassen. Neues Loch im Kopf. Sie war sowieso nicht klar im Kopf, was nicht an der Buchse lag, die sie schon vor seiner Geburt gehabt hatte und deren statisches Rauschen und schlechte Auflösung sie jahrelang beklagt hatte, weshalb sie sich schließlich einen Kredit besorgte und das Ding in Boston billigst auswechseln ließ.*" (W. Gibson: Biochips –München: Heyne 1988, S. 54)

1/0-19/96

Inhaltsverzeichnis

1 Einleitung

Der Titel dieser Arbeit, LEBEN UNTER DEM INFOHIGHWAY, kann mehrfach interpretiert werden, und dies ist durchaus beabsichtigt. Drei Feststellungen, die in den folgenden Kapiteln dokumentiert werden, lassen sich herauslesen:

- Wir leben bereits unter dem Infohighway.

Nur hieß er bis vor kurzem noch nicht so. Er ist keine Fiktion. Millionen nutzen seit Jahren seine Bestandteile: Internet, Online-Dienste und Bulletin Board Systeme. Das Interaktive Fernsehen ist eine Ergänzung.

- Viele müssen *unter* dem Infohighway leben.

Während „oben" die Daten der „Infoelite" hin- und herrasen, bleibt das „Infoproletariat" wegen der hohen Kosten und komplizierten Technik ausgegrenzt und schaut weiter „in die Röhre".

- Aber es existiert auch *Leben* unter dem Infohighway.

Subkulturen haben sich gebildet, die seine Kapazität für Unternehmungen nutzen, für die er nicht konzipiert wurde. Das Spektrum reicht von Kreativität bis Kriminalität.

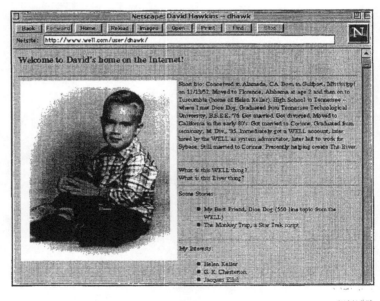

Abb. 1: Netzteilnehmer David Hawkins, inzwischen etwas älter als auf dem Foto, hat sich ein virtuelles „Heim" im Internet eingerichtet. Es nennt sich *Home Page* (siehe Abschnitt 4.2 Netzfolklore, *Home Page*).

Ziel dieser Arbeit ist es, einen differenzierten Einblick in bestehende und demnächst verfügbare Einsatzbereiche des *Infohighways* zu geben, von denen das tägliche Leben in der Informationsgesellschaft zunehmend betroffen sein wird. Einen visuellen Eindruck der Anwendungen vermitteln zahlreiche Abbildungen. Genauer betrachtet werden unter anderem elektronische Diskussionsforen, Homeshopping und Video-On-Demand.

Darüber hinaus befaßt sich die Arbeit mit wirtschaftlichen, technologischen, gesellschaftlich-kulturellen und politischen Fragestellungen sowie Chancen und Risiken, die bei der Einführung der interaktiven Dienste eine Rolle spielen. Außerdem werden verschiedene Ausprägungen bereits aktiver Teilnehmer in einer Reihe von Beispielen vorgestellt.

Insgesamt liegt der thematische Schwerpunkt auf dem facettenreichen Gebiet der computergestützten Kommunikation, denn sie wird auch zukünftig das vorrangige Einsatzgebiet des *Infohighways* darstellen. Demgegenüber werden Spezialanwendungen wie Telearbeit, Telemedizin oder Verkehrsleitsysteme weniger ausführlich behandelt. Diese Verfahren sind derzeit noch in einem zu geringen Umfang eingeführt.

Technische Fachbegriffe und Zusammenhänge werden in verständlicher Sprache erläutert, so daß auch Leser, die sich mit der Verwendung netzgestützter Dienste nicht auskennen, die Übersicht behalten.

Die Arbeit gliedert sich in vier größere Abschnitte. Das nachfolgende Kapitel erläutert zunächst grundlegende Begriffe, die der *Infohighway* mit sich bringt. Im Anschluß folgt eine ausführliche Gegenüberstellung der vier wesentlichen „Fahrspuren" des *Infohighways*: Internet, Bulletin Board Systeme, Online-Dienste und Interaktives Fernsehen. Deren Ursprünge und zukünftige Entwicklung gehören ebenso zu den Themen wie technologische Voraussetzungen und typische Merkmale.

Der nächste Abschnitt (Kapitel 3) befaßt sich mit den politischen Maßnahmen, die in den Industrienationen eingeleitet worden sind, um für die Entwicklung einer Informationsinfrastruktur zu sorgen. Im Anschluß an einen internationalen Vergleich erfolgt eine Bestandsaufnahme der Aktivitäten in der Europäischen Union und in Deutschland.

In Kapitel 4 stehen Ausprägungen der computergestützten Kommunikation und der Netzteilnehmer im Vordergrund. Die vielfältigen Bestandteile der Netzfolklore werden an einer Reihe von Beispielen dargestellt.

Kapitel 5 faßt die wesentlichen Chancen, Risiken und offenen Fragen, die sich aus der weiteren Entwicklung des *Infohighways* ergeben, in einer Gegenüberstellung zusammen.

2 Die Fahrspuren des Infohighways

2.1 Theoretische Grundlagen

Rechenzentren, Supercomputer und Heim-PCs verschmelzen in mehr und mehr Ländern zu einem Gebilde, das von Kupferdrähten, Glasfaserleitungen und geostationären Satelliten zusammengehalten wird. „Internet" heißt der Ursprung dieser Struktur, doch ist dieser anfangs militärisch begründete Rechnerverbund längst nur noch Teil einer Kombination aus Netzwerken von Telefongesellschaften, Computerunternehmen, Forschungsinstituten und Medienkonzernen sowie behördlichen und privaten Initiativen.

Diesen Gesamtkomplex in einem Begriff zusammenzufassen, hat sich aus Sicht vieler Autoren und Experten immer wieder als schwierig erwiesen. Im folgenden Abschnitt werden einige Ansätze genannt. Anschließend kommen die wichtigsten Veränderungen gegenüber bisherigen Medien zur Sprache, die der *Infohighway* mit sich bringt.

2.1.1 Von der Matrix zum Entertainment Highway

Am Anfang war der *Cyberspace*.[1] Der kanadische Science Fiction-Autor William Gibson verwendete diese Wortschöpfung 1984 im ersten Band seiner „Neuromancer"-Trilogie.[2] Vor unserem geistigen Auge läßt er darin ein elektronisch erzeugtes Universum entstehen, das sich aus den Datenbanken globaler Computernetzwerke zusammensetzt. Die visualisierten Strukturen durchstöbern Speed-abhängige High-Tech-Diebe auf der Suche nach unzugänglichen Geheiminformationen.

Der Mythos des *Hackers* wird also auf die Zukunft übertragen, wo dieser als *Cybernaut* den Kampf gegen Weltkonzerne aufnimmt. Zugleich sehen sich die Anhänger jener Subkultur, die in den achtziger Jahren unter dem Namen „Punk" bekannt wurde, in der von „Neuromancer" geprägten Literatur- und Modebewegung als futuristische Enkel der *Nintendo*-Generation wiederauferstehen: als *Cyberpunks*.[3] Gibsons Zukunftsentwurf erwies sich als derart visionär, daß sich inzwischen *Cyberspace* als eine Bezeichnung für jede Art von weitverzweigtem Rechnernetz durchgesetzt hat.[4] Doch es gab auch Versuche, die poetisch geprägte Metapher vom *Cyberspace* durch eine

---

[1] wörtlich: Kybernetischer Raum. In deutschen Veröffentlichungen auch: *Digitalien*.

[2] Vgl. Gibson, William: Neuromancer –München: Heyne 1987, S. 12; Die Nachfolgebände tragen die Titel Biochips (Heyne 1988) und Mona Lisa Overdrive (Heyne 1989).

[3] Viele Netzteilnehmer bezeichnen sich als *Cyberpunks*, ohne eindeutig beschreiben zu können, was sie darunter verstehen.

[4] Andere Autoren fassen den Ausdruck allgemeiner auf und bringen ihn nicht mit Netzwerken in Verbindung. In diesem Fall ist dann *Cyberspace* ein „vom Computer erzeugter Erfahrungsraum" (Hooffacker, Gabriele: Online. Telekommunikation von A bis Z –Reinbek: Rowohlt 1995, S. 45.) Hierzu zählen aber bereits grafisch aufbereitete Computerspiele.

wissenschaftlichere Variante zu ergänzen. *Matrix*[5] nennt John Quarterman die Summe aus den vier meistgenutzten Computernetzwerken, Internet, „FidoNet", *UUCP* und „BITnet", mit denen Hunderttausende weiterer Rechner über Verbindungsbrücken *(Gateways)* verknüpft sind. Gegen den Begriff spricht jedoch der gitterartige Charakter, der damit assoziiert wird. Ähnliches gilt für die knappe Bezeichnung *The Net*,[6] die ohnehin zumeist nur als Synonym für das Internet gebraucht wird. Streng geometrisch und in Maschen geordnet sind die Rechenzentren der Welt ganz sicher nicht miteinander verbunden. Vielmehr geben weitgehend ungeregelte geographische und ökonomische Bedingungen vor Ort den Ausschlag bei jeder Phase des Ausbaus. Dem durchaus organischen Wachstum der vielen Netzsegmente zu einem Gesamtkomplex wird der Begriff *World Wide Web*[7] *(WWW)* schon eher gerecht. Leider beschreibt *WWW* nur einen speziellen Teil des Internet, in dem grafisch ansprechende und untereinander verknüpfte Angebote dominieren (siehe Abschnitt 2.2.1 Internet). Wieder andere plädieren für eine Bezeichnung, die auch die zunehmende Nutzung drahtloser Datenübertragung berücksichtigt. Aus der ehemals noch sichtbar verkabelten Struktur entsteht so ein vollkommen diffuses Gebilde aus elektronischer Konversation und Information, das sich über Satelliten und High-Tech-Schaltungen ausbreitet: *The Aether*.[8]

Am verbreitetsten ist jedoch die Bezeichnung *Information Superhighway* *(I.S.)*, ein Ausdruck des amerikanischen Vizepräsidenten Albert Gore, den er formulierte, um der abflauenden US-Wirtschaft neue Impulse zu geben. Mit diesem Begriff verbunden ist eine politische Initiative der Clinton-Administration, aus der ein weltweites Telekommunikationsnetz der näheren Zukunft hervorgehen soll. Diesen Plänen haben sich inzwischen auch die anderen führenden Wirtschaftsnationen angeschlossen. Entscheidender Auslöser ist die Erkenntnis, daß die bestehende Gesellschaft industrieller Prägung im Begriff ist, sich in eine Informationsgesellschaft zu verwandeln (siehe Abschnitt 3, Staatliche Einflußnahme).

Der *Information Superhighway* soll der Bevölkerung allerdings nicht nur Auskünfte, komfortable Telefongespräche oder Videokonferenzen via Glasfaser- und Satellitenverbindung zur Verfügung stellen, sondern auch Spiele mit vernetzten Teilnehmern sowie Bestellungen von Produkten und Dienstleistungen jeder Art. Es wird deutlich, daß Information[9] tatsächlich nur ei-

---

[5] Vgl. Quarterman, John: The Matrix. Computer Networks and Conferencing Systems Worldwide –Bedford: Digital Press 1990.

[6] 1995 erschien unter diesem Titel ein Spielfilm, der sich mit den Sicherheitslücken im Internet beschäftigte.

[7] engl.: weltweites (Spinnen-)Netz

[8] engl.: Äther. Vgl. Wolf, Gary und Michael Stein: Aether Madness. An Offbeat Guide to the Online World –Berkeley: Peachpit Press 1995, S. IX.

[9] In der vorliegenden Arbeit wird davon ausgegangen, daß Information die Vermittlung von Neuigkeiten beinhaltet bzw. umgekehrt ausgedrückt die „Verringerung von Ungewißheit" (Laisiepen, Klaus, E. Lutterbeck, K.-H. Meyer-Uhlenried: Grundlagen der praktischen Information und Dokumentation. Eine Einführung –München: Saur 1980, S. 19).

nen von vielen Bestandteilen ausmacht. Angesichts des starken Engagements der Unterhaltungsbranche, die sich von der Nutzung „interaktiver" Programmangebote (z.B. *Video-On-Demand*) hohe Umsätze verspricht, reden manche auch schon von der „medialen Geisterbahn"[10] oder vom *Entertainment Highway*.

Um auf die Internationalität der verfügbaren Inhalte zu verweisen bzw. auf die hohe Geschwindigkeit, die auf deutschen Autobahnen erlaubt sind, geht man in den USA häufig dazu über, von der sogenannten *Infobahn*[11] zu sprechen. In Deutschland verwendet man in diesem Zusammenhang auch den Begriff *Datenautobahn*. Die Highway-Metapher findet aus Sicht des Anwenders ihre Entsprechung, wenn anstelle von Fahrzeugen Informationen und Dienstleistungen an einer Vielzahl von „Mautstellen" vorbei über Glasfaserleitungen lichtschnell in seine Wohnung rasen. Abgerechnet werden die „Autobahngebühren" je nach Eigenschaft des empfangenen Produkts im Sekundentakt, nach Volumen, per Dauerauftrag oder Einzelbestellung. Hinzu kommt noch eine monatliche Grundgebühr (entspricht der „Autobahnplakette").

Für die Unterhaltungs-, Kommunikations- und Informationsbranche mag der pompöse Begriff *Information Superhighway* die gewünschte Signalwirkung erzeugt haben, doch viele Netzteilnehmer, die den hauptsächlichen Sinn in der dezentralen Bereitstellung und im Austausch von Informationen sehen, können sich damit nicht anfreunden, weckt doch *Super* – durchaus nicht unbeabsichtigt– eher kommerzielle Assoziationen. In dieser Arbeit wird die Bezeichnung *Infohighway* bevorzugt verwendet.

---

[10] Vgl. Eicke, Ulrich: Information Highway. Kultur-Revolution oder mediale Geisterbahn? In: Psychologie heute 5/1995, S. 32.

[11] Daneben existieren auch Bezeichnungen wie *Infopike, Digital Highway, Digital Information Network* und *Data Highway*, die aber weniger häufig anzutreffen sind. Vgl. Otte, Peter: The Information Superhighway. Beyond the Internet –Indianapolis: Que 1994, S. 6.

2.1.2 Veränderungen gegenüber bisherigen Medien

Der *Information Highway* wird auch als das vierte Medium (neben Radio, Fernsehen und Presse) bezeichnet.[12] Gleichzeitig ist in Diskussionen über das damit verbundene kommunikative und interaktive Potential häufig von einer Revolution die Rede. Bei näherer Betrachtung stellt sich aber heraus, daß es sich bei den Errungenschaften, die uns der *Infohighway* bringen soll, eher um eine Evolution handelt, hervorgegangen aus jahrzehntealten Technologien. Wirklich innovativ sind oft nur die modischen Schlagworte, mit denen uns suggeriert wird, wir hätten uns auf eine „neue Zeitrechnung" einzustellen. Um die Erwartungen auf ein nüchternes Maß herunterzuschrauben, ist es sinnvoll, sich einmal genauer mit einigen der plakativen Branchenbegriffe auseinanderzusetzen. Wirklich Neues kann so von Altbekanntem unterschieden werden.

Die Bezeichnung *virtuell* wird beispielsweise gebraucht, wenn wir es bei der Kommunikation über Computernetzwerke mit „Gesprächs"partnern zu tun haben, die uns nicht gegenübersitzen; sie sind nur virtuell anwesend. Computergenerierte Räume, in denen wir uns „bewegen" können, sind nicht aus Beton oder Stein errichtet worden; auch sie sind virtuell. Der Begriff wird also für die Umschreibung digitaler Simulationstechnologien verwendet (*Virtuelle Realität*), zugleich charakterisiert er die Sinneswahrnehmungen im *Cyberspace*.[13] Er verweist darauf, daß alle Bilder und Töne (demnächst auch haptische Empfindungen), denen wir im *Cyberspace* ausgesetzt werden, künstlich erzeugt und nicht im physischen Sinne existent sind. Doch schon die ersten Stummfilme oder Radioübertragungen waren eigentlich virtuelle Erfahrungen. Einziger Unterschied: Sie wurden analog erzeugt und analog verbreitet. Heutige virtuelle Darstellungsformen wirken allerdings –aufgrund der *digitalen* Aufbereitung– weitaus realistischer als flackernde Schwarzweißbilder von herandonnernden Zügen oder knisternde Stimmen aus dem Äther.

So neu ist das Konzept demnach nicht, denn auch der *Cyberspace* entsteht erst in der menschlichen Vorstellung –so wie der Zug nicht wirklich auf uns zurast und der Radioreporter sich nur in unserer Imagination mit uns im selben Raum befindet. Das Gegenteil von virtuell ist *real*. Die Aufführung eines Theaterstücks mit Darstellern aus Fleisch und Blut spielt sich vor unseren Augen auf einer materiell existierenden Bühne ab. Schauen wir uns das Theaterstück dagegen im Fernsehen an, so handelt es sich bereits um eine vollständig virtuelle Erfahrung, denn tatsächlich setzt unser Auge nur die Zeilen der Kathodenröhre zu Bildern zusammen, die uns vorgaukeln, wir würden im Publikum sitzen.

Wenn vom *Infohighway* die Rede ist, werden im gleichen Atemzug die immensen Datenmengen genannt, die auf ihm quer über Landesgrenzen hinweg transportiert werden können. Dabei verwendet man in Deutschland

---

[12] Vgl. Becker, Peter: Das „vierte Medium" auf dem Vormarsch. In: Der Tagesspiegel, 27.9.1995.

[13] Vgl. Hooffacker, Gabriele: Online. Telekommunikation von A bis Z –Reinbek: Rowohlt 1995, S. 45.

gern den Begriff der *Datenfernübertragung* (*DFÜ*), ein von der Deutschen Telekom geschaffener „Sammelbegriff für Datenaustausch zwischen zwei Rechnern mittels Datenleitung über größere Entfernung."[14] Dies geschieht üblicherweise auf dem Wege des Telefonnetzes. Auch das Basismedium zur Datenübertragung ist also eigentlich nicht neu. Allerdings erreichen die Informationen den Empfänger nicht wie beim Telefon in akustischer Form, sondern als Aneinanderreihung von *Bit* genannten, digitalen Zeichen. Diese werden nach der Übertragung auf dem Computerbildschirm visualisiert.

Ein Faxgerät erzielt in Grenzen ähnliche Ergebnisse, denn es ist ebenfalls in der Lage, die akustischen Signale des Telefonnetzes in gedruckte Schriftzeichen oder Bilder zu übersetzen.[15] Auch dies geschieht jedoch im *Analog*-Verfahren. Dabei werden Informationen in Form von Schwingungen übertragen. Zwischenwerte, die in Schwingungen auftreten, sind aber unbrauchbar für die elektronische Weiterverarbeitung dieser Daten. Digitaltechnik setzt daher eindeutige Signalsprünge ein. Diese *digitalen* Informationen erzeugt ein Modem aus den *analogen* Signalen des Telefonnetzes und leitet sie an den angeschlossenen Computer weiter. Mit den per *DFÜ* gewonnenen Daten kann der Rechner mehr anstellen, als sie auf Papier auszugeben: Sie können gespeichert, von Teilen befreit, um Zusätze ergänzt und in andere Dokumente eingebunden werden.

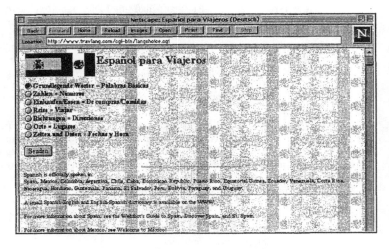

Abb. 2: Kostenlos verfügbarer *Online*-Sprachkurs im Internet. Enthalten sind neben der Darstellung der Schreibweise auch Tonaufnahmen, in denen die richtige Aussprache demonstriert wird.

---

[14] Vgl. Hooffacker, Gabriele: Online. Telekommunikation von A bis Z –Reinbek: Rowohlt 1995, S. 47.

[15] Vgl. ebenda, S. 13.

Theoretische Grundlagen   7

Und noch etwas bewirkt die digitale Aufbereitung von Informationen: Nicht nur Schriftzeichen, aus denen Texte bestehen, lassen sich auf diese Weise eindeutig bestimmen, sondern auch Bildpunkte, aus denen sich Grafiken, Fotos bzw. Filme zusammensetzen und Tonfolgen, die Melodien, Sprache oder Geräusche ergeben. In den Bereich des Möglichen tritt damit auch die computergestützte Übertragung und Bearbeitung von Inhalten, in denen Text, Animation, Ton und Film vereint sind, kurz: *Multimedia.*[16] Der Rechner verhält sich dabei nicht wie ein Fernseher, der diese medialen Elemente selbständig wiedergibt. Der Computer versetzt den Anwender vielmehr in die Lage, steuernd –*interaktiv*– einzugreifen, mittels Tastatur und Maus. Multimedial gestaltete Inhalte können die Handhabung und Vermittlung von Informationen wesentlich erleichtern, da bei der Wahrnehmung mehrere Sinnesorgane zugleich beteiligt sind (Abb. 2).

Natürlich setzt die Fernübertragung von einfachem Text erheblich weniger Daten (und damit Zeit) voraus als das Versenden von Bewegtbildern. Denn dabei müssen 24 Einzelaufnahmen pro Sekunde mit Tausenden von Farben übertragen werden, um dem menschlichen Auge die Illusion fließender Bewegung zu vermitteln.

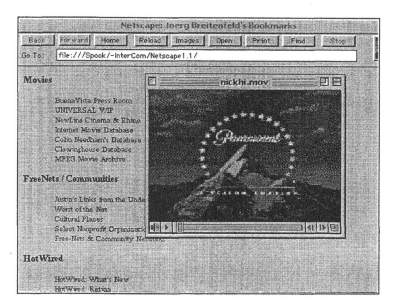

Abb. 3: Digitalisierter Kinotrailer der Paramount-Studios im *World Wide Web* (Originalgröße).

---

[16] Vgl. Otte, Peter: The Information Superhighway. Beyond the Internet –Indianapolis: Que 1994, S. 88.

In Frage kommen auf diesem Wege lediglich Videoclips von wenigen Minuten Länge und einer Bildgröße mit dem Umfang einer Streichholzschachtel (Abb. 3). Der Film muß aber selbst in diesem Fall bereits vor der Wiedergabe auf dem Computermonitor komplett empfangen worden sein. An eine *PC*-gestützte Datenfernübertragung von bildschirmfüllenden Filmen in *Echtzeit*, das heißt ohne sichtbare Verzögerungseffekte, ist also noch nicht zu denken. *Multimedia* stößt hier an Grenzen, die in Werbekampagnen meist ausgeklammert bleiben.

International gebräuchlicher als Datenfernübertragung ist der Begriff File Transfer Protocol (FTP), also Datentransferprotokoll. Dieser Technik verdanken wir eine neuartige Form von Mediendistribution: Mittels FTP können Software und Informationen aller Art von einer entfernten Datenbank unmittelbar auf die eigene Festplatte kopiert werden. Dies entspricht einer riesigen virtuellen Bibliothek, in der man zeitlich unbegrenzt beliebige Kontingente ausleihen kann, während alles Ausgeliehene (zur weiteren Verwendung durch andere) in den Regalen verbleibt (siehe auch Abschnitt 4.2 Netzfolklore, Anonymous FTP).

Im Gegensatz zur Einweg-Kommunikation des Fernsehens, bei der die Masse von einem Punkt aus „bestrahlt" wird, können die Nutzer von *FTP* und zukünftigen, vergleichbaren Techniken des *Infohighways* die gewünschten Daten an verschiedenen Orten im Netz je nach Bedarf abholen. Die Verteilung von Informationen ist somit dezentralisiert, wodurch eine Bevormundung erheblich erschwert wird. Dies stellt tatsächlich die bisherige Medienrezeption auf den Kopf. Noch konsumieren die meisten *Zuschauer* eine Nachrichtensendung oder einen Spielfilm zur vorgegebenen Zeit von Anfang bis Ende –also *linear*–, doch zukünftig können sie als *Teilnehmer* Inhalte individuell und *non-linear* zusammenstellen, gestalten und wahrnehmen.[17]

Gemeint ist nicht das letztlich „interpassive" Ausleihen von Videofilmen über Kabelnetze (*Video-On-Demand*), sondern jener kreative Geist, dem man im Internet begegnet. Viele Teilnehmer geben sich nicht mehr (allein) damit zufrieden, von Sendezentralen versorgt zu werden. Sie selbst erfinden und erschaffen neuartige Anwendungen und Inhalte, die sie über das Netz verbreiten, wie beispielsweise die phantasievollen *MUD*-Welten (siehe Abschnitt 4.1.2 *Net.Geeks*, MUDers). Hierbei handelt es sich um den Prototypen für ein Medium, das von den Teilnehmern weiterentwickelt wird.

In der computergestützten Kommunikation,[18] abgekürzt *CMC* (*Computer Mediated Communication*),[19] sehen die Netzteilnehmer einen der wichtigsten

---

[17] Das vom Fernsehen her bekannte *Zappen* ermöglicht nicht mehr als eine von Zufällen geprägte Manipulation linearer Bildsequenzen.

[18] Ursprung für den Begriff „Kommunikation" ist das lateinische „communis" (Gemeinsamkeit, Verbindung) und beinhaltet den „Austausch von Informationen zum Zweck der Verständigung" (Kubicek, Herbert, A. Rolf: Mikropolis. Mit Computernetzen in die „Informationsgesellschaft" –Hamburg: VSA 1985, S. 75).

[19] Der Begriff *CMC* wurde durch den amerikanischen Buchautoren Howard Rheingold eingeführt. Siehe hierzu Abschnitt 4.1, Kommunikation als Fundament.

Anwendungsbereiche, denn so lassen sich weite Entfernungen zwischen Freunden und Kollegen via Datennetz überbrücken. Mittels Computertastatur verfaßte und elektronisch verschickte Texte treten an die Stelle von Telefongesprächen oder Briefen. Dabei besteht die Möglichkeit, *online* oder *offline* Daten auszutauschen bzw. zu kommunizieren.

Wird die Verbindung zu einem entfernten Rechner während der Kommunikation aufrechterhalten (*online*), können die Teilnehmer die eintreffenden Beiträge bereits in dem Moment lesen, während der Absender sie schreibt; Zeile für Zeile. Auch die Antworten können unmittelbar erfolgen. Dies ähnelt noch am stärksten der Unterhaltung per Telefon, denn auch bei der *Online*-Kommunikation werden an einen Zeittakt gebundene, kostenpflichtige Telefonleitungen ohne Unterbrechung genutzt. Die Gebühren können dann entsprechend hoch ausfallen.

Sollen nicht kurze Fragen und Antworten, sondern längere Texte ausgetauscht werden, so ist es ratsam, diese nicht *online* zu verfassen, sondern bei abgeschalteter Verbindung (*offline*). Kosten entstehen so nur während der kurzen Übertragungszeit. Auf diesem Wege ist allerdings nur eine zeitversetzte Kommunikation möglich. Nach Erhalt einer Mitteilung liest sie der Empfänger zunächst ganz in Ruhe, formuliert daraufhin –ebenfalls *offline*– seine Antwort und schickt sie dann erst zurück. Diese Art der Informationsübermittlung gleicht einem Briefwechsel, daher werden die elektronisch verfaßten Nachrichten *eMail* (elektronische Post) genannt. Gegenüber einem herkömmlichen Brief entfallen aber nicht nur Porto und Verpackung, sondern auch die sonst übliche Transportdauer.[20] *eMail* kann sekundenschnell und ohne den dafür üblichen Aufwand rund um den Globus verschickt werden und erreicht den Empfänger jederzeit, ähnlich einer Nachricht auf dem Band eines Anrufbeantworters.

Ob *online* oder *offline* kommuniziert wird, in beiden Fällen können sich die Teilnehmer in der Regel nicht sehen.[21] Ausgeblendet werden demzufolge non-verbale Elemente, die bei der direkten Kommunikation von Angesicht zu Angesicht eine differenziertere Interpretation des Gesagten ermöglichen. Dieses Defizit versuchen die Netzteilnehmer durch Zeichensymbole, die Emotionen simulieren –sogenannte *Emoticons*–, auszugleichen (mehr dazu im Abschnitt 4.1.2, *Net.Geeks* bzw. 4.2, Netzfolklore und im Anhang). Trotz dieser Einschränkung haben sich erstaunlich vielfältige Formen des elektronischen Dialogs herausgebildet. Computergestützte Kommunikation erfolgt je nach Zielsetzung:

---

[20] Der normale Briefverkehr wird von vielen Netzteilnehmern verächtlich *Snail Mail* (Schneckenpost) genannt.

[21] Eine Ausnahme ist die Einbindung von *Online*-Videoübertragungen der Teilnehmer (entspricht einer computergestützten Videokonferenz bzw. der Unterhaltung per Bildtelefon). Diese Technik ist aber im Privatbereich noch kaum verbreitet.

- zeitversetzt (*offline*) in Form einer individuell adressierten *eMail*

  Den Empfänger der elektronischen Post bestimmt der Absender und legt damit fest, daß nur ein einzelner bzw. ausgewählte Personen, nicht jedoch alle Teilnehmer, die Mitteilung lesen können.

- zeitversetzt (*offline*) per *Mailing List*

  Als eine Art elektronische „Massendrucksache" wird sie von einer Teilnehmergruppe bezogen. Der meist kostenlose Empfang dieser „Clubzeitschrift" für thematisch abgegrenzte Diskussionen kann per *eMail* veranlaßt werden. Nur Abonnenten (*Subscribers*) erhalten Einblick in den Inhalt und die Möglichkeit, sich zu beteiligen.

- zeitversetzt (*offline*) in einem *elektronischen Forum*[22]

  Dort können alle Teilnehmer, nicht nur Abonnenten, die veröffentlichten Artikel (*Posts*[23]) der anderen lesen. Jeder, der sich beteiligen möchte, kommt zu Wort, kann eigene Ideen vorstellen, Kritik üben, Beifall spenden oder nur konsumieren.

- gleichzeitig als *Online-Konferenz* bzw. *-Chat*[24]

  An diesen Live-Diskussionen wirken beliebig viele Teilnehmer mit, sei es innerhalb des *Internet Relay Chat-Systems* oder in themenspezifischen *Konferenzen* (siehe Abschnitt 4.1.2, *IRC*ers bzw. 2.2.3, Online-Dienste). Der Verlauf ähnelt in seiner Spontaneität dem verbalen Schlagabtausch des *CB-Funks*. Da die Konversation jedoch per Tastatur eingegeben wird, liegt der Vergleich mit dem *Fernschreiber* ebenfalls nahe. Am *Online-Chat* können aber beliebig viele und nicht nur zwei Gesprächspartner teilnehmen. Die Diskussion läuft zumeist vor den Augen aller Teilnehmer ab.

---

[22] Forum (lat.): 1. Markt- und Versammlungsplatz in den römischen Städten der Antike (besonders im alten Rom). 2. öffentliche Diskussion, Aussprache. 3. geeigneter Ort für etwas, Plattform. 4. geeigneter Personenkreis, der eine sachverständige Erörterung von Problemen oder Fragen garantiert. Beispiele für *elektronische Foren* werden in Abschnitt 2.2.2 Bulletin Board Systeme und 4.1.1 *Netizens, UseNet* genannt.

[23] Post (engl.): Plakatanschlag

[24] engl.: Plauderei (siehe auch Abschnitt 4.1.2 *Net.Geeks, IRC*ers).

2.2 Auffahrten in virtuelle Welten

Nachdem die wichtigsten theoretischen Grundlagen des *Infohighways* zur Sprache gekommen sind, kann die „Fahrpraxis" erfolgen. Auch bei der Planung einer längeren Autofahrt quer durch ein unbekanntes Land sucht man sich zunächst auf der ausgebreiteten Straßenkarte jene Streckenverbindungen heraus, die eine möglichst angenehme Fahrt zu den Reisezielen verheissen, bei denen man ankommen möchte. Der eine will so schnell wie möglich das Etappenziel erreichen, ein anderer legt Wert auf eine Tour durch die Dörfer, um Land und Leute kennenzulernen. Dementsprechend sollen die folgenden Abschnitte Hilfestellung geben bei der Orientierung im Geflecht der Datennetze. Wichtige Vor- bzw. Nachteile verfügbarer und zukünftiger Strecken, deren Entwicklungsstand und die daraus resultierenden Anforderungen an „Gefährt" und „Fahrer" werden dargestellt.

Denn auch im *Cyberspace* lassen sich Orte, an denen man Interessantes entdecken und mit Menschen aus anderen Kulturen kommunizieren kann, auf den unterschiedlichsten Wegen erreichen. Man kann sich zwischen „vielbefahrenen Fernstraßen", „urwüchsigen Feldwegen" und „neonbeleuchteten Boulevards" entscheiden. Das *Internet* (Abschnitt 2.2.1), die *Bulletin Board Systeme* (Abschnitt 2.2.2) und die *Online-Dienste* (Abschnitt 2.2.3) repräsentieren diese Ausprägungen. Sie alle sind Auffahrten in virtuelle Welten, die Millionen von „Verkehrsteilnehmern" bereits seit vielen Jahren nutzen.

Aufgrund explodierender Teilnehmerzahlen bilden sich jedoch im *Cyberspace* zunehmend „Staus". Daher wird seit 1993 an den ersten Streckenabschnitten des *Information Highways* gebaut, denn durch ihn können die Verkehrsströme in Lichgeschwindigkeit geschleust werden. Und dies ermöglicht überhaupt erst die Inbetriebnahme der technisch aufwendigsten „Straßenführung": *Interaktives Fernsehen* (Abschnitt 2.2.4). Davon erhofft sich die Wirtschaft langfristig das größte Wachstum, aber diese Technologie ist abhängig vom Ausbau des *Infohighways* und daher „auf der Karte noch gestrichelt eingezeichnet".

Bis auch der letzte Abschnitt des *Information Highway* für den Datenverkehr freigegeben ist, werden die im folgenden beschriebenen Strecken nebeneinander existieren. Die Gegenüberstellung zeigt, was man durch die Nutzung der einzelnen Fahrspuren bereits heute unternehmen kann und wen man „unterwegs antrifft".

2.2.1 Internet

Von den verfügbaren Auffahrten in virtuelle Welten kann das Internet auf die längste Geschichte verweisen. Sie reicht bis in die sechziger Jahre zurück, als die Heeresleitung der Vereinigten Staaten von Amerika die für seinen „Bau" entscheidenden Gelder bewilligte. Heute ist das Internet ein weltweiter Verbund von Computernetzen (*Internetwork*), in denen insgesamt 6,6 Millionen Rechner[1] mit weitgehend ziviler Nutzung zusammengeschlossen sind (Abb. 4). Sie alle verwenden für den Austausch von Daten rund um den Globus eine gemeinsame „Sprache": das Übertragungsprotokoll *TCP/IP* (*Transmission Control Protocol / Internet Protocol*).[2]

Damit können die Rechner des Internet theoretisch von jedem Punkt der Welt aus rund um die Uhr an jedem Tag der Woche angesteuert werden. Selbst die Datenübertragung via Satellit ist inzwischen in die Internet-Struktur vollständig integriert. Das *World Wide Web* ist aufgrund seiner intuitiv bedienbaren *grafischen Benutzeroberfläche*[3] der am stärksten wachsende Teil des Internet.

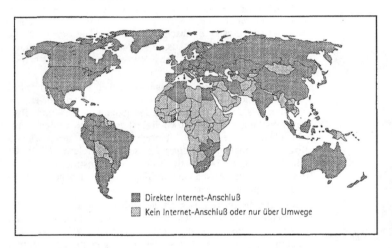

Direkter Internet-Anschluß

Kein Internet-Anschluß oder nur über Umwege

Abb. 4: Länder, die über einen Internet-Anschluß verfügen (Vgl. MACup 10/1995, S. 196).

I. Entwicklung

1950 gab es nur einige wenige *Großrechner*, die in keiner Weise miteinander verbunden waren. Sie zählten noch zu den direkten Nachfolgern von Kon-

---

[1] Vgl. Maier, Gunther und Andreas Wildberger: In 8 Sekunden um die Welt. Kommunikation über das Internet –Bonn: Addison-Wesley 1995, S.11.

[2] Zu seinen Bestandteilen gehört eine Anzahl von Konventionen, die festlegen, wie digitale Informationen auszutauschen sind.

[3] Der Fachbegriff lautet *Graphical User Interface* (*GUI*).

rad Zuses „Z4"-Rechner und Alan Turings legendären „Colossus"-Röhrencomputern aus dem Zweiten Weltkrieg, die für den britischen Geheimdienst die deutschen Codes geknackt hatten.[4] Beschäftigt waren die saalfüllenden Ungetüme namens UNIVAC I oder IBM 700 mit Berechnungen für die Nuklearphysik (*number crunching*) und Stapelberechnungen mittels Lochkarten (*batch processing*) zur klassischen Datenverarbeitung in Großunternehmen oder für die staatliche Statistik. Gleichzeitig entwickelte Douglas C. Engelbart seine Theorie einer elektronischen *Denkmaschine*[5], eines Computers, den *jeder* benutzen kann und der den menschlichen Intellekt erweitern hilft.

Sehr zum Schrecken des Pentagon schickte am 4. Oktober 1957 die Sowjetunion ihren *Sputnik I*, den ersten künstlichen Satelliten, erfolgreich ins All. Um den technologischen Anschluß nicht zu verpassen, gründete das U.S. Verteidigungsministerium als direkte Finanzierungsquelle innovativer Grundlagenforschung die Advanced Research Projects Agency (ARPA), von der auch das NASA/Ames Research Center unterstützt wurde.

Ein weiteres von ARPA gefördertes Institut sollte die Computertechnologie in eine grundlegend neue Phase katapultieren: Das Information Processing Technologies Office (IPTO) leiteten von 1962 an Wissenschaftspioniere wie J.C.R. Licklider, Ivan Sutherland und Robert Taylor. Licklider hatte zuvor an der Entwicklung des ersten Computergrafik-gestützten Luft-Boden-Verteidigungssystems, *SAGE*, mitgewirkt.[6] Sutherland erfand Anfang der sechziger Jahre die erste elektronische Anwendung mit grafischer Simulation: *Sketchpad*.[7] Taylor schließlich hatte als Forschungsleiter des NASA/Ames Research Centers das Projekt von Douglas Engelbart begleitet.

Das gemeinsame Ziel ihres elektronischen *Kreuzzugs*[8] lag in der Konstruktion eines interaktiv bedienbaren Computers mit Bildschirmgrafik als Mensch-Computer-Schnittstelle. Ausgangspunkt war DECs PDP-1, der erste *Minicomputer* mit primitiven Grafikfunktionen („Mini" bedeutete damals kühlschrankgroß).

Ein Jahr später konnte auch Engelbart mit ARPA-Fördergeldern das Augmentation Research Center (ARC) am kalifornischen Stanford Research Institute gründen und seine Vision von der *Denkmaschine* der Wirklichkeit

---

[4] Vgl. Rodwell, P.: The Personal Computer Handbook –London: Kindersley 1983, S. 30.

[5] Vgl. Engelbart, Douglas C.: A Conceptual Framework for the Augmentation of Man's Intellect. In: Howerton, Paul William und David C. Weeks: Vistas in Information Handling, Band 1 –Washington D.C.: Spartan Books 1963, S. 1-29.

[6] Vgl. Rheingold, Howard: Virtual Reality –London: Mandarin 1992, S. 80-81.

[7] Vgl. Sherman, Barrie, Phil Judkins: Virtuelle Realität. Computer kreieren synthetische Welten –Bern: Scherz 1993, S. 27.

[8] Der Ausdruck *crusade* wird verwendet in Rheingold, Howard: Virtual Reality –London: Mandarin 1992, S. 81 und –vom gleichen Autoren– Virtuelle Gemeinschaft. Soziale Beziehungen im Zeitalter des Computers –Bonn: Addison-Wesley 1994, S. 94.. Die keineswegs augenzwinkernd gemeinte Anspielung auf den religiös-ideologischen Anspruch einiger Computerpioniere findet sich auch in Formulierungen wie *conversion* (engl.: Bekehrung), vgl. Virtual Reality, S. 14 sowie S. 77 und 79.

ein Stück näher bringen. Hier entstanden die ersten Prototypen für Textverarbeitungsprogramme, *Computerkonferenz-* und *Hypertext*-Systeme, mausähnliche Zeigegeräte und die Einbindung von Video in computergestützte Kommunikation (*Hypermedia*). Die jungen Angestellten der verschiedenen Institute, die hier und in den anderen Instituten forschten, gehörten zur ersten Generation der *Hacker*. Sie feierten die einfache Lösung einer komplexen technologischen Aufgabenstellung als gelungenen „Hack".[9]

Aus heutiger Sicht antiquiert wirkende Computer kosteten damals noch Hunderttausende von Dollar, ihre Rechenleistung mußte also von mehreren Mitarbeitern geteilt werden. Am Massachusettes Institute of Technology (MIT) wurde die Technologie des *Timesharing* erforscht. Auf einen gemeinsamen Zentralrechner greifen dabei mehrere Bildschirme zu.

Das Bestreben der an ihnen beschäftigten Programmierer, ihre Erkenntnisse von Arbeitsplatz zu Arbeitsplatz auszutauschen, bildete die Grundlage für den Bedarf nach *eMail*, sowohl innerbetrieblich als auch zwischen den Instituten. Funktionen, die den Austausch von *eMail* erlaubten, wurden schon früh in die *Timesharing*-Systeme integriert. Die ersten Nutzer der computergestützten Kommunikation waren also zugleich ihre Entwickler.[10]

Da sich die voneinander entfernten Forschungsstandorte auch untereinander austauschen wollten, leiteten sie die Daten über Telefonleitungen quer durch mehrere Bundesstaaten weiter. Als Übertragungsverfahren wurde die *Packet-Switching*-Technologie verwendet, die ursprünglich für militärische Zwecke geschaffen worden war.

Im Gegensatz zur klassischen *Vermittlungstechnik* für Telefongespräche erlaubt das *Packet-switching* durch Teilung einer Nachricht in eine Vielzahl von Datenpaketen mehreren Teilnehmern, gleichzeitig eine Leitung nutzen. Jedes dieser Pakete hat eine Absender- und Zieladresse (*Header*) bei sich, so daß es notfalls einen individuellen Weg wählen kann. Sollte ein Teil der Telefonleitungen unterbrochen sein, so konnten die Pakete doch noch über Umwege den Empfänger erreichen.

Die Wahl der jeweils schnellsten oder überhaupt verfügbaren Übertragungswege für Daten und Mitteilungen wird von im Netz verteilten Datenpaket-Schaltern (*Packet-Switcher*) vorgenommen und kann weder vom Absender noch vom Empfänger ohne weiteres kontrolliert bzw. beeinflußt werden. Diese dezentral gesteuerte Methode war bereits in den 50er Jahren entwickelt worden, um den Betrieb der militärischen Kommunikation auch im Fall von Sabotage oder beim Ausbruch eines Nuklearkriegs aufrechtzuerhalten.[11]

---

[9] Levy, Steven: Hackers. Heroes of the Computer Revolution –New York: Doubleday 1984, S. 194, 206, 250. To hack (engl.): [Kommandos in die Tastatur] hacken

[10] Vgl. Rheingold, Howard: Virtuelle Gemeinschaft. Soziale Beziehungen im Zeitalter des Computers –Bonn: Addison-Wesley 1994, S. 96.

[11] Vgl. Otte, Peter: The Information Superhighway. Beyond the Internet –Indianapolis: Que 1994, S. 102.

Erster *Netzknoten* des „ARPAnet" wurde 1969 die University of California, Los Angeles (UCLA). In dieser Zeit lag die Teilnehmerzahl bei insgesamt tausend Menschen.[12] Daraufhin schlossen sich auch Harvard und MIT an; 1971 waren bereits mehr als dreißig verschiedene Computer miteinander verbunden. Doch erst ein Jahr später erfuhr die Öffentlichkeit von der Existenz des „ARPAnet".

Auf dem Höhepunkt des Vietnam-Konflikts brachte der Amerikanische Kongreß in Erfahrung, daß mit Geldern des Militärhaushalts eigentlich Grundlagenforschung betrieben wurde. Drei Senatoren, darunter Edward Kennedy, erwirkten ein Gesetz, nach dem ARPA ausschließlich militärbezogen forschen durfte.[13] Aus ARPA wurde DARPA (Defense Advanced Research Projects Agency). So wie das *U.S. Interstate Highway System* neben dem zivilen Fahrzeugverkehr auch Panzern und Truppentransportern schnellen Zugang zu allen Landesteilen erlaubte, so teilten sich militärische Leitstellen und Forschungslabors die knappen Rechner-Ressourcen über das Netz der DARPA. Die vernetzte Datenpaketübertragung, für die zunehmend auch Mobilfunk- und geostationäre Satellitensysteme in Betracht kamen, diente zunächst wieder ausschließlich der nationalen Verteidigung.

Doch neben der Forschung betrieben die Teilnehmer des „ARPAnet" zunehmend den Austausch privater Kommunikation, die sich anfangs ohne Kenntnis, später mit zähneknirschender Duldung der Manager abspielte. J.C.R. Licklider und Robert Taylor hatten diese Entwicklung schon 1968 vorhergesehen, als sie über die Entstehung virtueller Gemeinden schrieben:

„Wie werden Online-Gemeinden aussehen? In den meisten Fällen werden sie aus Mitgliedern bestehen, die geographisch weit voneinander entfernt beheimatet sind, gelegentlich werden sie in kleinen Gruppen innerhalb definierter Cluster organisiert sein, und manchmal werden sie auch völlig individuell arbeiten. Es wird sich dabei um Kommunen handeln, die zwar nicht durch den gleichen Ort, aber durch die gleichen Interessen verbunden sein werden."[14]

In größerem Umfang „unwissenschaftlich" debattiert wurde erstmals in der elektronisch verbreiteten „Clubzeitschrift" *SF-LOVERS*, in der es um das Thema Science Fiction ging. Alle Standorte des „ARPAnet" beteiligten sich

---

[12] Am britischen National Physical Laboratory in Teddington und am französischen Institut National de Recherche en Informatique et en Automatique in Le Chesnay fanden parallel ähnliche Projekte statt, deren Erkenntnisse in eine Vielzahl privater und öffentlicher Datenpaket-Netze der heutigen Zeit flossen, z.B. das „Datex P-Netz" der Deutschen Telekom. Vgl. Cerf, Vinton G.: Netztechnik. In: Spektrum der Wissenschaft. Dossier 1, Datenautobahn. 2/1995, S. 26.

[13] Vgl. Engst, Adam C.: Internet Starter Kit for Macintosh –Indianapolis: Hayden Books 1994, S. 28.

[14] Licklider, J.C.R., Robert Taylor und E. Herbert: The Computer as a Communication Device. In: International Science and Technology, April 1968.

an dieser sogenannten *Mailing List*, die damit „ihre eigene Kultur nährte."[15] Die Zahl der ausgetauschten *eMail*-Nachrichten stieg explosionsartig an, erst recht, als der Vietnam-Krieg die jungen Forscher politisierte und polarisierte.

1969 gründete Peter McCullough, Chef der Xerox Corporation, das Palo Alto Research Center (PARC), ein ziviles Labor, das unter der Leitung von Robert Taylor viele der besten DARPA-Talente abwerben konnte. Im PARC wurde für einen Computer geforscht, der so leistungsfähig, kompakt und preiswert werden sollte, daß ihn sich jeder auf seinen Schreibtisch stellen konnte: damals war noch die Rede vom *Mikrocomputer*, heute eher geläufig unter der Bezeichnung *Desktop* oder *Personal Computer* (*PC*). Als erster Prototyp entstand der *Altos*.[16]

Anzahl der Internet-Hosts 1969:	4
Anzahl der Internet-Hosts 1995:	6.642.000
Anzahl der *World Wide Web*-Hosts 1993:	130
Anzahl der *World Wide Web*-Hosts 1995:	29.000
Faktor, um den das Internet 1993 gewachsen ist:	1,8
Faktor, um den das Internet 1994 gewachsen ist:	2,1

Abb. 5: Wachstum des Internet und des *World Wide Web* (Vgl. Index –Pl@net, 11/1995, S. 12)

Die ARPA-Veteranen des PARC-Teams wollten aber auch die früher genossenen Vorzüge der computergestützten Kommunikation auf den zukünftigen Personal Computer übertragen, und so schufen sie mit *Ethernet*[17] eines der ersten örtlich gebundenen Netze oder *Local Area Network* (*LAN*), das ihren *Altos*-Maschinen firmenintern den Austausch von Datenpaketen erlaubte. Für die anfallende Übersetzungsarbeit zwischen den diversen Computersystemen der Institute wurde 1972 ein gemeinsamer Übertragungsstandard spezifiziert, der heute noch im weltweiten Einsatz ist: *TCP/IP* (*Transmission*

---

[15] Rheingold, Howard: Virtuelle Gemeinschaft. Soziale Beziehungen im Zeitalter des Computers –Bonn: Addison-Wesley 1994, S. 101 f.

[16] Seine einfache Bedienung begeisterte den Apple-Gründer Steve Jobs und schuf das Fundament für den ersten, kommerziell erfolgreichen Personalcomputer mit grafischer Benutzeroberfläche und Maussteuerung: den *Apple Macintosh*, der im Orwell-Jahr 1984 mit großem Werbeaufwand gegen den PC von „Big (Blue) Brother" IBM ins Rennen geschickt wurde.

[17] Die *Ethernet*-Technologie wird heute noch eingesetzt. Verwendet werden dafür Koaxialkabel, die vom Kabelfernsehen her bekannt sind. Der maximale Abstand zwischen zwei verbundenen Computern beträgt ein bis zwei Kilometer. Vgl. Cerf, Vinton G.: Netztechnik. In: Spektrum der Wissenschaft. Dossier 1, Datenautobahn. 2/1995, S. 27.

Control Protocol / Internet Protocol). Verschiedene *LAN*-Systeme nahmen so Verbindung mit dem „ARPAnet" auf und stimulierten seine Verbreitung.[18]

Örtlich gebundene Netze entstanden inzwischen auch in Deutschland, und zwar am Hahn-Meitner-Institut Berlin: das „HMI-Net I / II" (zwischen 1974 und 1979 eingerichtet) sowie das „BERNET I / II". An eine Vernetzung in der Größenordnung des „ARPAnet" war aber noch nicht zu denken.

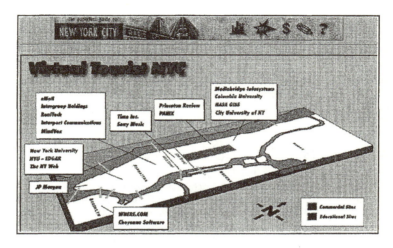

Abb. 6: Eine beliebte Anwendung des heutigen Internet ist der „Virtual Tourist". Ausgehend von der Darstellung einer Weltkarte können einzelne Städte und die dazugehörigen Dienste aufgerufen werden.

In den USA schufen die Benutzer selbst, die *User*, eigene –nicht-militärische– Anwendungen und lösten damit enorme Wachstumsschübe in den Teilnehmerzahlen aus. 1979 wurde *UseNet* im Gegensatz zum „ARPAnet" nicht von behördlich geförderten Organisationen, sondern von Anwendern für Anwender entwickelt.[19]

Drei Informatikstudenten der Duke University und der University of North Carolina wollten sich selbst und den Kommilitonen einen Austausch von Texten und Grafiken über Telefonleitung ermöglichen, obwohl sie über keinen „ARPAnet"-Anschluß verfügten. Die Kosten für das schnell wachsende Kommunikationsaufkommen übernahmen der damalige Telefonmo-

---

[18] Vgl. Rheingold, Howard: Virtuelle Gemeinschaft. Soziale Beziehungen im Zeitalter des Computers –Bonn: Addison-Wesley 1994, S. 102-103.

[19] Vgl. Gilster, Paul A.: Newsgroups Explained. In: CompuServe Magazine, Vol. 14, No. 1, 1/1995, S. 23.

nopolist Bell / AT&T und der Computerkonzern DEC[20] (siehe auch Abschnitt
4.1.1 *Netizens, UseNet*).

Bevor das „ARPAnet" groß genug wurde, um auch Nicht-Akademikern
die Beteiligung zu ermöglichen, bedeutete schon der Zugang für Forscher der
zivilen Fakultäten eine kleine Revolution, denn noch stand das Netz unter
der Verwaltung des Verteidigungsministeriums. Dies änderte sich, als sich
1983 der militärische Bereich unter dem Namen „MILnet" abspaltete. Mit
Hochgeschwindigkeitsleitungen und zunächst sechs „Schleusen" (*Gateways*)
für verschiedene Computersysteme miteinander verbunden, waren beide
Netze inzwischen zu sogenannten *Weitverkehrsnetzen* oder *Wide Area Networks* (WAN) angewachsen, die sich jeweils aus mehreren *LANs* zusammen-
setzten.

Mit der Verbreitung von *UNIX* und seiner *Berkeley*-Variante, einem Betriebssystem für Netz-Rechner in den Universitäten (sowie der Integration
von *UUCP*[21]) gelang es, nun auch ohne direkten Anschluß an das
„ARPAnet", Informationen zwischen weitentfernten Rechnern auszutauschen. Da staatliche Fördergelder in die Entwicklung dieses *Berkeley-UNIX*
geflossen waren, konnte es jeder kostenlos beziehen und einsetzen. So entstand an den naturwissenschaftlichen Fakultäten, über die ganze Welt verteilt, eine alternative Netzinfrastruktur.[22]

Die großen innerbetrieblichen Computersysteme (*Corporate Networks*) von
IBM, DEC und AT&T wuchsen von Filiale zu Filiale. Parallel dazu entstand
„BITnet" („Because It's Time"), ein weiteres Netz für wissenschaftlich-
akademische Diskussionen, diesmal unter Einbeziehung der Geisteswissen-
schaften. „BITnet" wurde von der National Science Foundation (NSF) mit
IBM als Sponsor initiiert.[23] Alle diese Systeme begannen, sich über *Gateways* mit dem „ARPAnet" zu verbinden. Das daraufhin „ARPA Internet"
getaufte Netz der Netze hieß ab 1983 nur noch „Internet".[24]

---

[20] Einige wenige, aber einflußreiche Manager waren schon damals davon überzeugt, es läge
im langfristigen Interesse ihrer Firmen, gegenüber der wachsenden *UNIX*-Anwenderschar
ein vertrauenerweckendes Image aufzubauen. Vgl. Rheingold, Howard: Virtuelle Gemeinschaft.–Bonn: Addison-Wesley 1994, S. 153.

[21] *UUCP: UNIX To UNIX Copy* (eine Anwendung, mit der man Daten zwischen *UNIX*-
Rechnern hin- und herkopieren kann).

[22] Vgl. Rheingold, Howard: Virtuelle Gemeinschaft. Soziale Beziehungen im Zeitalter des
Computers –Bonn: Addison-Wesley 1994, S. 109.

[23] Mit der Einbeziehung des Elektronikgiganten ergab sich langfristig ein Problem: das
„BITnet" bestand lange Zeit weitgehend aus IBM-*Mainframe*-Rechnern, die statt des inzwi-
schen üblichen *TCP/IP*-Protokolls das firmeneigene *NJE*-Protokoll verwenden. Damit ist
„BITnet" nicht vollständig in das Internet integriert (*eMail*-Austausch ist möglich) und hat
heute an Bedeutung verloren. Vgl. Kehoe, Brendan P.: Zen und die Kunst des Internet.
Kursbuch für Informationssüchtige –München: Prentice Hall 1994, S. 6.

[24] Vgl. Net Origins. In: Gaffin, Adam with Joerg Heitkoetter: EFF's (Extended) Guide to the
Internet: A round trip through Global Networks, Life in Cyberspace, and Everything... –
elektronisch publiziert, Mai 1994.

In Deutschland entstand ein Jahr später eine Interessengemeinschaft aus Forschungsinstituten, Universitäten und Wirtschaftsunternehmen: der Verein zur Förderung eines Deutschen Forschungsnetzes e.V.[25] Seine Mitglieder konzipierten ein *Weitverkehrsnetz (WAN)* für die Wissenschaft. Daraufhin förderte das Bundesministerium für Forschung und Technologie zwischen 1984 und 1988 den Aufbau des „Deutschen Forschungsnetzes" (DFN) mit mehr als 50 Millionen DM.[26] 1989 wurde das Projekt mit einem 10-Jahresvertrag abgesichert.

Zahlreiche DFN-Gremien verzögerten jedoch die Einführung des Internet-Standards in Deutschland, denn sie waren noch von der Durchsetzbarkeit der heute relativ bedeutungslosen Eigenentwicklung *Open Systems Interconnection (OSI)* überzeugt.[27] Erst 1991, nach einer weiteren staatlichen Finanzspritze von 180 Millionen DM, konnte der DFN-Verein seinen Mitgliedern über das „Wissenschaftsnetz" („WiN") einen vollständigen Austausch mit dem Internet anbieten.[28] Diesen Service realisierten seit 1989 bereits unabhängige Drittmittelprojekte wie „Xlink" in Karlsruhe, die Informatik-Rechner-Betriebsgruppe (IRB) in Dortmund (heute EUnet GmbH) und das Deutsche Elektronen Synchrotron (DESY) in Hamburg. Mit dem Netz in Deutschland verschmolz schließlich auch der europäische Zweig von „BITnet", das 1984 gegründete „European Academic and Research Network" („EARN").

Die amerikanische National Science Foundation schuf 1986 ein Hochgeschwindigkeitsnetz, um die fünf neuentstandenen *Supercomputer*-Zentren auch für Studenten und Mitarbeiter der Universitäten zu öffnen: das „NSFnet". Es entwickelte sich schnell zum sogenannten Rückgrat *(Backbone)* des Internet, auf dem sich die Hauptlast der Datenströme bewegt. Doch auch in diesem Fall stellte nicht die Nutzung leistungsfähiger Rechner, sondern die Kommunikation zwischen Studenten den größten Anteil am Datenaufkommen.

Sowohl das *Packet-switching*-Übertragungsverfahren im Internet, als auch die Netztechnologie waren von Beginn an durch Steuergelder finanziert worden, deshalb beschlossen die Betreiber des „NSFnet" *Regeln der akzeptablen Nutzung (Acceptable Use Policy)*, die kommerzielle Aktivitäten im Netz ausschlossen.[29] Im Widerspruch dazu stand aber folgende Entwicklung, die

---

[25] In der DFN-Informationsbroschüre 1994, S. 16, heißt es dazu: „Ohne die im DFN-Verein zusammengefaßte gemeinsame Anstrengung aller Wissenschaftseinrichtungen gäbe es heute nicht das Wissenschaftsnetz als Grundversorgungsstruktur aller Einrichtungen von Forschung und Lehre in der Bundesrepublik Deutschland."

[26] Vgl. Cerf, Vinton G.: Netztechnik. In: Spektrum der Wissenschaft. Dossier 1, Datenautobahn. 2/1995, S. 30.

[27] Vgl. Kalle, Claus: Step by Step. IP-Entwicklung in Deutschland in kleinen Schritten. In: IX 10/1994, S. 106–114.

[28] Am „Wissenschaftsnetz" angeschlossen sind u.a.: Hochschulen, Bibliotheken, Datenbankanbieter, Wirtschaftsunternehmen, Bundes- und Landesanstalten sowie Max-Planck- und Fraunhofer-Institute. Vgl. DFN-Informationsbroschüre 1994, S. 9.

[29] Vgl. McNutt, Dinah und John S. Quarterman: Highway Facts. In: iX 9/1994, S. 52.

unter den Teilnehmern bis zum heutigen Tag kontrovers diskutiert wird: Mit Blick auf die unablässig steigenden Anforderungen an die Organisation des Netzes übergab die NSF 1987 die Verantwortung für Wartung und Management an ein Firmenkonsortium, bestehend aus IBM, MCI und Merit Network. Dies war der „Spatenstich" für die schrittweise Privatisierung des Internet.[30] Das inzwischen überholte „ARPAnet" wurde 1990 in allen Ehren verabschiedet.

Selbst das „NSFnet" ging noch nicht so weit, auch Schüler oder gar alle Bevölkerungsschichten an der Kommunikation und den Bildungsressourcen des Internets teilhaben zu lassen. Der damalige Senator Al Gore aus Tennessee, selbst überzeugter Nutzer des Internet, sprach sich in seinen öffentlichen Auftritten immer wieder für eine Infrastruktur aus, die auch Schulkindern den Zugriff auf die Library of Congress bzw. Landärzten den elektronischen Austausch von Röntgenbildern und Ratschlägen über das Netz der städtischen Gesundheitszentren erlauben würde.

Bereits 1988 schuf Al Gore die Metapher vom *Information Superhighway*,[31] um die Bereitschaft zur Unterstützung durch Privatwirtschaft und Öffentlichkeit zu gewinnen, zu einer Zeit, da der Verfall des amerikanischen Bildungs- und Gesundheitssystems für alle sichtbar voranschritt. Er zählte zu den Verfassern des *High-Performance Computing Act*, einer Gesetzesvorlage, die der amerikanische Kongreß 1991 mit Unterstützung von Präsident Bush verabschiedete. Darin wurde mit mehr als einer Milliarde Dollar die Finanzierung eines „National Research and Education Network" („NREN") abgesichert, das den Zugang zum Internet seitdem –neben Regierungsmitarbeitern und Geschäftsleuten– auch Schulen und öffentlichen Bibliotheken ermöglicht.

Die Clinton-Administration, mit Vizepräsident Al Gore als treibender Kraft, leitete 1993 die *National Information Infrastructure*-Initiative (*NII*) in die Wege, in der die Eckpunkte definiert sind, nach denen der „Bau" des *Information Superhighways* verwirklicht werden soll.

Auch in anderen Ländern der Welt wurden daraufhin ähnliche Projekte und Initiativen geschaffen (siehe Abschnitt 3.1 Staatliche Einflußnahme, Internationaler Vergleich). Heute verfügen knapp 100 Länder[32] über einen Anschluß an das Internet (Abb. 4). Die Zahl der Benutzer, auch heute noch weitgehend Universitätsangehörige, wird auf 30 bis 40 Millionen ge-

---

[30] Vgl. Engst, Adam C.: Internet Starter Kit for Macintosh –Indianapolis: Hayden Books 1994, S. 33 f. Das „NSFnet" erfüllte seine Funktion noch bis zu seiner Deaktivierung im Mai 1995, als Unternehmen wie Sprint, MCI, ANS und Alternet die Bereitstellung von Internet-Kapazität und Anbindungen vollständig übernahmen.

[31] Gores Vater, Senator Al Gore Sr., stand ebenfalls an der Spitze einer Highway-Initiative, und zwar in den fünfziger Jahren, als der *U.S. Interstate Highway* gebaut wurde. Vgl. Otte, Peter: The Information Superhighway. Beyond the Internet –Indianapolis: Que 1994, S. 6.

[32] Angesichts der hohen technischen und finanziellen Anforderungen sind vor allem viele Länder Afrikas sowie einige arabische und südostasiatische Länder weiterhin nicht angeschlossen. Kulturelle Vorbehalte spielen ebenfalls eine gewichtige Rolle. Vgl. Newsweek, Vol. 75, No. 9, 2/1995, S. 20.

schätzt.[33] Zur Zeit verdoppelt sie sich nach Ablauf von weniger als einem Jahr und schließt zunehmend Nicht-Akademiker ein. Dies ist sicherlich ein Verdienst der erheblich erleichterten Navigation durch denjenigen Bereich des Internet, der mit einer *grafischen Benutzeroberfläche* und *Hypertext*-Verbindungen ausgestattet ist.

Hypertext ist ein Begriff des Computervisionärs Ted Nelson, den er bereits in den sechziger Jahren schuf, um Dokumente zu beschreiben, die Verbindungen zu anderen Dokumenten bereitstellen.[34] In der *Hypertext*-Version eines Shakespeare-Stücks könnte ein Mausklick auf ein farbig hervorgehobenes Wort (*Hotlink*) automatisch die passende Begriffsdefinition aus einem Glossar öffnen.[35] *Hypermedia*-Verbindungen erlauben darüber hinaus das gezielte Wechseln von einer Abbildung zu einer dazugehörigen Textpassage (Abb. 7). Von da aus könnte ein kurzer Filmclip abgerufen werden, der mit einer passenden Tonaufzeichnung verknüpft ist, und so fort.

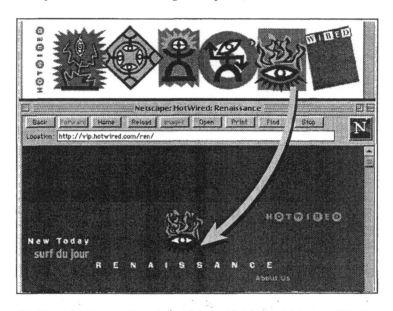

Abb. 7: Durch Anklicken einer Illustration im Inhaltsverzeichnis (oben) wird der dazugehörige Text aufgerufen. Die Redaktion des elektronischen Magazins HotWired setzt die *Hypermedia*-Technologie auch ein, um ein assoziatives Wechseln zwischen den Artikeln zu ermöglichen.

---

[33] Der dezentrale Charakter des Internet schließt genaue Zählungen aus.

[34] Vgl. Wolf, Gary und Michael Stein: Aether Madness. An Offbeat Guide to the Online World –Berkeley: Peachpit Press 1995, S. 221.

[35] Die *Hypertext*-Technologie fand inzwischen auch Verwendung in *CD-ROM*-Anwendungen und in der *Online-Hilfe* von Standardprogrammen wie *Microsoft Word*.

Dieser vergleichsweise intuitiv zu erforschende Teil des Internet weist die stärkste Wachstumsrate auf und ist unter dem Namen *World Wide Web* oder kurz: *The Web* bekannt (auch: *WWW* oder *W3*). Die Grundlagen dafür wurden 1984 von dem britischen Computerfachmann Tim Berners-Lee im Europäischen Kernforschungszentrum CERN in Genf entwickelt[36] Das Ergebnis ist eine System-Architektur, in der Dokumente mit *Hypertext-* und *Hypermedia*-Eigenschaften zu anderen Dokumenten eine Verbindung herstellen können, selbst wenn diese auf einem Computer am anderen Ende der Welt lagern. Für den Anwender steht beim Klicken von Begriff zu Begriff der Zusammenhang der gewählten Textpassagen bzw. Seitenelemente im Vordergrund, während der Ort des Rechners, auf dem sie sich befinden, für ihn keine Rolle spielt.

II. Nutzungsvoraussetzungen

Um dem Anwender den vollen Zugriff auf das Internet zu ermöglichen, das heißt auch auf das *World Wide Web*, empfiehlt sich gegenwärtig der Einsatz eines handelsüblichen *Personal Computers* mit ausreichend großer Festplatte und Arbeitsspeicher (*RAM*). Der *PC* sollte aus Farbbildschirm, Tastatur und Maus sowie einer Zentraleinheit (*CPU*) bestehen, die von ihrer Leistung her dem heutigen technologischen Stand entspricht (*PC*: *Pentium*-Prozessor; *Macintosh*: *PowerPC*-Chip). Je nach Anspruch kommt bei einem *PC* der Einbau einer *Soundkarte* und die Installation einer Abspielsoftware für digitalisierte Filme hinzu (*AVI* bzw. *QuickTime*), wodurch die Wiedergabe multimedialer Angebote erfolgen kann. Eine Software-Systemerweiterung sollte auf jeden Fall sicherstellen, daß der Rechner die *TCP/IP*-„Sprache" des Internet versteht. Die beschriebene Konfiguration kostet derzeit zwischen zwei- und dreitausend Mark.[37]

Hinzu kommt noch der Anschluß eines Modems (*Modulator-Demodulator*) zwischen *PC* und Telefonbuchse. Mit diesem schachtelförmigen Gerät werden die digital vorliegenden Daten des Computers in die analogen Signale des Telefonnetzes übersetzt und umgekehrt. Das Modem sollte mindestens 14.400 *Bit* pro Sekunde (*bps*) übertragen bzw. empfangen können. Erhältlich sind diese Modelle für 250 DM, die einfachsten –und damit langsamsten- Versionen sogar ab 20 DM.

Schließlich muß der Privatanwender Gebühren an den Internet-Anbieter (*Internet-Provider*) zahlen, der ihm dafür via Telefonnetz sein Arsenal an leistungsstarken Rechnern (*Hosts*)[38] zur Verfügung stellt.[39] Der Monatsbei-

---

[36] Vgl. Ohne Verfasser, Datennetze. Zielloses Blättern. Der Spiegel, 21.3.1994, S. 240-241.

[37] Natürlich ist der Zugriff auf das Internet auch von einem tragbaren Computer aus möglich, solange ein Modem integriert oder extern angeschlossen werden kann. Dies ist besonders für Reisende interessant, die für solche Geräte aber auch mehr bezahlen müssen.

[38] host, engl.: Gastwirt

[39] Inzwischen kommt auch die Datenübertragung per Kabelkanal in Betracht. Das zugrundeliegende Koaxialkabel ermöglicht wesentlich höhere Zugriffsgeschwindigkeiten.

trag bewegt sich je nach Serviceumfang und anvisierter Kundschaft zwischen 15 und 60 DM. Darüber hinaus verlangen einige *Provider* für die Nutzung ihrer *Hosts* Aufschläge, die sich nach einem Zeittakt oder dem in Anspruch genommenen Datenvolumen richten.[40] Anwender, die einen *Host*-Service professionell bzw. von einer Firma aus nutzen wollen, müssen mit erheblich höheren Gebühren rechnen.

Nach Erledigung dieser Vorkehrungen verfügt der Teilnehmer über eine „Auffahrt" zum Internet. Unter den zahlreichen Informations- und Unterhaltungsangeboten sind die visuell ansprechenden Seiten des *World Wide Web* für den Einsteiger besonders attraktiv. Für deren Abruf benötigt der Anwender die *Browser*-Software[41] *Netscape* (oder ein ähnliches Programm). *Netscape* 1.1 wird von verschiedenen Anbietern auf CD-ROM oder Diskette kostenlos zur Verfügung gestellt. Gleiches gilt derzeit für die meisten der darüber hinaus erforderlichen Hilfsprogramme.[42] Jede Seite im *WWW* kann nun mit einer eindeutigen Positionsbezeichnung, dem *Uniform Resource Locator* (*URL*), angesteuert werden. Die Struktur der *URL*-Adresse richtet sich nach einem vorgegebenen Muster:

http://www.anbietername.de

Die Adresse beginnt mit *http* (*Hyper Text Transfer Protocol*), wodurch das genutzte Übertragungsprotokoll festgelegt wird. Hinter den Trennzeichen ://   und dem Verweis auf die Position im *WWW* folgt die eigentliche Adresse des Anbieters. Deren Komponenten werden durch Punkte voneinander abgesetzt. Das .de am Ende steht für Deutschland.[43]

Über den Zugriff auf das Internet hinaus erhält der Teilnehmer auch eine feste *eMail*-Adresse, über die ihm Freunde, Bekannte und Kollegen elektronische Mitteilungen zukommen lassen können. Eintreffende elektronische Post findet er dann in seiner persönlichen *Mailbox*, dem virtuellen Briefkasten, den der *Host* für ihn automatisch verwaltet. Eine *eMail*-Adresse ist folgendermaßen aufgebaut:

anwendername@internetprovidername.de

---

[40] So verlangt z.B. der Online-Dienst CompuServe, der auch als *Internet-Provider* auftritt, nur einen Monatsbeitrag von ca. 15 DM, doch nach monatlich fünf Stunden kostenloser Nutzung fallen für jede weitere Stunde etwa 4 DM Gebühr an.

[41] to browse, engl.: blättern

[42] Es läßt sich aber schon jetzt eine starke Kommerzialisierung der Programmanbieter absehen. Die Entwickler von *Netscape* gingen 1995 an die Börse. Damit steht fest, daß die neue *Netscape*-Version 2.0 wie jede andere Standardsoftware in Zukunft Geld kosten wird.

[43] In den USA entfällt die naheliegende Endung .us zugunsten einer genaueren Beschreibung des Adreßinhabers: .com sagt aus, daß die Adresse zu einem kommerziellen Unternehmen gehört. Entsprechend steht .edu für Bildungswesen, .org für (Non-Profit-) Organisationen, .mil für Militär, .net für Netzadministration und .gov für die Legislative. Alle anderen Länder verfahren nach der Methode .fi für Finnland, .uk für Großbritannien usw.

Ähnlich dem Adreßfeld eines handgeschriebenen Briefes enthält die *eMail*-Adresse alle für den Nachrichtenaustausch wesentlichen Informationen. Den Teilnehmernamen trennt ein Sonderzeichen, das @ (ausgesprochen wie das englische „at"), von der Bezeichnung des in Anspruch genommenen *Internet-Providers*.

Der Teilnehmer kann nun –neben *eMail*– auch längere Texte, Bilder etc. in Form von Datenpaketen rund um die Welt versenden, indem er sie von seinem Computer an das angeschlossene Modem schickt. Das Modem leistet die Übersetzungsarbeit und schleust die Daten durch den per Telefonnummer angewählten *Host* in das Internet. In umgekehrter Richtung verläuft auch der Empfang von Datenpaketen.

Auf dem Weg, den die digitalen Informationen zwischen dem Anwender und seiner „Auffahrt" zum Internet zurücklegen, fallen Telefongebühren an, die der Teilnehmer ebenfalls zu zahlen hat. Der *Host* sollte sich also unbedingt innerhalb der Ortsgespräch-Zone befinden. Nur auf diese Weise bewahrheiten sich Werbesprüche wie „Zum Ortstarif in 97 Länder!"[44] Da jedoch während des „Aufenthalts" im Netz das Gefühl für die *online* verbrachte Zeit schnell abhanden kommen kann, ergeben sich mit Leichtigkeit dreistellige Monatsabrechnungen der Telefongesellschaft.

Ohne jeglichen finanziellen Aufwand können nur Studenten, Schüler und Mitarbeiter in öffentlichen Einrichtungen wie Universitäten und Schulen an den dafür vorgesehenen Rechnern die Ressourcen des Internet nutzen. Wählen sie sich von zu Hause aus in diese Rechner ein, so müssen auch sie zumindest für die entstehenden Telefongebühren aufkommen.[45]

Derartige kostenlose Alternativangebote stehen den meisten Privatanwendern jedoch nicht zur Verfügung. In Deutschland sind sie außerdem noch auf die Tarife der Deutschen Telekom angewiesen, die im Vergleich zu den USA das bis zu zehnfache an Gebühren verlangt.[46] Erst mit dem Fall ihres Monopols auf Sprachübertragung und Kommunikationsnetze am 1. Januar 1998 werden in- und ausländische Mitbewerber einen Preiskampf eröffnen können (siehe Abschnitt 3.3 Staatliche Einflußnahme, Deutschland).

Bis dahin aber verschärft sich die Situation aufgrund der angekündigten Telekom-Gebührenreform vorerst noch weiter –besonders für private Modem-Nutzer. Ein Rechenbeispiel: Kostete bislang eine halbstündige *Online*-Sitzung tagsüber zum Ortstarif noch 1,15 DM, so muß für die gleiche Dauer ab 1996 mehr als das Doppelte (2,40 DM) bezahlt werden. Wenn der Tele-

---

[44] Vgl. Internet News, im August 1995 herausgegebener Prospekt der 1&1 Direkt - Gesellschaft zur Vermarktung von Informationstechnologien mbH. Sie soll im Auftrag der Deutschen Telekom, gestützt von einer aggressiven Preispolitik, dazu beitragen, Modems (oder besser noch *ISDN*-Technik) inklusive T-Online-Anschluß massenhaft zu verbreiten.

[45] Darüber hinaus wird in Teilen der USA die gebührenfreie Nutzung des Internet Besuchern öffentlicher Bibliotheken ermöglicht.

[46] Vgl. Oppermann, Christiane: Fremde neue Welt. In: Die Woche Extra, Nr. 35, 25.8.1994, S. I.

kom-Vorstand mit einer denkwürdigen Auffassung von Arithmetik dennoch behauptet, das Telefonieren werde unter dem Strich billiger, so bezieht er sich auf eine telefonische Verbindungsaufnahme von maximal neunzig Sekunden, die dann nicht mehr 23, sondern 12 Pfennig kostet.[47] Derartige „Kurzgespräche" sind aber beim Aufenthalt im *Cyberspace* ausgesprochen unüblich. Immerhin haben Proteste der Wirtschafts- und Verbraucherverbände dazu geführt, daß die Telekom über eine geringere Gebühr für Modemnutzer noch einmal nachdenken will.[48]

Bevorzugt man schnellere und damit möglicherweise gebührensparende Verbindungen über das glasfasergestützte *ISDN*[49] oder gar gemietete *Standleitungen*, so fallen Kosten an, die momentan allenfalls für Freiberufler und Firmen interessant sind. Für die Installation eines *ISDN*-Basisanschlusses muß der Teilnehmer einmalig 130, dann monatlich 64 DM bezahlen.[50] Der *ISDN*-Zeittakttarif ist identisch mit den Gebühren, die bei einem Gespräch mit einem normalen Telefon bzw. bei der Modem-Nutzung anfallen (deren monatliche Anschlußgebühr beträgt aber nur 24,60 DM).

Standleitungen halten die verbundenen Geräte ununterbrochen sende- und empfangsbereit und ermöglichen zugleich eine Datenübertragung mit maximaler Geschwindigkeit. Die Höhe der Grundgebühren (zwischen mehreren tausend bzw. zehntausend DM im Monat) hängt ab vom gewünschten Umfang einer fest gemieteten Übertragungskapazität bzw. *Bandbreite*. *Standleitungen* vom Typ *T3* stellen eine *Bandbreite* von 40 Millionen *bps* zur Verfügung. Das bedeutet: *T3* benötigt für die komplette Übertragung eines digitalisierten Katalogs mit Farbbildern[51] knapp zwei Sekunden, *ISDN* (64.000 *bps*) braucht dafür neunzig Sekunden, ein handelsübliches Modem (14.400 *bps*) über eine Stunde.

III. Charakteristika

- Größte aktive Teilnehmergruppe aller visuellen Medien

  Aufgrund seines dezentralen Konzepts ermöglicht das Internet theoretisch jedem Land den Anschluß an den *Infohighway*. Bereits heute ist jeder Kontinent mit mehr oder weniger *Netzknoten* beteiligt. Im Gegensatz zum Internet erreicht kein anderes visuelles Medium gleichzeitig 30 Millionen Men-

---

[47] Vgl. Ohne Verfasser: Telekom dreht kräftig an Gebührenschraube. In: Der Tagesspiegel 19.8.1995.

[48] Vgl. Ohne Verfasser: Telekom bietet Rabatte für Privatkunden. In: Der Tagesspiegel 5.12.1995.

[49] *Integrated Services Digital Network*. Ein Schmalband-Datenübertragungs-Verfahren, das über Kupferkabel bzw. Glasfaserleitungen den Datentransfer beschleunigt. *B-ISDN* ist eine Weiterentwicklung, die Breitbandkapazitäten und wesentlich höhere Geschwindigkeiten ermöglicht.

[50] Vgl. Telekom-Preisliste vom Januar 1995. Vorausgesetzt wird dabei eine im PC installierte *ISDN*-Karte, die zwischen 1.000 und 2.500 DM kostet.

[51] Dafür wird ein Umfang von 6 *Megabyte* angenommen.

schen aus aller Welt (in Deutschland sind es 600.000). Da es sich bei ihnen nicht um passive Zuschauer, sondern um ausgesprochen aktive Teilnehmer handelt, ergibt sich daraus eine greifbare Annäherung an das vielzitierte *Globale Dorf.*[52] Auch staatliche oder gemeinnützige Institutionen, Firmen und Parteien haben den Wert erkannt, der sich aus den Anregungen und kritischen Äusserungen der internationalen Teilnehmerschaft ergibt. Wer den Gedankenaustausch mit einer möglichst großen und multikulturellen Mischung der Menschheit (Abb. 8) anstrebt, veröffentlicht seine *eMail*-Adresse im Internet und eröffnet den Dialog zu einer interessanten Fragestellung. Der Rest geschieht von selbst.

Abb. 8: Dieser Teilnehmer aus Kuwait hat die Adresse seiner *Home Page* in einem internationalen Anwender-Verzeichnis abgelegt. Die Einrichtung eines kompletten Teilnehmer-Registers wird aber durch die dezentralen Struktur des Internet erschwert und ist von vielen auch nicht erwünscht.

- Fortschreitende Kommerzialisierung (*Webvertising*)

    Marktforschung und Werbewirtschaft sehen sich einer riesigen Stichprobe bzw. Zielgruppe gegenüber, die ohne besonderen Aufwand befragt und der-

---

[52] Der kanadische Medienwissenschaftler Marshall McLuhan schuf diesen Begriff bereits in den 60er Jahren. Den größten Fortschritt, den er sich damals allerdings noch vom Fernsehen erhoffte, sah er in der Ablösung des linearen Denkens durch eine Ära des ganzheitlichen Denkens. Die mediale Teilhabe am Schicksal der anderen Erdbewohner würde, so McLuhan, das Bewußtsein einer Weltgesellschaft formen. Vgl. McLuhan, Marshall: Die magischen Kanäle. Understanding Media. –Düsseldorf: Econ 1992, S. 362 f.

zeit noch häufig unter Umgehung von Schaltkosten beworben werden kann. Die Teilnehmerschaft erscheint auch qualitativ besonders reizvoll, da sie sich laut einer *Online*-Umfrage der Internet Society durch eine gute Ausbildung, ein Jahreseinkommen von 40-60.000 Dollar und ein mittleres Alter von 31 Jahren auszeichnet.[53]

Aufgrund ihrer *Hyperlink*-Struktur können die *World Wide Web*-Seiten spontan angewählt werden, daher überrascht es nicht, daß sich die Werbebranche gerade diesen Teil des Internet für die ersten Gehversuche ausgesucht hat. Werbespots oder akustische Botschaften sind allerdings wegen der eingeschränkten Qualität und der starken Verzögerung bei der Übertragung (noch) nicht praktikabel.[54] Daher konzentriert man sich bislang auf kleine, eingeklinkte Logos oder „interaktive" Werbeflächen (Abb. 9). Sobald der Interessent mit der Maus auf das Anzeigenfeld klickt, öffnet der dahinter verborgene *Hyperlink* weitere Informationsseiten bzw. Bestellformulare.

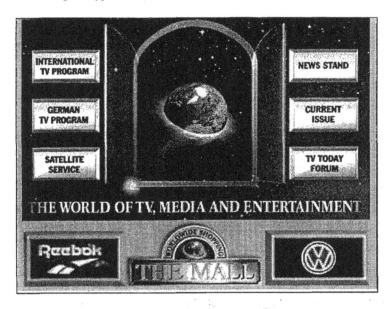

Abb. 9: Die *WWW*-Angebotspalette der Zeitschrift TV TODAY. Unten zwei „interaktive" Werbeflächen, die zu den Seiten von VW und Reebok weiterleiten; in der Mitte das virtuelle Kaufhaus.

---

[53] Vgl. Ohne Verfasser: Electric Word. In: WIRED 2.12, Dezember 1994, S. 49.

[54] Dennoch stellen Filmgesellschaften durchaus schon digitalisierte Trailer aktueller Premieren im *WWW* zur Verfügung (siehe Abb. 3). Die kurzen Filmclips muß man aber zunächst auf die eigene Festplatte überspielen, bevor sie betrachtet werden können. Der Übertragungsvorgang kann leicht eine Stunde überschreiten.

Zu dieser Aktivität muß der Betreffende allerdings erst motiviert werden (durch attraktive Gegenleistungen wie Informationsdienste, Gewinnspiele usw.). Ist die Werbung erst einmal angewählt, bleibt dafür der sonst übliche Streuverlust gering, denn der Anwender ist ja durchaus interessiert. Dennoch steht die Branche erst am Anfang einer steil aufwärts zeigenden Lernkurve, bevor sich das Internet als gewinnträchtiges Werbemedium etablieren kann. Selbst virtuelle Kaufhäuser (*Virtual Malls*) lassen sich bereits im *WWW* entdecken. Dort kann der Anwender vom heimischen PC aus Bestellungen tätigen (*Homeshopping*). Doch auch diese Bereiche verzeichnen bislang keine nennenswerten Umsätze.

Dies hängt nicht zuletzt damit zusammen, daß viele Netzteilnehmer die zunehmende Kommerzialisierung äußerst kritisch verfolgen. Sie betrachten das Internet weiterhin als akademisch geprägten Kommunikations- und Wissenspool, an dem sich alle Mitglieder auf freiwilliger Basis beteiligen und ihre Informationen kostenlos zur Verfügung stellen. Mit dem Eindringen von kommerziellen Anbietern verbinden sie die Befürchtung, daß für den Abruf von Internet-Diensten demnächst Gebühren fällig werden und ehemals engagierte Teilnehmer in Konsumenten verwandelt werden. Das Bild von den spanischen Konquistadoren, die das fortschrittliche Volk der Inka gewaltsam bekehrten und ausbeuteten, drängt sich ihnen auf.

• Sicherheitsrisiko Verschlüsselung

Netscape ist die Software, mit der sich schätzungsweise acht Millionen Anwender im *World Wide Web* orientieren. Mit *Netscape* können sie auch Nachrichten und Bestellungen versenden. Daher reagierten die Internet-Teilnehmer stark beunruhigt auf Meldungen, in denen es hieß, einem Universitätsangehörigen sei es gelungen, sensible Daten fremder Personen (während der Übertragung per *Netscape*) abzufangen und auszuwerten.[55] Eine gewisse Zurückhaltung gegenüber Internet-*Shopping* und finanziellen Transaktionen hatten die Anwender schon immer an den Tag gelegt –die Software enthält auch entsprechende Sicherheitshinweise–, doch nun war aus der Befürchtung Gewißheit geworden: *Netscape* ist nicht „einbruchsicher". So könnte es jemandem gelingen, Texte mit vertraulichem Inhalt zu lesen oder Kreditkartennummern in Verbindung mit dem Namen des Absenders in Erfahrung zu bringen, um auf seine Kosten Bestellungen zu tätigen. Eine neue Version soll nun die Verschlüsselung sensibler Daten verbessern. Doch zugleich entsteht ein neues Problem: Polizeibehörden, die sich mit organisiertem Verbrechen beschäftigen, legen großen Wert auf solche Einstiegmöglichkeiten, um zum Beispiel verschlüsselte *eMail* verdächtiger Personen lesen zu können.

• Gebührenfreier Zugriff auf Informationen aller Art

Wer beruflich oder privat die Dienste des Internet in Anspruch nimmt, findet zu praktisch jedem Thema Informationen, sei es auf dem Sektor

---

[55] Vgl. Ohne Verfasser: Security Flaw Found in Netscape. Reuter, 19.9.1995, elektronisch veröffentlicht.

Landwirtschaft, Kunst, Astronomie, Luftfahrt, Biologie, Botanik, Wirtschaft, Chemie, Computer, Verbraucherinformationen, Bildungswesen, Arbeitsmarkt, Kochen, Spiele, Geografie, Geophysik, Geologie, Politik, Geschichte, Recht, Literatur, Sprachen, Mathematik, Filme, Museen, Musik, Nachrichten, Astrologie, Okkultismus, Physik, Religion, Theater, Touristik oder Wetter.[56]

Zu jedem dieser Begriffe stehen unzählige Dokumente und Dutzende von *elektronischen Foren* zur Verfügung; dazu viele andere Themenbereiche, die noch niemand gewagt hat, alle in einem Buch zusammenzufassen. Dieser kostenlos verfügbare Fundus an Informationen läßt sich in keinem anderen Medium entdecken. Viele Anwender werden davon zugleich vollkommen überwältigt. Daneben beklagen immer mehr Autoren und Gestalter, daß die Richtlininien des gegenwärtigen Urheberrechts die „Reproduzierbarkeit, Transportierbarkeit und Manipulierbarkeit"[57] ihres digitalisierten geistigen Eigentums nicht ausreichend berücksichtigen; dies vor allem, wenn die von ihnen beigesteuerten Inhalte ohne ihre Zustimmung in kommerziellen Anwendungen verwertet werden.

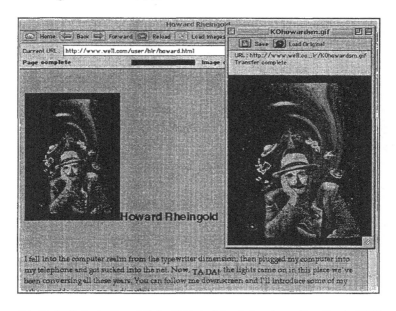

Abb. 10: Der Buchautor Howard Rheingold ist ebenfalls mit einer eigenen *Home Page* im *WWW* präsent. Dort stellt er dem Teilnehmer unter anderem eine elektronische Fassung seiner Artikel und Bücher kostenlos zur Verfügung.

---

[56] Vgl. Yanoff, Scott: *Hypertext*-Liste kostenloser Ressourcen, die im *World Wide Web* vorliegt

[57] Melichar, Ferdinand: Einführung zum Autorensymposion „Auf der Medienautobahn. Urheber im Zeitalter der digitalen Reproduzierbarkeit" vom 14.5.1995, Doku. VG Wort, S. 8.

- Breite Palette multimedialer Darstellungsformen

Der relativ hohe Anteil von Teilnehmern mit leistungsfähigen Computern, die oftmals an Hochgeschwindigkeitsnetze angebunden sind, fördert die Entwicklung von Angeboten, die dem neuesten Stand der Technik entsprechen. Sie sind allerdings zur Zeit eher für Medienlabors interessant und zeugen oft von unbekümmertem Forscherdrang bzw. autodidaktischem Gestaltungswillen. So kann jeder versierte Anwender mit fester Internet-Adresse über eine selbstkreierte, multimediale „Visitenkarte" (Abb. 10) Millionen von anderen Nutzern sagen: „Hier bin ich, meldet Euch!" (siehe auch Abschnitt 4.2 Netzfolklore, *Home Page*).

Daneben lassen sich sogar Standbilder einer Videokamera, die nach einigen Minuten aktualisiert werden, über das Netz betrachten (Abb. 11). An komplizierter Technik interessierte Teilnehmer können damit von entlegenen Orten der Erde eine „Liveübertragung" in das *WWW* einspeisen (im Internet gibt es keine Landesmedienanstalt). Diese ausgeprägt multimedialen Zweiweg-Kanäle bietet keines der anderen verfügbaren Medien.

Abb. 11: Die „Feet Cam" ist unter dem Computer eines Netzteilnehmers installiert und nimmt die Füße von –realen– Gästen auf, die ihn an seinem Arbeitsplatz besuchen. Neben derartigen Ulk-Anwendungen zeigen andere vernetzte Kameras Live-Ansichten verschiedener Sehenswürdigkeiten.

- Schwerpunkt auf Textdokumenten

Der zumeist immer noch undifferenzierte Strom von Informationen, der den Bildschirm entlangrollt, erzeugt bei vielen Anwendern eine hypnotische Wirkung. Verglichen mit anderen Formen der Informationsaufbereitung

sind die Möglichkeiten selbst im *World Wide Web* noch längst nicht ausge-
schöpft. Die technischen Einschränkungen der *WWW*-Architektur erschweren bislang den Einsatz unterschiedlicher Layouts und charaktervoller
Schrifttypen innerhalb des Fließtexts (der Anwender legt zu Beginn seiner
Web-Expedition die Schriftart und -größe für alle abgebildeten Seiten fest).[58]

Wegweisend gestaltet ist hingegen der elektronische Ableger der Zeitschrift für Internet-Kenner, *Wired.* Das Design von *HotWired* überrascht jede Woche neu (siehe auch *HotWired FAQ* im Anhang). Es enthält Symbole
und Schriftzüge, die als unveränderliche Elemente integriert sind (Abb. 7).
Allerdings verlangsamt sich dadurch der Bildaufbau erheblich im Vergleich
zu reinen Textseiten.

• Prinzip der *freien Rede* ohne Einfluß einer Redaktion

Die vernetzte Wahrnehmung speziell im *WWW* verhindert eine Struktur
von Kapiteln, Themenressorts etc. Dabei handelt es sich um ein konzeptio-
nelles Problem, von dem jedes *Hypertext*-Gebilde betroffen ist, erst recht,
wenn es weltweit verstreute Dokumente miteinander verbindet. Lediglich zu
Beginn der Suche im Internet helfen Register wie der *Global Network Navigator (GNN)* oder die *Yanoff List* bei der Orientierung.[59]

Danach werden die Anwender der Gnade bzw. Befähigung des
„Herausgebers" ausgeliefert, der die angesteuerten Seiten organisiert und gestaltet. Andererseits bezieht das *WWW* aus der Vermischung von Wichti-
gem und Unwichtigem, Ernsthaftem und Unsinn (Abb. 12) seinen Gehalt
an Überraschungen und Vielfalt, der jedoch ein gewisses *Zapp*-Verhalten im
Netz (*Web-Surfen*) nach sich ziehen kann. Dem Teilnehmer wird so ein hohes Maß an *Medienkompetenz*[60] abverlangt.

Vollkommen auf sich gestellt sind die Teilnehmer des Internet, wenn es
um die Beurteilung von Dokumenten geht, die entweder seit Jahren in ir-
gendwelchen Verzeichnissen lagern und inzwischen veraltet sind, unrichtige
Behauptungen beinhalten oder gar einen Straftatbestand erfüllen. So wird
im schlimmsten Fall der Propaganda Tür und Tor geöffnet, da im Internet
das von den amerikanischen Netzpionieren durchgesetzte und bis heute ge-
heiligte Prinzip der *freien Rede* gilt. Selbstzensur anstelle von staatlicher

---

[58] Die neue *WWW*-Navigationssoftware, *Netscape 2.0*, soll einige Beschränkungen aufheben.

[59] Weitere Hilfsmittel für die Recherche -nicht nur im *WWW*- sind u.a.: *Archie* (sucht Dateinamen im ganzen Netz), *WAIS* (durchsucht Dateiinhalte im gesamten Internet nach Stichwörtern) und *Gopher* (stellt Verzeichnisstruktur dar). Der Anwender sollte aber über gewisse Erfahrungen in der Suche nach Schlagwörtern verfügen, um brauchbare Ergebnisse zu
erhalten.

[60] Im Zusammenhang mit dem *Information Highway* umfaßt die *Medienkompetenz* eine ausgeprägte Fähigkeit, sich im neuen Medium zurechtzufinden, seine Bedeutung für die Gesellschaft beurteilen zu können und aktiv für eigenes Engagement zu nutzen. Vgl. Hooffacker,
Gabriele: Online. Telekommunikation von A bis Z –Reinbek: Rowohlt 1995, S. 115.

Zensur wird angestrebt. Daher durchstreifen sogenannte *CyberAngels*[61] auf freiwilliger Basis die Netze und spüren Beiträge mit kriminellem Inhalt auf. Eine zentrale Zensurinstanz würde schon am dezentralen Aufbau des Internet, aber auch an seiner technischen Unangreifbarkeit als Gesamtheit scheitern. Anders ausgedrückt: „Das Netz interpretiert Zensur als Fehler und umgeht sie."[62]

Abb. 12: Eine *Home Page* der bizarren Art, auf der sich ein Teilnehmer mit seiner Freundin unter Einsatz von optischen Verzerrungen „verewigt" hat.

- Schwierige Handhabung
  Hinsichtlich der Bedienbarkeit ist das Internet immer noch eher eine „staubige Landstraße" als ein „Highway". Zuviele Detailkenntnisse über Hilfsprogramme und Dateiformate sind schon beim *Web-Surfen* erforderlich. Selbst Anwender, die das Internet beruflich nutzen, stoßen immer wieder auf technische Hürden und Wissensgrenzen. Das *World Wide Web* und erst recht das Internet als Ganzes kann daher in dieser Form auf keinen Fall als neues Massenmedium Anklang finden.

- Sprachbarrieren
  Ohne gute Kenntnisse der englischen Sprache kommt man im Netz nicht weit, denn über die Hälfte des Datenverkehrs im Internet wird allein von

---

[61] benannt nach der New Yorker Nachbarschaftspolizei *Guardian Angels*. Vgl. J.K.: Allianz für das Gute. In: Der Tagesspiegel, 2.11.1995.

[62] Zitiert nach einer Bemerkung von John Gilmore, CMC-Pionier und Gründungsmitglied der Electronic Frontier Foundation (EFF). In: Rheingold, Howard: Virtuelle Gemeinschaft. Soziale Beziehungen im Zeitalter des Computers –Bonn: Addison-Wesley 1994, S. 19.

den USA bestritten. Ein vergleichbar ausgebautes Netz etwa im russischen, chinesischen oder arabischen Sprachraum existiert nicht. Kulturen, die international ungebräuchliche Schriften verwenden, werden durch den im Internet verwendeten Zeichenstandard *ASCII* (*American Standard Code for Information Interchange*) diskriminiert.

- Hohe Telefonrechnungen

  In Deutschland müssen Anwender, die von zu Hause aus auf das Internet zugreifen, überdurchschnittlich hohe Telefongebühren zahlen –von den Tarifen in telekommunikativ unterversorgten Staaten ganz zu schweigen. Besonders teuer wird die Internet-Nutzung, sollte sich der *Provider* nicht innerhalb der Ortstarifzone befinden. *Internet-Provider* in Deutschland suchen sich aus Rentabilitätsgründen ihre Kundschaft meist in Metropolen wie Hamburg, Frankfurt, München und Berlin. Kleinere Städte oder verstreut angesiedelte Einwohner bleiben also von einer finanzierbaren Internet-Nutzung oftmals ausgeschlossen.

- Schnelle, aber oft unzuverlässige Verbindungen

  Generell ist das Internet angesichts des unerwarteten Ansturms von neuen Teilnehmern schon heute zu bestimmten Zeiten überlastet. Nicht selten gehen daher Teilnehmer erst ab fünf Uhr morgens *online*, um einen schnellen und stabilen Datentransfer zu sichern.[63] Zunächst hängt es in hohem Maße von dem bevorzugten *Internet-Provider* ab, ob die Verbindungsaufnahme mit dessen *Host* auch tagsüber auf Anhieb funktioniert.[64] Kommerzielle *Provider* bemühen sich, ihren Mitgliedern eine reichliche Auswahl schneller Einwahlpunkte per Modem oder *ISDN* zur Verfügung zu stellen. Dennoch kann es vorkommen, daß zuviele Mitglieder gleichzeitig die Telefonnummer des *Providers* wählen.

  Doch selbst nach erfolgreichem Zugriff auf den *Host* kann der Aufruf bestimmter Internet-Bereiche von Fall zu Fall scheitern, da zuviele Teilnehmer von verschiedenen Punkten der Erde aus das betreffende System angesteuert haben. An der „Rush Hour" im Datennetz kann auch ein technisch hervorragend ausgestatteter *Provider* nichts ändern, denn er sorgt mittels seiner *Standleitung* lediglich für die schnellstmögliche Verbindung zum nächsten Internet-Knotenpunkt. Auf die außerhalb liegende Leitungsqualität hat er keinerlei Einfluß. Verbessern läßt sich dieser Zustand nur durch den international koordinierten Aufbau des *Infohighways*.

---

[63] Dies ist sinnvoll, wenn auf einen Internet-Rechner im europäischen Raum zugegriffen wird, da zu dieser Uhrzeit niemand an diesen Computern arbeitet. Sobald der Teilnehmer jedoch Bereiche in den USA ansteuert, muß er damit rechnen, daß dort gemäß der geltenden Zeitzone der Arbeitstag längst wieder begonnen hat.

[64] Bei der Einwahl in Universitätsrechner kann man diese Hoffnung in der Regel aufgeben.

2.2.2 Bulletin Board Systeme

Im Gegensatz zum Internet besteht ein typisches Bulletin Board System[1] (BBS) nicht aus einem weitverstreuten Netz von Rechnern, sondern aus einem einzelnen Computer, der über mindestens ein Modem mit dem Telefonnetz verbunden ist. In diesem Fall kann genau ein Teilnehmer seinen Rechner anweisen, über die Telefonleitung Verbindung mit dem BBS aufzunehmen; alle anderen, die sich zeitgleich einwählen, müssen auf das Freizeichen warten. Gegenüber dem Management eines *Internet-Hosts* oder Online-Dienstes erfordert die Einrichtung eines BBS einen vergleichsweise geringen materiellen und logistischen Aufwand. Grundsätzlich kann jeder Teilnehmer von zu Hause aus ein eigenes Bulletin Board System gründen.[2]

Stärker frequentierte BBS bieten mehrere Modems und Telefonnummern an. Viele Bulletin Board Systeme tauschen ihre Nachrichten mindestens einmal am Tag mit Nachbarsystemen aus. Diese Weiterentwicklung ergibt dann gewissermaßen ein „Netz", in dem die Beiträge wie ein „Echo" über die beteiligten Systeme verteilt werden. Anders als im Internet kann aber der Teilnehmer nicht innerhalb dieses „Netzes" von BBS zu BBS springen. Er muß sich in jedes einzelne System gesondert einwählen. Falls es sich weit von ihm entfernt befindet, ist die übliche Vorwahlnummer zu beachten. Das heißt: Eventuell kostet ihn das die Fernsprechgebühr.

Einige Bulletin Board Systeme ermöglichen inzwischen auch die Einwahl per *Internet Protocol*. In diesem Fall könnte ein Teilnehmer aus Japan zum Ortstarif via Internet auf ein deutsches BBS zugreifen (Abb. 13). Obwohl viele Bulletin Board Systeme darüber hinaus einen täglichen Nachrichtenaustausch mit Bereichen des Internet ermöglichen, beschäftigen sich die Teilnehmer dennoch überwiegend mit Themen, die dort eine Rolle spielen, wo sich das BBS befindet. Für viele stellt es einen lokalen Treffpunkt dar, ähnlich einer virtuellen „Stammkneipe".

Die bunte Vielfalt der BBS-Kultur, die sich inzwischen auf allen Kontinenten entfaltet, ging aus der Initiative einzelner Bürger hervor, daher wird in diesem Zusammenhang häufig von *Graswurzelbewegung*[3] und *Bürgernet-*

---

[1] *Bulletin Board* (am.): „Schwarzes Brett", an dem man Zettel mit Nachrichten befestigt. Im deutschen Sprachraum sind BBS auch unter dem (englischen!) Begriff *Mailbox* bekannt. Da aber ein Teilnehmer auch innerhalb eines solchen Systems ein persönliches Postfach namens „Mailbox" zugewiesen bekommt, wird dieser Ausdruck in der vorliegenden Arbeit vermieden.

[2] Von seiner Privatwohnung aus betreibt der Öko-Aktivist Marcus Endicott sein „Gaia Passage BBS", in dem er Interessenten neben Diskussionsrunden eine Fülle von Informationen zum Thema „Ökologisch-bewußtes Reisen" kostenlos anbietet. Vgl. Wolf, Gary und Michael Stein: Aether Madness. An Offbeat Guide to the Online World –Berkeley: Peachpit Press 1995, S. 3 und 41f.

[3] Im amerikanischen Sprachgebrauch bedeutet *grassroots*: (1) People or society at a local level rather than at the center of major political activity. (2) The groundwork or source of something. Vgl.: American Heritage Dictionary. Houghton Mifflin Co. 3rd Edition 1992.

zen[4] gesprochen. Militärlabors hatten ausnahmsweise nichts damit zu tun. Allein in den USA sind heute Schätzungen zufolge weit über 50.000 BBS im Einsatz,[5] in Deutschland soll es bislang „nur" etwa 2.000 geben. Die meisten werden von Non-Profit-Organisationen oder Enthusiasten mit Mühe kostendeckend betrieben. An diesem Prinzip orientieren sich die geringen Zugangskosten für die Teilnehmer, wenn sie nicht sogar zugunsten freiwilliger Spenden ganz entfallen. Die Zahl der Mitglieder eines typischen BBS schwankt je nach Popularität zwischen einigen Hundert oder mehreren Zehntausenden.

Abb. 13: Diese koreanische Teilnehmerin möchte Verbindung mit Teilnehmern des Magic Village BBS in Hamburg aufnehmen und bedient sich dabei der Einwahl via Internet. Das Mitglieder-Profil (*Résumé*) enthält Auskünfte zur Person und häufig auch ein Foto. Es kann von den BBS-Teilnehmern jederzeit abgerufen werden.

I. Entwicklung

Eigentlich wollten die Programmierer Ward Christensen und Randy Suess nur Arbeitsproben zwischen ihren Rechnern austauschen und mit der Übertragung per Telefonnetz die lange Autofahrt vermeiden. 1978 entwickelte Christensen zu diesem Zweck eine neuartige Software. Suess übernahm die

---

[4] Vgl. Hooffacker, Gabriele: Online. Telekommunikation von A bis Z –Reinbek: Rowohlt 1995, S. 31.

[5] Vgl. Wolf, Gary und Michael Stein: Aether Madness. An Offbeat Guide to the Online World –Berkeley: Peachpit Press 1995, S. 205.

Konstruktion der Hardware.[6] Die sorgsam aufeinander abgestimmte Folge von Ritualen, mit denen sie dann ihren Rechnern den Datenaustausch „beibrachten", muß damals auf Außenstehende gewirkt haben, als träten zwei Schamanen miteinander in Verbindung.

Beide Teilnehmer mußten zunächst gewöhnlichen telefonischen Kontakt miteinander aufnehmen, um dann jeweils den Hörer in einem Gerät von der Größe einer Schuhschachtel abzulegen. Dieser sogenannte *Akustikkoppler* war mit einem Kabel an der Rückseite des Computers angeschlossen und übersetzte die analogen Telefonsignale in digitale Computerzeichen und umgekehrt (wie es heute –ohne Telefonhörer– das höchstens taschenbuchgroße Modem erledigt). Christensen und Suess wiesen nun mit einer Reihe kryptischer Tastaturbefehle ihre *Mikrocomputer* an, den Datenaustausch vorzunehmen.

Ein Jahr später veröffentlichte Christensen seine Software unter dem Namen *XMODEM*, mit der von jetzt an die Daten sogar bei Störungen in der Telefonleitung fehlerfrei übertragen werden konnten. Dies war ein entscheidender Fortschritt, denn bei einem normalen Telefongespräch fallen Knistern oder kurze Aussetzer zwar nicht so ins Gewicht, die Funktionsfähigkeit einer Software ist jedoch nach erfolgter Übertragung von jeder programmierten Zeile, von jedem Buchstaben abhängig. Fehlt ihr auch nur ein Zeichen, stürzt die Software ab.

Ein anderer Umstand war ebenfalls entscheidend für die Verbreitung dieses neuen Übertragungswerkzeugs, mit dem sich neben Computerprogrammen natürlich auch Texte und Bilder versenden und empfangen ließen. Die beiden Entwickler gaben das Programm als *Public Domain* frei. Jeder durfte es erhalten und weitergeben, ohne dafür zu bezahlen. Damit verhinderte Christensen den Erwerb der Software durch irgendeinen Anbieter, der sie in eine kommerzielle und damit weniger populäre Variante umgewandelt hätte.

Suess und Christensen erkannten in ihrer Entwicklung auch das Potential für computergestützte Kommunikation (*CMC*), und so schufen sie ein Jahr später ihr eigenes *CMC*-Instrument unter dem Namen *Computer Bulletin Board System* (*CBBS*). Es wurde bereits ab 1979 von den Teilnehmern eines der ersten privat gegründeten BBS genutzt: „Chicago online". Damit konnte jeder in einem *Bulletin Board* genannten Bereich anderen Teilnehmern Nachrichten hinterlassen.

Angesichts der relativ geringen Mitgliedszahlen (*Akustikkoppler* arbeiteten langsam und kosteten 500 Dollar) mußten die Diskussionen zu Beginn noch nicht in Bereiche eingeteilt und nach Themen benannt werden. Die „Unterhaltung" per Tastatur war schon aufregend genug. So muß man wohl die Qualität der anfänglichen Konversationen mit denen vergleichen, die mancherorts über *CB-Funk* geführt werden: „Hallo. Test. Test. Ist da jemand?".

---

[6] Vgl. Rheingold, Howard: Virtuelle Gemeinschaft. Soziale Beziehungen im Zeitalter des Computers –Bonn: Addison-Wesley 1994, S. 167 ff.

Auch das inhaltliche Spektrum war zunächst eingeschränkt. Die *CMC*-Hobbyisten interessierten sich für alles –solange es mit Computertechnik zu tun hatte. Dies gilt bis heute für einen maßgeblichen Teil der Bulletin Board Systeme, ein Umstand, der mit Sicherheit dazu beigetragen hat, daß unter den Teilnehmern Frauen eine relativ geringe Rolle spielen, da sie auch in der Elektronikbastlerszene bis heute unterrepräsentiert sind.[7]

Typisch für *hobbyorientierte* Bulletin Board Systeme, deren Zweck meist einzig und allein in der Bereitstellung riesiger Software-Archive besteht, sind die sogenannten *Saugerboxen*. Hier „saugt" der Teilnehmer große Mengen Daten von der BBS-Seite auf seine heimische Festplatte. Dabei kann es sich um ein Programm zur ballistischen Berechnung von Papiertauben oder um Fotos von Cindy Crawford im nassen T-Shirt handeln. Vielleicht sind es Werkzeuge zur Analyse der Börsenkurse oder zur objektorientierten Programmierung. Auf jeden Fall können sich die Anwender nie ganz sicher sein, was genau sie von den Datenpaketen zu erwarten haben. Einziges Vorab-Kriterium sind die Dateinamen, und die halten nicht immer, was sie versprechen. *Computerviren* verbreiten sich in diesem Umfeld besonders schnell.

Abb. 14: Ein Bulletin Board System im kanadischen Winnipeg.

Oft genug beschäftigt sich der BBS-Teilnehmer nach erfolgreicher Datenübertragung mit unausgereiften Arbeitsergebnissen erfindungswütiger Pro-

---

[7] Einer Grundlagenstudie der Universität Trier zufolge nutzten Ende der achtziger Jahre knapp 5 Prozent Frauen die verfügbaren BBS. Heute wird der Anteil der Frauen in den Bürgernetzen auf immerhin 15-20 Prozent geschätzt, da sie inzwischen zur Mehrheit derjenigen gehören, die Computer und Telekommunikation beruflich einsetzen. Vgl. Hooffacker, Gabriele: Online. Telekommunikation von A bis Z –Reinbek: Rowohlt 1995, S. 81.

grammierer, die ihre Proben als *Public Domain* bzw. *FreeWare* (kostenlos) oder als *ShareWare* (bei Interesse mit einem geringen Betrag zu bezahlen) im ganzen *Cyberspace* verteilen. Es kommt vor, daß eine derartige Anwendung etliche Vorteile gegenüber kommerziellen Konkurrenzprodukten aufweist und dennoch (fast) nichts kostet. Manchmal haben sich *FreeWare*-Programme sogar zu ausgewachsenen Profilösungen gemausert. Als Beispiel sei hier *Netscape* genannt, mit der heute Millionen Internet-Anwender das *WWW* erforschen. In der Mehrzahl der Fälle werden die Erwartungen des Endanwenders jedoch nicht erfüllt. Früher oder später wandern die Daten in den elektronischen „Mülleimer". Nach dem Motto: Kostet nichts, macht nichts.

Inmitten dieser Hobbyisten-Szene stellte das Bulletin Board System „CommuniTree" schon Ende der siebziger Jahre eine Ausnahme dar. Sein Name legt nahe, daß es hier nicht um Technologie, sondern um die Gründung von Gemeinschaften ging. In einem *elektronischen Forum* namens „Origins" wurde die Aufforderung ausgesprochen, sich per Gedankenaustausch mit den anderen eine eigene Religion zu erschaffen, und zwar nicht auf theologischer, sondern –ganz zeitgemäß– auf spiritueller Grundlage. Dann geschah etwas, das die bislang unausgesprochene, aber in allen BBS vorausgesetzte, Regel der *freien Rede* auf eine harte Probe stellte.

Eine Gruppe von Erstsemestlern erfuhr von der „CommuniTree"-Telefonnummer. Die Teenager belagerten von ihren heimischen Computern aus die laufenden Diskussionen und brachten ihr Unverständnis gegenüber der aus ihrer Sicht elitären und abgehobenen Sprache in Form von beleidigenden Beiträgen zum Ausdruck. Nach wenigen Monaten waren alle Debatten zum Erliegen gekommen. Niemand verspürte Lust, sich den Angriffen der „Verbal-Vandalen" auszusetzen.[8]

Aus den Erfahrungen, die neben „CommuniTree" auch andere BBS gemacht hatten, bildete sich unter den Teilnehmern eine Übereinkunft heraus: Steuerung und Moderation durch den BBS-Betreiber betrachtete man fortan als notwendige Voraussetzungen zur Aufrechterhaltung einer virtuellen Gemeinschaft. Seitdem erhalten Interessierte, die sich das erste Mal in ein BBS einwählen, zunächst eine „Gast"-Kennung, die ihnen nur einen eingeschränkten Zugang ermöglicht.

Als Gast kann man herumstöbern, aber keine Daten abschicken (*Upload*) oder auf den heimischen Computer laden (*Download*). Erst nachdem man ein elektronisches Datenblatt ausgefüllt und entweder *online* oder ausgedruckt per Post abgeschickt hat, wird man vom BBS-Betreiber registriert und erhält die vollen Mitglieds-Zugriffsrechte. Darüber hinaus wurde unter Beteiligung aller Teilnehmer ein knappes Regelwerk zum respektvollen Verhalten im Netz, die *Netiquette*, erarbeitet, die sich inzwischen auch im *UseNet* und in den Online-Diensten zu einer Art Netz-„Verfassung" herausgebildet hat (siehe Abschnitt 4.2 Netzfolklore).

---

[8] Vgl. Stone, Allucquere Roseanne: Will the real Body please stand up? Boundary Stories about Virtual Cultures. In: Benedikt, Michael (Ed.): Cyberspace. First Steps –Cambridge, Mass.: MIT Press 1991.

Ehemalige Kommunarden und Anhänger der kalifornischen Gegenbewegung und Subkultur gründeten 1985 in Sausalito das BBS „The WELL" (Whole Earth 'Lectronic Link). Sie führten neben der *Netiquette* eine weitere soziale Regel ein: *Online* darf niemand *anonym* sein. In anderen Bereichen des *Cyberspace* war es –und ist es zum Teil auch heute noch– üblich, daß sich Neuzugänge bei der Anmeldung ein Pseudonym (*Nickname*) zulegen konnten und so als „Urmel" oder „Dr. Fronkensteen" an den Diskussionen teilnahmen.

In „The WELL" wurde dieses Pseudonym immer an den tatsächlichen Namen des Mitglieds gekoppelt. Auseinandersetzungen wurden dadurch natürlich nicht verhindert. „Was immer eine Gemeinschaft auch sein mag, eines ist sie nicht: eine konfliktfreie Umgebung. [Es gab in „The WELL"] Fraktionskämpfe. Klatsch. Neid. Eifersucht. Streit. Verbale Schlägereien."[9] Aber von nun an kannte man wenigstens den Namen desjenigen, mit dem man stritt. Das Ablegen der Anonymität förderte insbesondere die Kontaktaufnahme während der regelmäßig veranstalteten Treffen, bei denen sich die weit verstreut wohnenden „WELL"-Mitglieder *in persona* kennenlernen konnten.[10]

„The WELL" richtete auch die frühen *Hacker*-Konferenzen aus. Diese *Hacker*-Generation war jünger als die Hippies, aber beeinflußt durch die Ideen von persönlicher Freiheit und Bilderstürmerei der Gegenkultur. Damals schraubte der zwanzigjährige Steve Jobs in einer Garage Platinen und Holzbretter zu einem Computer zusammen und nannte seine Firma Apple Computer. Auf der Suche nach Erleuchtung hielt er sich in Indien auf. Mitchell Kapor, Gründer der Software-Firma Lotus, war Lehrer für transzendentale Meditation. „Der PC war für viele von ihnen der Talisman einer neuen Art von Befreiungskrieg".[11]

Geprägt von dieser Mischung aus alternativer Szene und Pioniergeist entstand auch in Deutschland allmählich eine eigene BBS-Szene, die unter anderem von den „Untergrundkämpfern" des Chaos Computer Club (CCC) vorangetrieben wurde (siehe Abschnitt 4.1.1 *Netizens*). Diese Interessengemeinschaft der deutschen *Hacker* entstand 1981 während des Tunix-Kongresses in Berlin, bei dem sich Leute zusammenfanden, die der Alternativ-Szene mittels Computernutzung zu einer eigenen Zeitung verhelfen wollten (der späteren „taz"). Der Kopf der CCC-Gruppe, Wau Holland alias „Dr. Wau", sah in der neuen Technologie verheißungsvolle Möglichkeiten gerade auch für oppositionelle Bewegungen, während viele seiner alternativen Gesinnungsgenossen bei der Begegnung mit dem Wort „Computer"

---

[9] Rheingold, Howard: Virtuelle Gemeinschaft. Soziale Beziehungen im Zeitalter des Computers –Bonn: Addison-Wesley 1994, S. 71.

[10] Diese Tradition haben bis heute viele BBS übernommen.

[11] Rheingold, Howard: Virtuelle Gemeinschaft. Soziale Beziehungen im Zeitalter des Computers –Bonn: Addison-Wesley 1994, S. 65.

eher an Rasterfahndung, Arbeitsplatzvernichtung und Big Brother dachten.[12] Dr. Waus Vision wurde unter dem Begriff *Social Hacking* bekannt.

Die Studenten Wolfgang Mexner und Hartmut Schröder entwickelten eine eigene BBS-Software unter dem Namen *Zerberus*,[13] und auf dieser Basis startete von München aus ab 1987 das Bulletin Board System „LINKS" (Linkes Internationales Netz- und Kommunikations-System).[14] Die Münchner Gruppe, die sich „Sozialistischer Computerclub" nannte, beabsichtigte, einerseits politisch interessierte *Hacker*, andererseits politische *Aktivisten* über Datennetze zusammenzubringen. Protestaktionen ließen sich auf die Weise unter Umgehung polizeilicher Beobachtung bundesweit koordinieren.

Daher erweiterten Mexner und die anderen ihre Software um die Fähigkeit, nachts –unter günstigen Telefontarif-Voraussetzungen– mit anderen BBS-Rechnern Informationen auszutauschen.[15] Ausgestattet mit der wiederum frei erhältlichen Software, bildeten sich in Dutzenden von deutschen Städten untereinander verbundene Ableger des Münchner Ur-Bulletin Board Systems. Aus den inzwischen 250 BBS in den alten und neuen Bundesländern entstand das heutige „/CL-Netz". Es wird von technischen Betreuern (*Sysops*) des „ComLink e.V." ehrenamtlich koordiniert. Die Teilnahme kostet 10 DM im Monat.

Das ursprüngliche Ziel von „LINKS", *Aktivisten* und *Hacker* zu vereinen, wurde um eine ganze Reihe neuer Interessengebiete erweitert. Den Betreibern geht es heute darum, mit diesem Medium eine Öffentlichkeit für soziale, politische, ökologische und kulturelle Themen zu schaffen und somit zur Stärkung der Demokratie beizutragen. Im „/CL-Netz" erfüllt diesen Zweck u.a. das ständig aktualisierte, bis 1987 zurückreichende Archivsystem für Informationen zum Thema Antifaschismus, Behinderte, Bildung, Datenschutz, Energie, Frauen, Frieden, Gesundheit, Kultur, Medien, Recht, Soziales, Umwelt, Verkehr und Wirtschaft.[16] Daran beteiligen sich Pressedienste, Greenpeace, örtliche Jugendverbände, Amnesty International und organisierte wie nicht-organisierte Teilnehmer mit Beiträgen aus ihrer Region. Weiterhin

---

[12] Vgl. Sontheimer, Michael: Chaos als Programm. In: Spiegel Special Nr. 3. Abenteuer Computer –Hamburg: Spiegel-Verlag, 3/1995, S. 41.

[13] In der griechischen Mythologie war der *Zerberus* ein wachsamer Höllenhund. Die Hacker sehen sich als Wächter über Schwachstellen und Fehlentwicklungen im Bereich der Telekommunikation.

[14] Bereits vor 1985 existierten in Deutschland vereinzelte Bulletin Board Systeme wie zum Beispiel „Tornado" in Hamburg, doch erst die weitverbreitete Software *Zerberus* leitete den eigentlichen BBS-Boom ein. Vgl. Glaser, Peter: Verlieben Online. In: Tempo Nr. 3 3/1995, S. 67.

[15] Das sogenannte *Store-and-forward*-Verfahren, mit dem jedes Bulletin Board System die Beiträge speichert und dann zu einem bestimmten Zeitpunkt an das nächste BBS weiterreicht, wurde bereits seit 1979, vor der Entwicklung erster BBS, im amerikanischen *UseNet* erfolgreich angewandt. Dort heißen die einzelnen Themenbereiche *Newsgroups*, im deutschen BBS-Netz werden sie *Bretter* genannt.

[16] Vgl. Herwig, Claus: Bürgerinfos Online. In: Data News 8/1995, S. 85.

bestehen Verbindungen mit BBS-Netzen verschiedener Parteien und Gewerkschaften. Auch das „/CL-Netz" kennt eine Reihe von Verhaltensregeln, an der sich die Mitglieder orientieren. Dazu gehört (wie in „The WELL") die Pflicht, in Beiträgen seinen wirklichen Namen zu verwenden. Weiterhin halten sich die Betreiber freiwillig an das Presserecht und erwarten dies auch von ihren Teilnehmern. Rechtsextreme Propaganda, von der das „/CL-Netz" schon desöfteren heimgesucht wurde, löschen die *Sysops* unverzüglich. Wachsame Teilnehmer melden ggf. derartige Texte. Denn sie verstoßen nicht nur gegen das Presserecht, sondern auch gegen die /CL-Grundregeln, in denen es heißt: „Rassistische und ausländerfeindliche Nachrichten haben zu unterbleiben."[17]

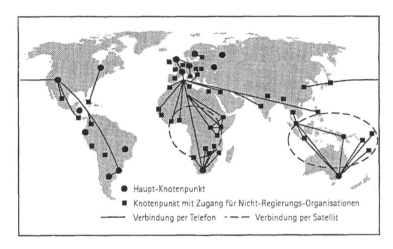

Abb. 15: Internationales BBS-Netz der Umwelt- u. Friedensbewegung (vgl. Die Woche 2.12.1993)

Indem sich das „/CL-Netz" der Association of Progressive Communications (APC)[18] anschloß, dem weltweiten Dachverband alternativer Bulletin Board Systeme in San Francisco, konnten Nachrichten auch mit vergleichbaren Netzen anderer Länder ausgetauscht werden (Abb. 15). Zu den APC-Mitgliedssystemen gehören u.a. „Alternex" in Brasilien, das amerikanische „PeaceNet" und „EcoNet", „GreenNet" in England und „GlasNet" in Rußland. Angebunden sind auch andere deutsche BBS-Netze („Z-Netz"), das weltweite *UseNet* und schließlich der Veteran, „FidoNet".

---

[17] Goldmann, Martin und Gabriele Hooffacker: Politisch arbeiten mit dem Computer – Reinbek: Rowohlt 1991, S. 88.

[18] Vgl. Hooffacker, Gabriele: Online. Telekommunikation von A bis Z –Reinbek: Rowohlt 1995, S. 15 bzw. 40.

Von Tom Jennings[19] gegründet und nach seinem Hund benannt, startete „FidoNet" bereits im Januar 1984 mit einem Rechner in San Francisco und einem weiteren in Baltimore. Heute ist es nicht nur das älteste, sondern auch das größte privat betriebene BBS-Netz. Allein in den USA verfügen mehr als 12.000 Bulletin Board Systeme über einen „FidoNet"-Anschluß, in Europa 7.000, in Asien und Afrika 100, in Lateinamerika 300, in Australien, Neuseeland und den Pazifischen Inseln 1.000.[20]

Die großen BBS-Netze ermöglichen einen regionalen, nationalen und internationalen Austausch von *eMail* bzw. Meinungen und Erfahrungen im Rahmen der *elektronischen Foren* sowie die Verbreitung von aktuellen Nachrichten und Pressemitteilungen abseits der Massenmedien.[21] Es würde allerdings ein falscher Eindruck von der BBS-Szene entstehen, betrachtete man nur die gesellschaftlich-politisch interessierten Nutzergruppen.

Den Vorzug der Bulletin Board Systeme, zwischen vielen Teilnehmern preiswert, schnell und unabhängig Informationen über weite Entfernungen auszutauschen, haben längst auch andere Interessenten erkannt. Glaubensgemeinschaften gehören bereits seit einigen Jahren dazu. Während die TV-Evangelisten ihre Religion noch nach dem alten *Rundfunk-Paradigma* massenhaft vermarkten, fördert das dezentrale Konzept der Kommunikation vieler mit vielen die Entstehung kleiner –oftmals unorthodoxer– *Online-Gemeinden.*

Auf diesem Wege überbrücken Gläubige jeglicher Couleur gerade in ländlichen Gegenden die weite Distanz zu Gleichgesinnten, können zwischen den Gottesdiensten zueinander finden und das gewohnte Miteinander aufbauen –unter Zuhilfenahme ungewohnter Medien.[22] Zugleich stellt ein BBS-Netz modernen Rattenfängern wie der Scientology-Kirche eine effektive Methode zur Verfügung, neue Mitglieder zu werben (siehe Abschnitt 4.1.1 *Netizens*, Religiöse)

Zu jedem Themenbereich existiert irgendwo in der Welt ein BBS, sei es auf Pilzexperten, Techno-Fans oder Schußwaffensammler spezialisiert. Selbstverständlich ist auch Sex im Angebot. Die Möglichkeit, mit verschiedensten Menschen Kontakt aufzunehmen und die anderen Teilnehmer über Alter, Geschlecht, Nationalität, Aussehen und den wahren Namen im ungewissen zu lassen, prädestiniert dieses Medium geradezu für erotische Einsatzzwecke. Nebeneinander existieren im *Cyberspace* elektronische

---

[19] Jennings ist „Schwulen-Aktivist und ein Anarchist, dem jeder Gedanke verhaßt ist, der den freien Austausch von Ideen zu unterdrücken versucht." Rheingold, Howard: Virtuelle Gemeinschaft. Soziale Beziehungen im Zeitalter des Computers –Bonn: Addison-Wesley 1994, S. 171.

[20] Vgl. Wolf, Gary und Michael Stein: Aether Madness. An Offbeat Guide to the Online World –Berkeley: Peachpit Press 1995, S. 214-215.

[21] Vgl. Schall, Karin: Mailboxsysteme als Grundlage für Information und interpersonelle Kommunikation. Diplomarbeit –Stuttgart: Studiengang Dokumentation an der Fachhochschule für Bibliothekswesen 1994, S. 21.

[22] Vgl. Rheingold, Howard: Virtuelle Gemeinschaft. Soziale Beziehungen im Zeitalter des Computers –Bonn: Addison-Wesley 1994, S. 178.

„Rotlicht-Bezirke" und harmlose „Abschleppkneipen", in denen der Verehrer eine Rose mittels symbolischer Zeichen überreicht: @—–`–,– (siehe Abschnitt 4.2 Netzfolklore, *Emoticons*).

Am berüchtigsten sind nicht so sehr die „Partner-Treffs", in denen sich angeworbene Sex-Texter *online* als Frauen ausgeben, um Männer in das nächstgelegene Bordell zu locken. Bedenklich bis kriminell sind vielmehr die bildorientierten BBS. Ein Beispiel von vielen soll helfen, die Gesamtdimension zu erahnen: Bis zu 90 eigenhändig fotografierte Nacktaufnahmen präsentiert der Betreiber des „Classified Connection BBS" in San Diego seinen zahlreichen Mitgliedern jeden Monat neu. Für günstige 45 Dollar können sich die Teilnehmer ein Jahr lang täglich 100 Bilder auf die häusliche Festplatte kopieren und am Bildschirm betrachten.[23] In teureren –und schwer zugänglichen– Systemen schließt die körperliche Ausbeutung Gewaltdarstellungen und Kinderpornographie mit ein.

Titelgeschichten[24] über *Online-Schmutz* (*Cybersmut*) sollten jedoch nicht darüber hinwegtäuschen, daß Sex insgesamt eine untergeordnete Rolle spielt. Neben elektronischen „Bühnen" für ausschweifende Sexphantasien offerieren andere BBS Kontaktmöglichkeiten für Homosexuelle oder auch fachliche Unterstützung für Opfer körperlicher und sexueller Mißhandlung. Es ist praktisch unmöglich, die Vielfalt der Bulletin Board Systeme in knapper Plakativität zu erfassen. Schon die Erkundung einiger weniger Angebote erinnert an eine Expedition zu unbekannten Ufern, wo wir jederzeit einer anderen Kultur begegnen können.

II. Nutzungsvoraussetzungen

Die für den Zugriff auf Bulletin Board Systeme erforderliche Hardware entspricht im wesentlichen der Ausstattung, die man für die Navigation im Internet benötigt. Je nach verfügbarem Budget kann es aber auch ein weit weniger leistungsfähiger Rechner sein, denn viele BBS erheben im Gegensatz zum *World Wide Web* keine besonderen Ansprüche hinsichtlich aufwendiger Grafiken, die die Rechenkapazität ausreizen.[25] Ebensowenig wird hier auf *Online*-Sound oder gar *Online*-Video besonderer Wert gelegt, das heißt, die dafür erforderlichen Komponenten können ebenfalls eingespart werden.

Ein Modem gehört jedoch selbstverständlich zur Grundausstattung. Wer eine besonders schnelle Datenübertragung favorisiert, kann sich zum Teil per *ISDN* einwählen. Immer mehr BBS-Betreiber bieten entsprechende Leitungen an. Doch mit dem Einwählen beginnen bereits die Unterschiede ge-

---

[23] Vgl. Wolf, Gary und Michael Stein: Aether Madness. An Offbeat Guide to the Online World –Berkeley: Peachpit Press 1995, S. 98.

[24] Vgl. Krüger, Stefan: Sado-Maso in der Mailbox. In: TV Today 14/95, S. 9 ff. bzw. Ohne Verfasser: Hast Du Nacktbilder? In: Spiegel Special Nr. 3. Abenteuer Computer –Hamburg: Spiegel-Verlag, 3/1995, S. 53.

[25] Selbst mit heute veralteten *Commodore* C64-Computern lassen sich viele Bulletin Board Systeme problemlos ansteuern.

genüber der Internet-Nutzung, bei der man gleichzeitig über eine einzige Telefonnummer auf eine Vielzahl weltweit verstreuter Systeme zugreifen kann, ohne zwischendurch „aufzulegen". Die Voraussetzung dafür ist der *TCP/IP*-Standard, mit dem die Rechner aus der Ferne angesteuert werden können.

Diesen globalen Standard kennen typische Bulletin Board Systeme nicht. Überspitzt könnte man auch sagen, jedes BBS unterstützt seinen eigenen Standard. Schließlich wurden sie an diversen Orten von den unterschiedlichsten Computerbastlern eingerichtet und nicht im Auftrag eines nationalen Forschungsprojekts wie ARPA. Der Nachteil für den Anwender liegt nun darin, daß er sich in jedes BBS nacheinander einwählen muß. Eine *Online*-Verbindung zum nächsten System gibt es nicht. Demzufolge handelt es sich in den meisten Fällen um eine klassische *Client-Server*-Architektur.[26] Dabei wenden sich mehrere „Kunden" (*Clients*) an einen Zentralrechner (*Server*), um von dort –und nur von dort– Daten abzuholen oder an den *Server* zu senden.

Dies bedeutet zugleich, daß ein Interessent, der nacheinander auf eine Auswahl von BBS-Servern zugreifen will, nicht einen einzigen Anbieter, sondern die Betreiber jedes einzelnen Bulletin Board Systems ansprechen muß, um als Teilnehmer registriert zu werden. Verständlicherweise bleiben die meisten BBS-Mitglieder ihrem System treu, sobald sie in ihrer Umgebung erst einmal fündig geworden sind. Dezentral organisiert sind demnach wie das Internet auch die Bulletin Board Systeme. Jeder Teilnehmer kann sich die geeignete „Auffahrt" aussuchen –wenn auch möglichst innerhalb seiner Ortstarifzone.

Die Software, mit denen man Bulletin Board Systeme ansteuert, unterscheidet sich deutlich von der im Internet üblichen Auswahl. Für die Navigation im gesamten Internet benötigt der Anwender nur wenige, weltweit verbreitete Werkzeuge; für einige der wichtigsten Anwendungen (*eMail, UseNet, FTP* und *WWW*) genügt sogar ein einziges: *Netscape* –es ist für alle gängigen Computertypen erhältlich.

Für BBS-Nutzer gestaltet sich die Einwahl in verschiedene Systeme deutlich komplizierter, denn jedes Bulletin Board System verfügt theoretisch über eine andere *Client-Server*-Software. Schlimmer noch: Vielfach funktioniert sie nicht auf allen Rechnertypen. *Windows*-Nutzer können sich häufig nicht in *Macintosh*-BBS einwählen und umgekehrt. Sollte also ein bestimmtes Bulletin Board System das Interesse eines Teilnehmers erwecken, so hat dieser zunächst zu klären, welche Software erforderlich ist, auf welchen Wegen sie erhältlich ist und ob sich sein Rechner überhaupt dafür eignet.

Es wird deutlich, warum selbst langjährigen Computernutzern die Welt der Bulletin Board Systeme zum Teil verschlossen geblieben ist. Dies ist der Preis für die wildwüchsige Vielfalt der Szene, den ernsthaft Interessierte gern „bezahlen". Das Spektrum drückt sich schon in der optischen Erscheinung aus. Je nach thematischer Ausrichtung offerieren manche BBS üppige

---

[26] Vgl. Hooffacker, Gabriele: Online. Telekommunikation von A bis Z –Reinbek: Rowohlt 1995, S. 41.

Bildschirmgestaltungen und mausgesteuerte sogenannte *Pointprogramme,* andere wiederum setzen auf eine streng-funktionelle, textbasierte Benutzeroberfläche. Letztere stellen immerhin nur geringe Ansprüche an die Leistung des Computers auf seiten des Endnutzers (und damit an dessen Geldbeutel). Derartige Bulletin Board Systeme sind in der Regel mit einem beliebigen *Terminalprogramm* anzusteuern, das auf alphanumerische Befehle reagiert. Auf die Qualität des Meinungsaustauschs in diesen Systemen übt das technisch rückständige Niveau jedoch in vielen Fällen einen eher beflügelnden Einfluß aus.[27]

An Popularität gewinnen inzwischen auch unter Nutzern *DOS*-kompatibler Computer die grafisch ansprechenden *Pointprogramme* (gefördert durch die Verbreitung von *Windows*). Wenn auch keineswegs gesichert ist, daß eine Grafik-Darstellung bereits automatisch für Übersichtlichkeit sorgt, so ist doch eine Kurzbefehl-orientierte „Buchstabensuppe" für die meisten Anwender eher eine Zumutung.

In der *Windows*-Welt hat sich bereits in vielen Bulletin Board Systemen neben der Maussteuerung der Grafikstandard *Remote Imaging Protocol* (*RIP*) etabliert, der dem Betreiber bei der Gestaltung seines BBS den Einsatz von *Ikons,* Grafiken und sogar kleinen Animationen erlaubt. So unterstützt beispielsweise die Software *Worldgroup*[28] den *RIP*-Standard und bietet dem Anwender darüber hinaus einen *Hypertext*-ähnlichen Bedienkomfort. Ausserdem können *eMail* und öffentliche Beiträge *offline* gelesen bzw. verfaßt werden, das heißt: bei „aufgelegtem" Modem. Das hilft Telefongebühren sparen. Eine verbreitete *Macintosh*-Lösung ist die BBS-Software *FirstClass.* Sie ermöglicht eine komfortable Anpassung der Gestaltung an die Bedürfnisse der Teilnehmer (Abb. 16). Die Bedienung entspricht der vergleichsweise intuitiven Anwendung des *Mac*-Betriebssystems. Ein gewichtiger Vorteil: Auch für *Windows*-Nutzer gibt es eine *FirstClass*-Version.

Alle diese komfortablen *Pointprogramme* ersparen dem Anwender nicht die Suche nach der *aktuellen* BBS-Einwahlnummer, die Beschaffung der *richtigen* Software und deren *korrekte* Installation. Sobald man sich unter allen verfügbaren Bulletin Board Systemen für einen ständigen „Wohnsitz" (*Homebase*) entschieden und die ersten Male erfolgreich Verbindung aufgenommen hat, sind die anfänglichen Mühen zumeist schnell vergessen. Probleme beim Einwählen stellen sich nur dann ein, wenn der Betreiber Vergnügen darin findet, sein BBS zur „ständigen Baustelle" zu erklären. Größere Umstrukturierungen und aktualisierte *Client*-Software, die neu zu installieren ist, stoßen bei den wenigsten Anwendern auf Gegenliebe, es sei denn die Änderungen bringen einen signifikanten Nutzen, der die zusätzlichen Anstrengungen rechtfertigt.

Für die organisatorische Arbeit, die zu einem Vollzeit-Job anwachsen kann, verlangt der Betreiber Gebühren. Da in der Regel keine Standleitung zum Internet besteht, fallen die Mitgliedsbeiträge im Durchschnitt recht

---

[27] Vgl. Niemec, Piotr: Auf dem Weg aus der Nische. In: medium 2/1995, S. 46.

[28] Nachfolger von „The Major BBS", einem der meistverkauften BBS-Programme. Vgl. Severin, Rainer: Download im Fenster. In: Data News 8/1995, S.74.

günstig aus. Üblich sind zirka 10 DM pro Monat. Vielfach entfallen die Tarife aber auch vollständig, weil das BBS von einer Firma, Partei oder durch Spenden finanziert wird. Die *Client*-Software ist ohnehin in fast allen Fällen kostenlos erhältlich, schließlich sollen Neumitglieder nicht bereits an dieser Hürde scheitern.

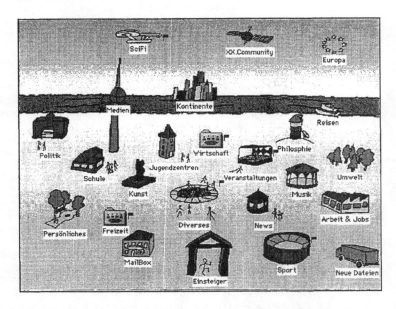

Abb. 16: „XPlore XPerience" ist ein Bulletin Board System, das 1995 im Rahmen des Wannsee-Forums gegründet wurde. Berliner Jugendliche können das breite Angebotsspektrum für einen Monatsbeitrag von 5 DM in Anspruch nehmen und sich am weiteren Ausbau beteiligen.

Andere Spielregeln herrschen dagegen für die Betreiber. Sie müssen für ihre *Server*-Software in manchen Fällen 1.000 DM und mehr hinblättern (es sei denn, sie haben sie selbst entwickelt). Hinzu kommen vielfach noch Lizenzgebühren für jeden eingetragenen Nutzer. Besteht darüber hinaus ein Austausch mit Nachbarsystemen, so fallen für die nächtliche Datenübertragung beträchtliche Telefongebühren an. Wer seinen Teilnehmern mehrere Leitungen zum Einwählen (sogenannte *Ports*) anbietet, muß auch für die Mehrfach- bzw. *ISDN*-Anschlüsse zahlen. Die *Server*-Computer mitsamt ihren angeschlossenen Modems müssen permanent erreichbar und damit eingeschaltet bleiben. Das kostet Strom, außerdem sind die Geräte damit einem starken Verschleiß ausgesetzt.

Nennenswerten Profit erzielen somit die wenigsten Bulletin Board Systeme, doch dies ist bislang selten der Anlaß für ihre Einrichtung gewesen. Sollte doch einmal ein BBS von kommerziellen Betreibern finanziert sein, kommen allenfalls maßvolle Werbung für eigene Produkte oder Dienstleistungen sowie Public Relation in Frage (Abb. 17). Reine Verkaufsförderung ohne Alternativangebote (freie Diskussionsrunden, *eMail* etc.) strafen die Teilnehmer allerdings schnell mit Abwesenheit. „Nebenan" wartet häufig genug ein anderes –nicht-kommerzielles– Bulletin Board System.

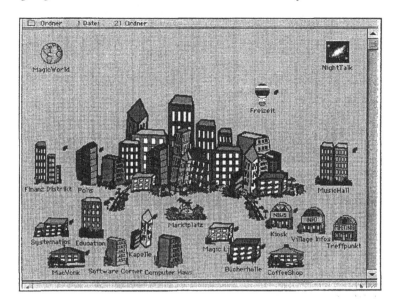

Abb. 17: Magic Village nennt sich das bundesweite BBS-Netz der Handelskette Systematics, die auf den Verkauf von *Macintosh*-Rechnern spezialisiert ist (daher ähnelt Magic Village der Oberfläche von Apple eWorld). Momentan ist die Teilnahme kostenlos, nicht nur für Kunden.

Für die Zukunft ist dennoch nicht auszuschließen, daß sich auch Bulletin Board Systeme durchsetzen, die sogar *Homeshopping* erlauben. Die derzeit verfügbare BBS-Software *Excalibur* ist bereits für *Mailorder* und *Kunden-Support* gerüstet. Dazu gehört ein Katalogmodul, in dem Produkte anhand von Farbfotos, Tonuntermalungen und Texten vorgestellt werden können. Auch für die *Online*-Bestellung per Kreditkarte ist gesorgt. Um Buchungsvorgänge und Gebührenabrechnung kümmert sich die integrierte *User*-Verwaltung. [29]

---

[29] Vgl. Severin, Rainer: Download im Fenster. In: Data News 8/1995, S.72.

III. Charakteristika

• Unverwüstliche Subkultur
Überall schießen Bulletin Board Systeme hervor, unkontrollierbar wie Unkraut, und manche von ihnen verschwinden auch wieder. Doch ausmerzen lassen sie sich selbst von dem ehrgeizigsten Despoten nicht, es sei denn ihm gelingt es, die Erfindung des Mikroprozessors zu annullieren und das gesamte Telefonnetz der Welt lahmzulegen. Durch den hohen Verbreitungsgrad von BBS auch in schwächer besiedelten oder unzugänglichen Gebieten ist dieses Medium wie geschaffen für computergestützte Kommunikation zwischen städtischen und ländlichen Bevölkerungskreisen.

• Schwieriger Zugang
Vergleicht man den Bedienungskomfort des Internet mit einer „staubigen Landstraße", bei der „plattgefahrene Reifen" und „qualmende Kühler" nichts ungewöhnliches darstellen, so erinnern die Bulletin Board Systeme an „verwucherte Feldwege", die man sich erst „mit der Machete erkämpfen" muß. Schuld daran ist die Verbreitung uneinheitlicher Software, an die man nicht immer leicht gelangt.

• Chronologischer Ablauf der Diskussionsbeiträge
In einem Bulletin Board System finden Konversationen auf dem zentralen *Server* statt. Sie werden nur von den Mitgliedern des jeweiligen BBS mit Beiträgen versehen. Daher können die Nachrichten unmittelbar in der Reihenfolge ihres Eintreffens in passenden Themenbereichen dargestellt werden. Diese zeitliche Kontinuität ist im globalen Konversationssystem *UseNet* nicht möglich, da sich dort Teilnehmer aus aller Welt in die vernetzten Diskussionen „einschalten" können. Der Abgleich zwischen allen *UseNet*-Rechnern stellt einen nie endenden Prozeß dar.[30] Daher werden die Diskussionen im *UseNet* nach einer inhaltlichen Hierarchie geordnet. Das serielle bzw. chronologische Verfahren der Bulletin Board Systeme hingegen bietet vor allem denjenigen Teilnehmern einen höheren Lesekomfort, die sich im hierarchischen Geflecht des *UseNet* allzu schnell verirren.

• Lokalkolorit
An keinem anderen „Ort" des *Cyberspace* kann man *online* derart viele Menschen aus der unmittelbaren, eigenen Umgebung finden. Auf Besucher aus fernen Ländern trifft man in einem BBS schon deshalb selten, weil für sie bei der Einwahl zumeist der Fernsprechtarif gilt. Dementsprechend spielen in den Beiträgen der Mitglieder internationale Entwicklungen eine weit geringere Rolle als Themen aus der Provinz oder Großstadt, je nachdem wo

---

[30] Das Verbreiten eines Beitrags in größeren Bereichen des *UseNet* dauert zwischen einer Minute und einer Stunde. Die benötigte Zeit kann aber genausogut vierundzwanzig Stunden betragen, je nachdem, ob der Text auch einen Australier in einem abgelegenen Ort erreichen soll.

sich der *Server* des Bulletin Board Systems befindet (Abb. 18). Hier kennen sich etliche Teilnehmer auch persönlich, die auf diesem Wege den Kontakt zu vielen Freunden gleichzeitig aufrechterhalten können, sei es durch Austausch von Mitteilungen oder im gemeinsamen *Online*-Geplauder.

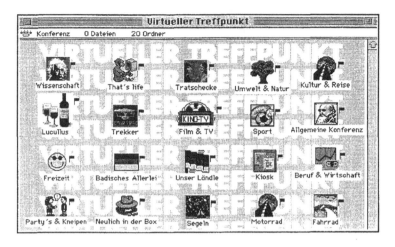

Abb. 18: Mac Broadcast ist ein Bulletin Board System für *Windows*- und *Macintosh*-Anwender im schwäbischen Raum. Der Umgangston in den Diskussionen des „Virtuellen Treffpunkts" ist betont unkompliziert und persönlich.

- Einfluß des Betreibers

Bulletin Board Systeme erinnern häufig an Dorfkneipen, mit dem *Sysop* am „Zapfhahn". Wie ein polternder Wirt, der nur seinen Stammtisch kennt, kann ein BBS-Betreiber neue Gäste bei der kleinsten Verstimmung zurechtweisen, ihnen das Rederecht beschneiden oder sogar „Hausverbot" erteilen. Er kann ihnen aber auch das Gefühl vermitteln, willkommen zu sein und die Mitglieder beim gemeinsamen Aufbau von Themenkreisen einbeziehen bzw. zu Eigeninitiative anspornen.

Beide Ausprägungen (und einige Zwischentöne) sind anzutreffen, und als neuer Teilnehmer weiß man nie, welcher Art Gastgeber man begegnen wird. Mißfällt einem die Umgangsform oder das Themenspektrum, so hat man in vielen Fällen Gelegenheit, zu einem anderen BBS zu wechseln; manch einer gründet auch ein eigenes. Die anfängliche Unsicherheit über Inhalt und Form in einem Bulletin Board System ist der Preis für jene „persönliche Atmosphäre", der man in Online-Diensten oder im weltweiten Internet nicht so leicht begegnet. Allerdings kennt das Internet als Ganzes keinen zentralen Betreiber, der sich wie eine Zensurbehörde aufspielen kann.[31]

---

[31] Anders als in der BBS-Welt legt man sich mit der Wahl des *Internet-Providers* nicht zugleich auf das inhaltliche Spektrum fest. Über wen auch immer der Internet-Zugang erfolgt,

- Kaum Sprachbarrieren

  Der lokale Charakter von Bulletin Board Systemen erlaubt grundsätzlich die Verwendung der vor Ort verbreiteten Mundart. Niemand wird sich über Beiträge in polnischer Sprache beschweren, wenn das BBS in Warschau angeboten wird. Daher sind auch viele *Client*-Programme nicht vom Diktat des im Internet verbreiteten *ASCII*-Zeichensatzes abhängig. Dennoch unterstützt noch immer kaum eine (von BBS-Teilnehmern finanzierbare) Software arabische, chinesische oder andere „grafische" Schriften.

- Vielfältiger Einsatz

  Mit einem BBS läßt sich eine Bewegung, eine Glaubensgemeinschaft, eine Partei organisieren oder ein Privatunternehmen führen. Das Angebot reicht von selbstfabrizierter Software über digitalisierte Pornographie bis hin zu Pressematerial für Umweltaktivisten. Ein BBS-Anbieter kann aber auch Interesse an den Arbeiten verstreuter Ateliers wecken oder einen Sumpf aus extremistischen Parolen kultivieren (siehe Abschnitt 4.1.1 *Netizens*, Neue Rechte). Je nach Einstellung des BBS-Betreibers können sich die Mitglieder für ihre Interessengebiete eigene virtuelle Räume schaffen.

- Hohe Telefonrechnungen

  Was für die Nutzung des Internet gilt, betrifft auch Bulletin Board Systeme: Die Einwahl über das Telefonnetz kostet zeittaktabhängige Gebühren. BBS-Anwender sind demnach ebenfalls von den geplanten Tariferhöhungen der Deutschen Telekom betroffen. Allerdings können erheblich mehr Teilnehmer damit rechnen, in ihrer Ortsgespräch-Zone ein Bulletin Board System vorzufinden als auf einen ortsansässigen Online-Dienst oder *Internet-Provider* zu stoßen.

- Schnelle, aber zumeist unzuverlässige Verbindungen

  Da sich typische BBS-Betreiber im Gegensatz zu Online-Diensten auf relativ wenige Teilnehmer und meist einen einzigen Standort konzentrieren können, sind sie oft schneller in der Lage, ihre *Online*-Verbindungen an den aktuellen Stand der Technik anzupassen. Modem-Zugänge mit Geschwindigkeiten von 28.800 bps[32] oder *ISDN*-Anschlüsse sind keine Seltenheit. Das hilft Telefongebühren sparen, vorausgesetzt, der Teilnehmer verfügt ebenfalls über einen entsprechend schnellen Anschluß. Die Popularität bestimmter Bulletin Board Systeme einerseits und die oftmals knappe Zahl der Anschlüsse andererseits können dazu führen, daß vor allem ab 18 Uhr ein Zugriff erst nach unzähligen Einwahlversuchen oder gar nicht gelingt.

---

die Themen dort bleiben die gleichen. Es gibt jedoch auch vereinzelt *Provider*, die ihren Teilnehmern bestimmte Internetbereiche nicht zur Verfügung stellen (z.B. Bereiche zum Thema „Sex").

[32] Zum Vergleich: Der bundesdeutsche kommerzielle Dienst T-Online leistet sich –allerdings flächendeckend– erst seit 1995 eine Einwahlgeschwindigkeit von 14.400 *bps*.

- Vielfach ästhetische Entgleisungen

  Die grafische Ausgestaltung von Bulletin Board Systemen wird überwiegend entweder zugunsten trostloser Buchstabenkolonnen vernachlässigt oder dient dem Betreiber als Ausrede, möglichst viele unharmonische Schriftsätze mit ebenso scheußlichen Abbildungen zu kombinieren. Merke: Ein BBS-Betreiber ist selten zugleich ein ausgebildeter Gestalter. Dennoch gibt es auch immer wieder positive Tendenzen, von denen die Abbildungen in diesem Kapitel Zeugnis ablegen.

- Preiswerter Zugang

  Wenn ein *Internet-Provider* „Auffahrten" zum *World Wide Web* anbietet, kosten ihn die erforderlichen *Standleitungen* sehr viel Geld. BBS-Betreiber können preiswerter operieren und daher von ihren Teilnehmern geringere (oder keine) Gebühren verlangen. Für Einsteiger stellen Bulletin Board Systeme insofern die preiswerteste Lösung für „Proberunden" im *Cyberspace* dar, es sei denn sie verfügen über einen der heißbegehrten Internet-Zugänge an einer Universität.

- Begrenztes Themenspektrum innerhalb eines BBS

  Manche mögen das eingeschränkte Angebot in einem BBS als Nachteil empfinden, doch ist dies eigentlich seine Stärke. Gerade Einsteigern, die im Internet oder in Online-Diensten schnell die Übersicht verlieren, bietet ein örtliches, auf wenige Themen spezialisiertes Forum eine wichtige Orientierungshilfe im Unterholz des Datendickichts. Viele Anwender „ankern" zunächst in einem BBS, bevor sie sich in die „tiefen Wasser" des *World Wide Web* begeben. So stöbern zum Beispiel Kinokritiker, die das neue Medium beruflich nutzen, eher in einem Bulletin Board System, das ein breites Spektrum an Filminformationen bietet, als im Internet oder in einem Online-Dienst, die ein breites Spektrum von *allem* bieten.[33] Der Vergleich zwischen einem Fachgeschäft und einem Gewerbepark liegt nahe, obwohl die Qualität der „Ware" natürlich auch im „Fachgeschäft" BBS vom Einsatz und der Kompetenz jedes einzelnen Anbieters abhängt.

---

[33] Ein deutschsprachiges BBS, das sich auf Dienstleistungen zum Thema Kino spezialisiert hat, ist *Interaktiv Online* Berlin.

2.2.3 Online-Dienste

Gewissermaßen sind Online-Dienste die kommerzielle Variante eines Bulletin Board Systems. Der Betreiber eines typischen BBS stellt seinen hundert oder tausend Teilnehmern aus der Umgebung einen einzigen, eher bescheiden ausgestatteten BBS-*Server* über wenige Telefonleitungen zur Verfügung. Online-Dienste leisten sich demgegenüber Tausende von Anschlüssen, über die sich ihre Millionen Abonnenten aus aller Welt in Dutzende von sündhaft teuren *Großrechnern* einwählen können, um dann einen von mehreren tausend Serviceleistungen in Anspruch zu nehmen. Nicht zufällig werden Online-Dienste auch „Big Boards" genannt.[1]

I. Entwicklung

Während das militärisch konzipierte *Packet-Switching*-Verfahren dem Internet die entscheidende Technik lieferte, verhalfen (von Armeestrategen entwickelte) Telekonferenz-Systeme den ersten Online-Diensten zu ihrem Start. Ende der sechziger Jahre entstanden am Institute for Defense Analysis erste computergestützte Kriegsspiele und grafische Simulationen. „Mitspieler" konnten dabei auf entfernte Systeme zugreifen. Der Entwickler, Murray Turoff, ließ die dabei gewonnenen Erfahrungen in die elektronische Variante einer Expertenberatung nach der Delphi-Methode einfließen. Dabei wurden in einer Mischung aus Meinungsumfrage und Brainstorming eine Reihe von Mitteilungen in einer bestimmten Abfolge von Computer zu Computer versandt.

1971 verlangte die Nixon-Regierung zur Durchsetzung ihrer Lohn-Preis-Stopp-Maßnahme nach einem computergestützten System, das sehr schnell Informationen von vierzig quer über das Land verstreuten Filialbüros sammeln und mit dem Schatzamt abgleichen konnte. So entstand aus Turoffs Delphi-Projekt der „Emergency Management Information System and Reference Index" (EMISARI). Eine der darin enthaltenen Funktionen wurde besonders rege genutzt. Sie nannte sich *News*. Hier konnten die Teilnehmer an zentraler Stelle Nachrichten hinterlassen, die andere abrufen und beantworten konnten.[2]

Aus den Weiterentwicklungen, die zunehmend in Behörden eingesetzt wurden, gingen fortschrittliche Konferenzsysteme hervor, die unter der Bezeichnung *Groupware* (Software für Anwendergruppen) ein eigenes Produktsegment für die noch junge Computerbranche schufen.[3] Als schließlich 1977 Programmierer der Bell Laboratories mit dem Dienstprogramm *UUCP* eine Methode erfanden, mit dem –unabhängig vom Internet– jeder *UNIX*-Computer über ein Modem mit einem entfernten *UNIX*-Computer Daten

---

[1] Vgl. Wolf, Gary und Michael Stein: Aether Madness. An Offbeat Guide to the Online World –Berkeley: Peachpit Press 1995, S. 4.

[2] Vgl. Rheingold, Howard: Virtuelle Gemeinschaft. Soziale Beziehungen im Zeitalter des Computers –Bonn: Addison-Wesley 1994, S. 143 f.

[3] Vgl. ebenda, S. 145-147.

austauschen konnte, waren die Voraussetzungen für den ersten privatfinanzierten Online-Dienst geschaffen.

Ab 1979 bot die Telecomputing Corporation of America über ihren Zentralrechner in Virginia jedem (zahlungskräftigen) Teilnehmer computergestützte Kommunikationsdienste an, auch wenn er keiner Behörde oder Universität angehörte. Das Unternehmen wurde 1980 von Reader's Digest aufgekauft; von da an hieß es Source Telecomputing Corporation. Der Dienst wurde unter dem Namen The Source bekannt. Die darin eingesetzte Konferenz-Software *Participate*[4] animierte ihre Anwender tatsächlich zu einer regen Teilnahme, und so bildete sich eine erste Gemeinschaft heraus, in der weder Wissenschaftler, noch Elektronikbastler dominierten. Hier traf sich die nächste Multiplikatoren-Welle: Verleger, Journalisten, Wirtschaftsfachleute, Künstler. Bei einer Anmeldegebühr von 100 Dollar und einem Tarif von 7 bis 22 Dollar pro Stunde je nach Tageszeit nahmen Ende 1982 erstaunliche 25.000 Mitglieder teil; monatlich kamen mehr als tausend hinzu.[5]

The Source ging Ende der achtziger Jahre in den Besitz eines Mitbewerbers über, der bereits 1969 als Compu-Serv Network Inc. gegründet worden war. Das Unternehmen vermietete ursprünglich die Kapazitäten seines Rechenzentrums in Columbus, Ohio, an mittelständische Unternehmen, für die Computer damals noch unerschwinglich waren. Als 1980 die weltgrößte Steuerberater-Firma, H&R Block Inc., die Firmenanteile aufkaufte, spezialisierte sich die neugegründete CompuServe Information Services Inc. (CIS) als Informationsanbieter und -vermittler.[6] Die Zeichen der Zeit hatte man rechtzeitig erkannt, denn in Europa unternahmen staatliche Telekommunikations-Unternehmen parallel dazu den Versuch, die Bevölkerung für Bildschirmtext (*Videotex*[7]) zu begeistern.

- Minitel

    Vorläufer für das französische Minitel war Prestel (*Press Telephone Button*), ein frühes Experiment in Großbritannien, das Mitte der siebziger Jahre den Bürgern per Fernsehgerät Informationsdienste anbot, die sie über ihre Telefontastatur anwählen konnten. Mangels Zuspruch scheiterte das Unternehmen, aber Prestel wies den Weg zur übertragbaren Darstellung von Text und Farbabbildungen auf Bildschirmen, aus dem das heute noch eingesetzte

---

[4] Der im Online-Dienst Compuserve ansässige *Gateway Provider* „The Point" offeriert heute noch seinen Teilnehmern die weltweite Kommunikation mit *Participate*.

[5] Vgl. Rheingold, Howard: Virtuelle Gemeinschaft. Soziale Beziehungen im Zeitalter des Computers -Bonn: Addison-Wesley 1994, S. 148 f.

[6] Damit ist CompuServe der älteste, heute noch existierende Online-Dienst. Vgl. CompuServe Selbstdarstellung (Stand 10/1995) und „Milestones in Computing and on CompuServe"), 1905 - 1994, jeweils elektronisch veröffentlicht in CompuServe.

[7] Nicht zu verwechseln mit *Videotext*, der mittels Fernbedienung und TV-Gerät genutzt wird. *Videotex* hingegen ist der internationale Oberbegriff für Bildschirmtext. Vgl. Hooffacker, Gabriele: Online. Telekommunikation von A bis Z -Reinbek: Rowohlt 1995, S. 180.

CEPT-Verfahren hervorging.[8] Charakteristisch für den *CEPT*-Standard sind relativ grobe Kästchen, aus denen sich Grafiken und Buchstaben auf dem Monitor zusammensetzen. Das Wechseln zwischen Informationsbereichen geschieht über die Eingabe von Zahlen- und Buchstabenkürzeln.

Ab 1980 setzte die französische Regierung ihre Télétel-Initiative in die Tat um, mit der sie die Nation auf das Informationszeitalter vorbereiten wollte. Die Telefonleitungen wurden von Grund auf erneuert und kurz darauf 2.500 Haushalte mit *CEPT*-Dekodern ausgestattet. Damit standen über spezielle TV-Kanäle etwa zwanzig abrufbare Informationsangebote zur Verfügung, darunter erstmals ein landesweites, elektronisches Telefonbuch. Die zuständige Direction Générale des Télécommunications betrachtete das neue Medium noch als Sendevorrichtung ohne Rückkanal. Die Möglichkeit zur Kommunikation zwischen den Teilnehmern war nicht vorgesehen. Diesen Weg eröffnete ein Feldtest-Teilnehmer, der das System knackte, um sich mit seinen entfernt wohnenden Freunden austauschen zu können. Erst als die von ihm entdeckte Funktion auch offiziell integriert wurde, entwickelte sich die Nutzungsdauer exponentiell.[9]

Ausschlaggebend für den Erfolg des Dienstes war jedoch der Entschluß der Regierung, Millionen von Telefoncomputern (*Minitel*) kostenlos unter der Bevölkerung zu verteilen. Die Bedienung war nicht allzu kompliziert, und das Gerät –ein kleiner Bildschirm in einem Gehäuse mit integrierter Tastatur und Telefonhörer– konnte ganz einfach an die Telefonleitung angeschlossen werden. Als die France Télécom 1984 das Kiosk-System einführte,[10] erlebte der allgemein nur noch Minitel genannte Dienst jedoch einen spürbaren Strukturwandel.

Unseriöse Firmen erkannten das Ertragspotential kommerzieller Plauderkanäle. Mit der Einrichtung gebührenpflichtiger Bereiche für den Austausch erotischer Nachrichten (*Messageries Roses*) bescherten sie der Telefongesellschaft –und sich selbst– satte Gewinne. Diese umstrittenen Minitel-Bereiche dominierten zeitweise das gesamte Angebot, bewirkten jedoch gleichzeitig einen gewissen Popularitätsschwund dieser Plauderdienste.[11] Heute werden 6,5 Millionen Minitel-Anschlüsse genutzt; hinzu kommen noch einige hunderttausend Computer-Anwender, die sich über ein kostenlos erhältliches

---

[8] CEPT (*Conférence Européenne des Administrations des Postes et Télécommunications*), ein europäischer Standard also, befindet sich noch in Frankreich (Minitel) und Deutschland (T-Online) im Einsatz. Auch in Australien, Belgien, Finnland, Großbritannien, Luxemburg, den Niederlanden, Österreich und der Schweiz werden kompatible Systeme genutzt.

[9] Vgl. Rheingold, Howard: Virtuelle Gemeinschaft. Soziale Beziehungen im Zeitalter des Computers –Bonn: Addison-Wesley 1994, S. 280.

[10] Dabei überläßt die Telefongesellschaft (wie ein Zeitungskiosk-Inhaber) den Informationsanbietern die Verantwortung für die angebotenen Dienste. Sie kassiert lediglich die Gebühren für die Nutzung der externen Dienste über die Telefonrechnung der Teilnehmer und leitet nach Abzug des eigenen Anteils die Erlöse an die Anbieter weiter. Nach diesem Prinzip verfahren heute auch Online-Dienste wie T-Online und CompuServe.

[11] Vgl. Rheingold, Howard: Virtuelle Gemeinschaft. Soziale Beziehungen im Zeitalter des Computers –Bonn: Addison-Wesley 1994, S. 282 ff.

Terminalprogramm einwählen. Die *Minitel*-Geräte sind aber inzwischen veraltet, und auch die groben *CEPT*-Grafiken und -Schriften entsprechen nicht mehr dem Stand der Technik (Abb. 19). An der Lösung dieses Problems wird noch gearbeitet.[12]

```
 RECHERCHE  GUIDEE                                 Nb  de
   Nº  20 THEMES                                    codes
    1  Emploi, travail                               447
    2  Banque et finance, bourse                     749
    3  Enseignement, formation                       699
    4  Presse, radio, TV, météo                      612
    5  Messagerie,communication                      328
    6  Spectacles,restaurants,loisirs                760
    7  Consommation,achats,commerce                  685
    8  Véhicules, bateaux                            476
    9  Transport,routes,déménagement                 391
   10  Tourisme, hébergement                         885
   11  Immobilier, urbanisme                         467
   12  Juridique et fiscal                           273
   13  Social, retraite, assurance                   376
   14  Santé                                         417
   15  Sport                                         369
   16  Arts et culture,religion                      366
   17  Famille, foyer, intérieur                     335
   18  Jeux,tests,dialogue,astro                    5626
                   suite de la liste      Suite
                          Nº :            Envoi
                                         Sommaire

  [Cx/Fin (End)]  [ Sommaire ]  [ Annulation ]  [ Retour ]  [ Répétition ]
```

Abb. 19: In Minitel und T-Online werden Grafiken und Schriften noch im *CEPT*-Standard dargestellt. Damit lassen sich detaillierte Illustrationen nicht realisieren. Außerdem paßt nur wenig Text auf eine Bildschirmseite. Dadurch ist häufiges „Blättern" erforderlich.

• T-Online

Weitaus weniger Anwender –bis heute etwa eine Million– hat die Deutsche Telekom bislang von ihrem Bildschirmtext (Btx) überzeugen können,[13] denn hierzulande wurden die ursprünglich erforderlichen Btx-Decoder nur gegen teures Geld abgegeben. Die hohen Anschaffungskosten von mindestens 1.300 DM wollten nur wenige Kunden ausgeben, als der Dienst 1984

---

[12] 1995 unterzeichnete die France Télécom einen Vertrag mit der amerikanischen Software-Firma General Magic, die für das Betriebssystem des *Magic Link* von Sony verantwortlich zeichnet. Vgl. Stenz, Peter: Agenten für jeden Einsatz. In: W&V 10.11.1995 S. 94.

[13] Dies entspricht dem urprünglich für das Jahr 1988 prognostizierten Stand. Vgl. Kürble, Peter: Determinanten der Nachfrage nach multimedialen Pay-TV Diensten in Deutschland. Diskussionsbeitrag Nr. 148 –Bad Honnef: Wissenschaftliches Institut für Kommunikationsdienste Mai 1995, S. 10 f.

(damals noch von der Deutschen Bundespost) eingeführt wurde.[14] Auch die Anbieter mußten für die nötige Infrastruktur selbst aufkommen und sparten dafür häufig an der regelmäßigen Aktualisierung ihrer Btx-Seiten.

Darunter litt wiederum die inhaltliche Substanz. Eine unübersichtliche Struktur und der lästig hohe Anteil an halbseidenen Offerten (wie in Minitel) erschwerte das Auffinden tatsächlich nützlicher Service-Angebote.[15] Von einem Online-Dienst, der für den Abruf vieler Seiten zwischen 1 Pfennig und 9,99 DM plus Zeittaktaufschlag von 2 bis 6 Pfennig pro Minute verlangt, hatten sich viele Nutzer mehr versprochen. Beschädigt wurde das Btx-Image nicht zuletzt durch unzureichende Sicherheitsvorkehrungen gegen den Mißbrauch von Paßwörtern (siehe Abschnitt 4.1.1 *Netizens*, Chaos Computer Club). Damit wuchsen politische und gesellschaftliche Widerstände, die eine breitangelegte Einführung von vornherein behinderten.

Für den Großteil der Bevölkerung waren die Kosten und der daran gemessen eingeschränkte Nutzen[16] bereits abschreckend genug, doch hinzu kam eine technisch unterkühlte und wenig intuitive Bedienung (wer möchte schon *0# tippen, um das Inhaltsverzeichnis zu sehen oder *9#, um das Programm zu verlassen?). Lange Zeit war auch die Übertragungsgeschwindigkeit mit 1.200 bps, später 2.400 bps so gering, daß an ein ansprechendes Design der Angebote nicht zu denken war, denn selbst bei einfachster Gestaltung wurden schnelle Informationsabfragen durch den quälend langsamen Seitenaufbau am Bildschirm behindert.

Ursprünglich war Btx als Massendienst für Privatkunden vorgesehen. Diese ließen jedoch so lange auf sich warten, daß Btx einen dreistelligen Millionenverlust anhäufte und beinahe eingestellt werden mußte. Doch der PC-Boom brachte Btx unerwartete Kundschaft ein. Die Computeranwender waren an komplizierte Handhabungen gewöhnt und konnten sich (unter Umgehung der teuren Btx-Decoder) ab 1993 per Modem einwählen.[17]

Auch die zunehmende Attraktivität von *Homebanking*[18], das in Deutschland neben dem elektronischen Telefonbuch bislang ausschließlich über Btx verfügbar ist, verhalf dem Dienst zu deutlich mehr Teilnehmern. Außerdem

---

[14] Für diesen Preis konnte ein geeignetes Fernsehgerät zu einem Btx-Terminal aufgerüstet werden. Das bedeutend teurere *MultiTel* (das Gerät entspricht im wesentlichen dem französischen *Minitel*) entwickelte sich zum Verkaufs-Flop.

[15] Dieses Problem sollen in Zukunft die -mit einem Aufpreis versehenen- „Qualitäts-Container" lösen, in denen der Kunde eine gebündelte Auswahl nützlicher Dienste findet.

[16] Schon aufgrund der parallel verfügbaren Telefonauskunft (ein weiterer Dienst der Deutschen Bundespost) sank der wahrgenommene Zusatznutzen von Btx ausgerechnet im Informationsbereich. Vgl. Kürble, Peter: Determinanten der Nachfrage nach multimedialen Pay-TV Diensten in Deutschland. Diskussionsbeitrag Nr. 148 -Bad Honnef: Wissenschaftliches Institut für Kommunikationsdienste Mai 1995, S. 10 f.

[17] Vgl. Sietmann, R.: Datenautobahn für jedermann. In: Der Tagesspiegel, 19.12.1994.

[18] *Homebanking* ermöglicht die Abwicklung von Bankgeschäften auf dem Wege eines privaten Btx-Anschlusses. Vgl. Hooffacker, Gabriele: Online. Telekommunikation von A bis Z – Reinbek: Rowohlt 1995, S. 93.

lassen sich Serviceleistungen zu Bereichen wie Touristik, Computer, Spiele, Auto, Recherche und Nachrichten entdecken. Die wenigen vorhandenen *elektronischen Foren* werden kaum frequentiert. T-Online ist im Vergleich zu anderen Diensten eine kommunikative Einbahnstraße. Alle abrufbaren Dienste liegen aber in deutscher Sprache vor; auch dies sicherlich ein Grund, warum Btx in Deutschland weiterhin die meisten Mitglieder hat. Bemerkenswert ist allerdings, daß etwa 80 Prozent der Teilnehmer von allen Angeboten hauptsächlich oder ausschließlich *Homebanking* nutzen.[19]

In einem wahren Kraftakt bemüht sich derzeit die Deutsche Telekom, mit Unterstützung des Quasi-Monopolisten der Software-Branche, Microsoft, sowie verschiedener Marketingfirmen, den *Online*-Veteranen für den Wettbewerb mit anderen Diensten wie CompuServe zu rüsten. Äußerlich gehört dazu die Umbenennung in Telekom Online (kurz: T-Online), ein Name, der weltoffener klingen soll als das „bürokratisch korrekte" Btx und Datex J.[20] Die Zugriffsgeschwindigkeit hat die Deutsche Telekom 1995 auf 14.400 – bzw. 28.800 bps in Großstädten– angehoben.

Das Angebot, T-Online bundesweit zum Ortstarif (einschließlich *ISDN*-Zugriff) nutzen zu können, ist in Deutschland in der Tat konkurrenzlos und erweist sich als großer Vorteil für Kunden außerhalb der Städte. Ob sich der Dienst allerdings, wie vorgesehen, auch als bundesweiter *Internet-Provider* diversifizieren kann, ist angesichts der Tarifgestaltung mehr als fraglich: Der Internet-Zugriff über T-Online kostet tagsüber pro Stunde 9,60 DM (von 18 bis 8 Uhr immerhin noch 7,20 DM) zuzüglich Telefongebühr.[21]

Mittelfristig will man außerdem endlich die Bildschirmdarstellung attraktiver gestalten und die Benutzerfreundlichkeit verbessern: Das veraltete *CEPT*-Verfahren wird zugunsten des mausgesteuerten ·*KIT*-Standards[22] schrittweise abgeschafft. Die meisten der über 2.500 T-Online-Serviceanbieter müssen jedoch erst noch zur Umstellung ihrer bestehenden *CEPT*-Seiten bewegt werden.

---

[19] Vgl. Biernat, Frank (u.a.).: T-Online. Der deutschen liebstes Kind. In: MACup 12/1995, S. 34.

[20] Datex J war zuvor bereits mit mäßigem Erfolg als Bezeichnung für die am Privatnutzer orientierten Bereiche von Btx eingeführt worden· (das J steht für „Jedermann"). An dem Begriff Btx hält die Telekom aber grundsätzlich fest: Ein neuer Dienst innerhalb von T-Online heißt Btx Plus.

[21] Zum Vergleich: für diese Leistung verlangt CompuServe zirka 4,50 DM, tagsüber also weniger als die Hälfte (dafür ist die Monatsgebühr um 7 DM teurer). Anwender, die außerhalb von Großstädten wohnen, können allerdings CompuServe nicht zum Ortstarif erreichen. An diesem Beispiel werden die Vorteile deutlich, die sich für den T-Online-Betreiber Deutsche Telekom mit seinem Monopol auf das bundesweite Telefonnetz ergeben.

[22] Die Abkürzung *KIT* steht für *(Window Based) Kernel for Intelligent Communication Terminals*. Vgl. Hooffacker, Gabriele: Online. Telekommunikation von A bis Z –Reinbek: Rowohlt 1995, S. 108-109.

Männliche Teilnehmer:	88 Prozent
Weibliche Teilnehmer (inklusive aktive Beteiligung über den Anschluß eines männlichen Teilnehmers):	17 Prozent
Mittleres Alter der CompuServe-Mitglieder:	40,8 Jahre
Teilnehmer im Alter von 25 bis 44 Jahren:	58 Prozent
Teilnehmer älter als 45 Jahre:	37 Prozent
Verheiratete Mitglieder:	70 Prozent
Durchschnittliches Einkommen pro Jahr:	90.340 Dollar
Teilnehmer mit mehr als 60.000 Dollar Jahreseinkommen:	61 Prozent
Mitglieder in Management-Positionen:	24 Prozent
Mitglieder mit Beschäftigung in der EDV-Branche:	24 Prozent
Teilnehmer, die (auch) von zu Hause aus geschäftlich tätig sind:	54 Prozent

Abb. 20: Demographische Eigenschaften von CompuServe-Anwendern nach einer Mitgliederbefragung durch Erdos & Morgan / MPG aus dem Jahre 1994 (Vgl. Young, Debra und Michelle Moran: Demographic Profile. CompuServe Information Service Members, 25.2.1995, elektronisch veröffentlicht)

- CompuServe

 Während Dienste wie T-Online und Minitel (oder etwa Italia Online und das japanische Nifty-serve) nahezu ausschließlich von der Bevölkerung des jeweiligen Landes genutzt werden, operiert der dienstälteste Branchen-Riese CompuServe schon seit 1988 international, einschließlich Europa. Seinen Mitgliedern öffnete das Unternehmen ein Jahr später als erster Online-Dienst den Weg ins Internet –zunächst nur per *eMail*, heute ohne Einschränkung.[23] Von Beginn an waren für die Benutzung von CompuServe keine teuren Decoder erforderlich: Ein einfacher PC und ein Modem genügten. Dafür kassierte der Dienst lange Zeit die gegenüber der Konkurrenz höchsten Gebühren und verunsicherte die Teilnehmer mit einer Vielzahl von Tarifstaffeln.[24]

 Anfangs mußte sich der Anwender noch mit komplizierten *Terminalprogrammen* einwählen und betrachtete auf dem Bildschirm unstrukturierte Texte in häßlicher *Monospace*-Schrift.[25] Erst Ende der achtziger Jahre er-

---

[23] Vgl. Ohne Verfasser: Milestones in Computing and on CompuServe. 1905 - 1994. Elektronisch in CompuServe veröffentlichter PR-Text.

[24] Daher bezeichnen manche Anwender den Online-Dienst noch heute scherzhaft mit Compu$erve oder CI$, obwohl der Tarif inzwischen zu fast 100 Prozent vereinheitlicht und an den Marktdurchschnitt angepaßt wurde.

[25] Dabei nimmt jedes Zeichen den gleichen Raum ein (dies wirkt technisch-kühl und unleserlich).

leichterte *DOSCIM*, eine Anwendung mit grafischer Oberfläche und Klapp-menüs, den Zugriff auf die Angebote. Mittlerweile wurde die Bedienung fast vollständig auf Maussteuerung umgestellt. Obwohl viele Informationen immer noch in Form von unattraktiver Computerschrift abzurufen sind, ist wenigstens die Gestaltung der Funktionselemente weitgehend an die *Win-dows-* bzw. *Macintosh*-Oberfläche angepaßt. Die erforderlichen *Client*-Programme sind in mehreren Sprachen, darunter auch in deutsch, sowie für verschiedene Betriebssysteme kostenlos erhältlich (*WinCIM*, *MacCIM* usw.).

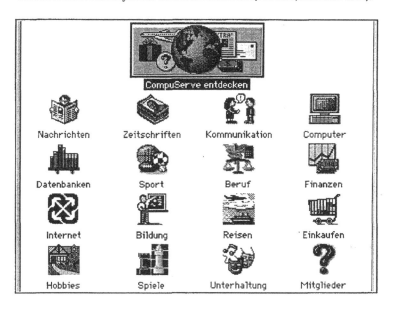

Abb. 21: Die Oberflächengestaltung von CompuServe ist recht konservativ geraten. Für 1996 wird ein moderneres Äußeres angestrebt, um auch jüngeres Publikum zur Teilnahme zu bewegen.

Zu den Angeboten von CompuServe (Abb. 21) zählen heute mehr als 3.000 Datendienste, bestehend aus Referenzdatenbanken, Nachschlagewerken, *Online*-Spielen, *elektronischen Foren* und anderen Kommunikationsmöglich-keiten. Ebenso wichtig sind Verlagsangebote wie „Der Spiegel", „Rolling Stone" und „Time", Wetterbericht, Computer-Support und *Online*-Börse. Daneben können die Teilnehmer aus einem Warensortiment von 250.000 Produkten wählen und sogar Flugtickets buchen. Ein Slogan lautet: „CompuServe –the service you never outgrow."[26] Angesichts der häufig ver-schachtelten inhaltlichen Struktur könnte man aber auch sagen: „CompuServe –ein Dienst, den Sie nie ganz durchschauen."

---

[26] „CompuServe –der Dienst, dem sie nie entwachsen."

Um dem Teilnehmer bei der Orientierung im Informationsdickicht zu helfen, das allein schon die täglich 5.000 Meldungen bzw. Reportagen von Ticker-diensten wie AP, Reuter und dpa verursachen, bietet CompuServe einen Nachrichtenfilter namens *Executive News Service (ENS)* an.[27] Der Anwender definiert zunächst eine Reihe von Stichwörtern, die ihn interessieren (Abb. 22). Daraufhin durchsucht *ENS* permanent und selbständig alle eintreffen-den Texte nach den individuellen Vorgaben und hält sie zum Lesen oder Abspeichern bereit *(News-on-Demand)*. In Verbindung mit der Software *Journalist* lassen sich die so gewonnenen Informationen sogar in einem automatisch generierten Zeitungslayout betrachten.

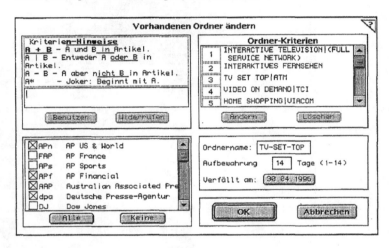

Abb. 22: Die Anwendung des CompuServe Executive News Service erfordert einige Übung, bevor tatsächlich nur die gewünschten Meldungen im Privatverzeichnis abgelegt werden.

Momentan nutzen CompuServe über 3,7 Millionen Menschen aus 150 Län-dern, und die Zuwachsrate verläuft stetig nach oben.[28] Trotz der internatio-nalen Teilnehmerzusammensetzung blieben die Inhalte lange Zeit fast aus-schließlich an amerikanischen Interessen ausgerichtet, doch das änderte sich ab etwa 1994 mit der Eröffnung zahlreicher länderspezifischer Foren und Angebote. Auch ein computerbasierter Übersetzungs-Service steht für die Kommunikation zwischen Mitgliedern verschiedener Nationen zur Verfü-gung –mit allen damit verbundenen Einschränkungen (Abb. 28).

Im November 1995 war die Zahl der europäischen CompuServe-Mitglieder auf 450.000 gewachsen (davon 200.000 im deutschsprachigen Raum).[29] Für

---

[27] Die Nutzung dieses Selektionsdienstes ist allerdings recht kostspielig: nach einer Stunde fallen mehr als 20 DM Gebühren an (die abgerufenen Nachrichten sind darin enthalten).

[28] Vgl. CompuServe Selbstdarstellung (Stand 11/1995)

[29] Vgl. CompuServe Selbstdarstellung (Stand 10/1995)

1996 ist ein verkleinerter CompuServe-Ableger unter der lautstarken Bezeichnung Wow! vorgesehen, der mit günstigen Tarifen und vom Anwender frei konfigurierbaren Inhalten speziell *Cyberspace*-Einsteiger ansprechen soll. CompuServe nimmt also den Massenmarkt ins Visier. Ob auch Computer-Laien von den Vorzügen eines Online-Diensts zu überzeugen sein werden, bleibt allerdings abzuwarten.

Seit Mitte der achtziger Jahre betraten mit vergleichbaren Angeboten, aber unterschiedlichen Konzepten, gleich mehrere Konkurrenten den amerikanischen Markt, denn das *Online*-Geschäft schien lukrativ zu sein. Auch diese Dienste ließen sich durchweg per PC und Modem anwählen.

- Prodigy

Der Computerkonzern IBM und die amerikanische Warenhauskette Sears Roebuck gründeten Prodigy[30] als „familienfreundlichen" und „kostengünstigen" Dienst. Beide vermeintlichen Vorteile brachten den etwa 1,8 Millionen Teilnehmern zugleich gravierende Nachteile ein.

Um sich „familienfreundlich" zu geben, entschieden die Betreiber, jede in Prodigy verbreitete Nachricht durch eigens dafür eingestelltes Personal lesen und notfalls zensieren zu lassen,[31] sollten darin „anstößige" Inhalte enthalten sein. Darunter fielen übrigens auch kritische Anmerkungen zu Prodigy.[32] „Kostengünstig" bedeutete zwar, daß für die Gebühr einer Anmeldung fünf weitere Familienmitglieder mit eigenen Kennungen teilnehmen konnten, dafür wurden aber am unteren Bildschirmrand permanent Werbebotschaften (sogenannte *Flashes*) eingeblendet, eine Zumutung, die das Unternehmen zusehends Kunden gekostet hat.[33] Sollte Prodigy eines Tages über Interaktives Fernsehen zu empfangen sein, erleben die Betreiber vielleicht doch noch den Durchbruch in den Massenmarkt –als *Homeshopping*-Kanal.

- Delphi Internet, GEnie

Ähnlich erfolglos in seinem Bemühen, auch nur in die Nähe der CompuServe-Mitgliedszahlen zu kommen, war der Online-Dienst Delphi Internet. Seine insgesamt kompliziert zu bedienende Angebotspalette konnte sich eine Zeitlang aufgrund umfassender Verbindung zum Internet profilieren.

---

[30] engl.: Wunder

[31] Vgl. Rheingold, Howard: Virtuelle Gemeinschaft. Soziale Beziehungen im Zeitalter des Computers –Bonn: Addison-Wesley 1994, S. 337.

[32] Diese Politik wurde Prodigy beinahe zum Verhängnis, als ein Gericht den Dienst zunächst wegen seiner „redaktionellen Eingriffe" als Publikationsmedium mit Verantwortung für den gesamten Inhalt einstufte. Einer Verleumdungsklage gegen Prodigy wurde daher zunächst stattgegeben, sie endete aber in einem außergerichtlichen Vergleich. Vgl. Ohne Verfasser: Prodigy reaches agreement in key online libel case –Reuter 25.10.1995, elektronisch veröffentlicht.

[33] Sears versucht inzwischen, seine Anteile zu verkaufen. Vgl. Sears Actively Seeking Sale of Prodigy Stake –Reuter 9.11.1995, elektronisch veröffentlicht.

Delphi Internet ging zuletzt in den Besitz von Rupert Murdoch über (siehe Abschnitt 3.1.4 Staatliche Einflußnahme, Großbritannien). Der Medienmogul weiß aber bislang auch noch nichts damit anzufangen. Keinerlei eigenes Profil entwickelte ein weiterer Konkurrent, der von General Electrics gegründete Dienst GEnie. Ihm werden in dem inzwischen eng gewordenen *Online*-Markt die geringsten Chancen zugesprochen.[34]

- America Online (AOL) / Bertelsmann Online
  Der ehemalige Außenseiter AOL hat hingegen binnen eines Jahres seine Mitgliedszahlen verdreifacht und nach eigenen Angaben mit über 4 Millionen Teilnehmern den bisherigen Marktführer CompuServe überholt. Seit der Gründung von AOL in Vienna, Virginia, vor gerade einmal zehn Jahren hat kein anderer Online-Dienst eine vergleichbare Zuwachsrate an Mitgliedern verzeichnen können.[35]

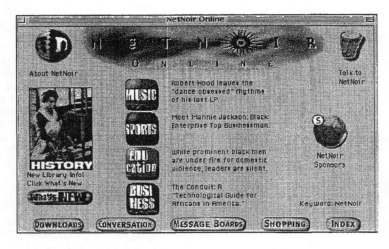

Abb. 23: America Online bietet mit „Net Noir" ein Forum für alle Interessierten, die sich zu Alltagsthemen mit farbigen Mitgliedern austauschen möchten oder etwa Informationen zur Geschichte der schwarzen Bevölkerung in Amerika und über deren afrikanische Wurzeln suchen.

Das liegt nicht zuletzt an dem sympathischen Image des Unternehmens, das auf Kundennähe setzt und nicht auf ehrfurchteinflößende Kompetenz. CompuServe zeichnet das internationale und mehrheitlich professionelle Publikum sowie die Vielschichtigkeit seiner Datenarchive aus. AOL besticht

---

[34] Vgl. Otte, Peter: The Information Superhighway. Beyond the Internet –Indianapolis: Que 1994, S. 99.

[35] Vgl. PR/Newswire: America Online Tops 4 Million Members, elektronisch veröffentlicht in AOL 7/11/1995.

durch konsequent einfache Bedienung[36] und attraktiv verpackte Inhalte (Abb. 23), die quantitativ –und häufig auch qualitativ– nicht mit CompuServe konkurrieren können, dafür aber das übliche Spektrum abdecken. Zu den Schwerpunkten gehören Kommunikations-Angebote wie elektronischer *Chat*, eine breite Palette von Zeitschriften, Bereiche zum Thema Unterhaltung, Bildung, Touristik, Business, ein Areal nur für Kinder (Abb. 24) und natürlich *Homeshopping*.

Abb. 24: „Kids Only" ist ein America Online-Forum, in dem Kinder und Jugendliche neben Unterhaltungs- und Kommunikationsangeboten auch Unterstützung für Hausarbeiten und Referate finden können. Ebenfalls enthalten sind Übergänge zu ausgesuchten Bereichen des Internet.

Lücken im Angebot werden durch eine nahtlose Verknüpfung mit entsprechenden Diensten im *World Wide Web*[37] weitgehend ausgefüllt; eine geschickte Strategie, kurzfristig und ohne eigene Entwicklungskosten die vormals begrenzten Ressourcen zu erweitern. Neben uneingeschränktem Internet-Zugriff bietet AOL einen weiteren Service: Jeder Teilnehmer kann ohne Aufpreis eine bis zu 2 Megabyte umfassende, selbst gestaltete *Home-*

---

[36] Für den Zugriff auf AOL wurde von Beginn an ein besonders benutzerfreundliches *Client*-Programm (auf Basis von *GeoWorks*) entwickelt, das zunächst speziell den Macintosh-Nutzerkreis ansprechen sollte. Doch erst mit der *Windows*-Variante konnte AOL große Anwenderschichten gewinnen. Dagegen mußte CompuServe sein veraltetes System mehrfach aufwendig an die gestiegenen Ansprüche anpassen, ein Problem, das auch T-Online betrifft.

[37] Dabei wird, für den Anwender nahezu unmerklich, der Internet-Navigator *Web Browser* zugeschaltet. *Web Browser* ist einfach zu bedienen, stellt aber leider nicht den ganzen Funktionsumfang von *Netscape* zur Verfügung. Für die Nutzung der *WWW*-Kapazitäten revanchiert sich AOL mit verschiedenen Internet-Förderprogrammen.

Page im *WWW* veröffentlichen, und zwar für die Dauer seiner Mitgliedschaft (siehe Abschnitt 4.2 Netzfolklore, *HomePage*).[38]

Während CompuServe mit einer Anmeldung nur eine einzige Anwender-Kennung vergibt, können bis zu fünf Familienmitglieder ein AOL-Abonnement mit jeweils eigenen Teilnehmernamen nutzen. Aufgrund dieser familienfreundlichen Tarifpolitik, verbunden mit einer überschaubaren inhaltlichen Struktur, ist AOL gelungen, wovon andere Online-Dienst-Betreiber noch weit entfernt sind: in kurzer Zeit auch weniger erfahrene Computer-Anwender an die Nutzung elektronischer Kommunikation heranzuführen.

So verwundert es kaum, daß America Online keine Mühe hatte, eine Reihe strategischer Partner, darunter Time Warner, ABC, Knight-Ridder, IBM, Tribune, Hachette und American Express für eine Kooperation zu gewinnen. Durch seine enge Zusammenarbeit mit Bertelsmann hat AOL nun auch in Europa Gebietsansprüche signalisiert und steigt damit in die Liga der global operierenden Online-Dienste auf.

Der deutsche Mediengigant mit Sitz in Gütersloh hat bereits mit dem Aufbau eines europäischen America Online-Ablegers begonnen, der ab Ende 1995 zunächst in Deutschland,[39] Frankreich und Großbritannien in der jeweiligen Sprache und mit landesspezifischen Inhalten an den Start geht. America Online ist an dem Joint-Venture mit 50 Prozent beteiligt, umgekehrt hat Bertelsmann 5 Prozent von AOL erworben. Der Axel-Springer-Verlag und die Deutsche Telekom (T-Online) wollen ebenfalls in das Projekt einsteigen. Um naheliegende Konflikte zwischen der Telekom und den Güterslohern zu vermeiden, soll sich Bertelsmann / AOL auf den Privatkunden-Markt, T-Online hingegen auf den Geschäftskundenbereich konzentrieren.[40] Da eine saubere Trennung jedoch nicht gelingen kann –viele Teilnehmer nutzen Online-Dienste beruflich und privat–, sind noch einige Auseinandersetzungen zu erwarten. Auch das Kartellamt wird sich noch mit dieser mächtigen Allianz befassen müssen.

Bertelsmann bringt neben Kapital einen gewichtigen Einfluß auf diverse Medien[41] in die Partnerschaft ein (und als Inhalteanbieter und wirkungsvolles Vermarktungsinstrument kommt der Springer-Verlag noch hinzu). Stern und GEO, Flaggschiffe der Bertelsmann-Tochter Gruhner+Jahr, sollen als *Online*-Ausgabe mit multimedialen Ergänzungen neue Leser und AOL-

---

[38] Seit Dezember 1995 unterbreitet CompuServe seinen Mitgliedern ein ähnliches Angebot, doch ist der Umfang der *HomePage* auf 1 Megabyte beschränkt.

[39] Etwa 70 Prozent der deutschen Bevölkerung sollen eine Zugriffsmöglichkeit auf AOL/-Bertelsmann Online zum Ortstarif erhalten (ca. 50 Einwahlpunkte mit 28.800 bps). Zum Vergleich: CompuServe bietet derzeit 14 Knotenpunkte mit 14.400 bps Übertragungsgeschwindigkeit.

[40] Vgl. Ohne Verfasser: Viererbande. America Online wird Europas größter Online-Verbund. In: Der Tagesspiegel, 23.11.1995.

[41] Der Konzern kontrolliert etwa dreihundert verschiedene Medienunternehmen, darunter Gruner+Jahr, RTL, RTL2, Premiere und VOX. Damit zählt er weltweit zu den fünf größten Konzernen der Branche.

Kunden zugleich gewinnen. Außerdem wird voraussichtlich ab Februar 1996 auch *Homebanking* verfügbar sein. Ebenfalls von Bedeutung ist das firmeneigene Know-How zur Acquisition und Betreuung von Clubmitgliedschaften. Dies ergibt eine Synergie strategischer Vorteile, mit der sich Bertelsmann gute Chancen ausrechnen kann, die europäische Marktführerschaft im *Online*-Geschäft zu erreichen.

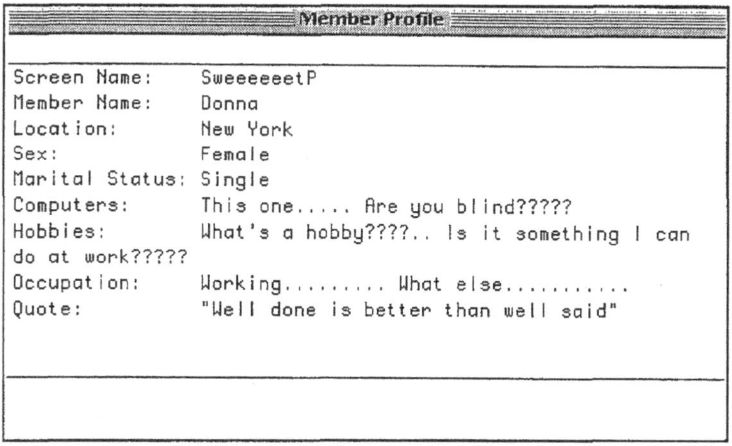

```
════════════════════════ Member Profile ════════════════════════

 Screen Name:      SweeeeeetP
 Member Name:      Donna
 Location:         New York
 Sex:              Female
 Marital Status:   Single
 Computers:        This one..... Are you blind?????
 Hobbies:          What's a hobby????.. Is it something I can
 do at work?????
 Occupation:       Working......... What else...........
 Quote:            "Well done is better than well said"
```

Abb. 25: In einem *Member Profile* können die Teilnehmer von AOL Auskünfte zur Person geben (oder nicht), um die Kontaktaufnahme durch andere Austauschwillige zu erleichtern.

- Europe Online

Gegründet wurde der Bertelsmann/AOL-Konkurrent 1994 in Luxemburg, und zwar unter der Federführung eines mächtigen, aber vergleichsweise schwerfälligen Konsortiums aus Banken, Telekommunikations-Experten und europäischen Verlagshäusern, darunter die Burda GmbH, Matra Hachette (Elle), der Pearson-Verlag (The Financial Times), Meigher Communications (Washington Post) und Dr. Schwarz-Schilling GmbH. Interchange International[42] hat die gleichnamige *Client*-Software bereitgestellt.

Auf der *Interchange*-Oberfläche können Zeitungen und Magazine, z.B. Focus, in ihrem Original-Erscheinungsbild wie an einem Kiosk angeboten werden. Europe Online spezialisiert sich demnach auf das *Online Publishing*. Dazu gehört neben der Veröffentlichung von Printmedien im *Cyberspace* der Verkauf elektronischer Anzeigen,[43] die den potentiellen Kunden per Maus-

---

[42] Interchange ist ein Subunternehmen der amerikanischen Telefongesellschaft AT&T.

[43] Vgl. Müller, Wolfgang und Martin Potthoff: Schwer auf Draht –Screen, 1/1995, S. 112.

klick zu den Angeboten und Bestellformularen des Inserenten weiterleiten.[44] So wäre das Engagement der Verlagshäuser angemessen zu finanzieren.

An dem Europe Online-Konzept fällt unangenehm auf, daß die Zeitschriftentexte nur in Form von starren Abbildungen und nicht wie üblich als Rohtext zur Verfügung stehen sollen. Damit wird eine Volltext-Recherche im Netz und das automatische Zitieren von Texten behindert.[45] Dies ist ein (zu) hoher Preis, gemessen an der Darstellbarkeit des Original-Layouts.

Zuletzt beabsichtigte auch der Axel-Springer-Verlag, sich mit 10 Prozent an Europe Online und weiteren 21,3 Prozent am geplanten deutschsprachigen Ableger beteiligen, zog sich jedoch zurück[46] –wohl mit Blick auf die undurchsichtige Struktur der Gesellschafter– und entschied sich stattdessen für eine Beteiligung an AOL/Bertelsmann. Auch Matra Hachette und Pearson sollen ausgestiegen sein. Nun will die Vebacom mit 10 Prozent „einspringen", doch wird sie wenig Inhalte beitragen können. Inzwischen hat sich der Hauptgesellschafter Burda gegen die Einführung eines separaten Online-Dienstes zugunsten einer Präsenz im *WWW* entschieden.[47] In welcher endgültigen Form Europe Online Ende 1995 die Mitbewerber herausfordern wird und ob die hochgesteckten Ziele erreicht werden können, ist mehr als ungewiß.

- Sony Magic Link / AT&T PersonaLink

Nicht nur die Verlagshäuser, sondern auch Anbieter aus der zusammenwachsenden Unterhaltungselektronik-, Telekommunikations- und Computerbranche sehen in der Einrichtung eigener Online-Dienste eine Chance, vorhandene Stammkunden zu binden und neue Käuferschichten hinzuzugewinnen. Denn erst das gestiegene Interesse am *Information Highway* hat seit einer längeren Flaute im PC- und Unterhaltungselektronik-Geschäft die Umsatzkurve wieder nach oben getrieben.

Der Apple *Newton* und Sonys *Magic Link* zählen zur Produktkategorie der *Personal Digital Assistants* (*PDA*).[48] Die Verkaufszahlen der ersten Generation blieben jedoch weit hinter den Erwartungen zurück. Daher soll nun in Kopplung mit Online-Diensten der Zusatznutzen gesteigert werden. Aus dem erfolglosen *PDA* entsteht so der *Personal Intelligent Communicator*

---

[44] Diese Möglichkeit bietet seit Ende 1995 der Spiegel auf seinen *WWW*-Seiten an.

[45] Auch die New York Times hat sich mit ihrem „Times Fax" im *World Wide Web* für dieses Verfahren entschieden. Dabei kommt das Adobe *Acrobat*-Format zur Anwendung, das die Darstellung des Original-Layouts auf diversen Computerplattformen sicherstellt.

[46] Vgl.: Ohne Verfasser: Springer Says Pulls Out of Europe Online –Reuter 01.11.1995, elektronisch veröffentlicht.

[47] Vgl. Ohne Verfasser: Europe Online startet im Internet. Burda ändert Strategie –dpa 9.11.1995, elektronisch veröffentlicht.

[48] Dabei handelt es sich um etwa taschenbuchgroße, tragbare Computer mit integriertem LCD-Bildschirm und der Funktion eines elektronischen Organizers (Adreß-, Termin- und Spesenverwaltung). Auch Faxe und *eMail* können damit ausgetauscht werden.

(PIC). Der *Magic Link* von Sony beispielsweise stellt dem Anwender umfassende Informations- und Kommunikationsdienste auf der Oberfläche einer virtuellen Büroumgebung zur Verfügung. Darüber hinaus beherrscht das Gerät komplexe Suchabfragen, die mit dem eingebauten Modem über den Online-Dienst AT&T PersonaLink verschickt werden können.[49]

Die automatische Recherche übernehmen sogenannte *Intelligent Agents*, eigentlich eine trainierbare Software,[50] die u.a. in der Lage ist, die Börsenkurse zu beobachten und den Anwender nach einem vorgegebenen Limit zu benachrichtigen. Denkbar ist auch die selbständige Buchung des weltweit günstigsten Flugtickets im Rahmen von Termin-, Start- und Zielkoordinaten. Zu diesem Zweck können sich die *Intelligent Agents* auf ihrer Reise durch das Netz automatisch vervielfältigen und untereinander austauschen. Ein „Ableger" der Software kann so im Rechner der Fluggesellschaft verbleiben, um den Anwender über eventuelle Verspätungen zu informieren.[51]

Zuspruch finden die *PIC*s wohl hauptsächlich bei gestreßten Managern und Technophilen, denn die Preise beginnen bei 1.000 Dollar, und als vollwertige Computer kann man sie nicht einsetzen (die Tastatur ist durch einen Griffel ersetzt, mit dem man Buchstaben auf dem Bildschirm antippt). Daher werden sich Online-Dienste wie AT&T PersonaLink[52] noch einige Zeit auf den Business-Sektor konzentrieren müssen, bevor sie den herkömmlichen Anbietern wie AOL –vor allem inhaltlich– das Wasser reichen können.

* Apple eWorld

Bereits Mitte der achtziger Jahre probte Apple Computer mit einem Dienst namens AppleLink ebenfalls den Einstieg ins Online-Geschäft, um zunächst dem Vertrieb und Entwicklern, später auch Kunden, ein Kommunikationswerkzeug zur Verfügung zu stellen. Die Einbeziehung von Endanwendern scheiterte jedoch an den hohen Teilnehmergebühren und der –für Apple-Verhältnisse– recht komplizierten Bedienung.[53]

1994 wurde Apple eWorld aus der Taufe gehoben, ein Online-Dienst für Macintosh-Anwender, der wesentlich preiswerter und leichter zu bedienen ist.[54] Die *Client*-Software entspricht den Standards der *Macintosh-*

---

[49] Vgl. Levy, Steven: The PDA gets real ...close. In: Wired 3.01 1/1995 S. 133.

[50] Die *Intelligent Agents* bedienen sich einer standardisierten Abfrage-"Sprache", die von der Firma General Magic unter der Bezeichnung *Telescript* entwickelt und inzwischen an etliche Hersteller lizenziert wurde. Auch das *Magic Cap* genannte Betriebssystem (mit dem Büro als Oberfläche) stammt von General Magic.

[51] Vgl. Stenz, Peter: Agenten für jeden Einsatz. In: W&V 10.11.1995 S. 94.

[52] Ein weiterer amerikanischen Long-Distance-Carrier, MCI, betreibt einen mit AT&T PersonaLink vergleichbaren Online-Dienst: networkMCI BUSINESS.

[53] Vgl. Engst, Adam C.: Internet Starter Kit for Macintosh –Indianapolis: Hayden Books 1994, S. 119 ff.

[54] Hinter der eWorld-Oberfläche verbirgt sich dieselbe Software, die auch in America Online Verwendung findet. Apple zahlt dafür Lizenzgebühren an AOL. Zusätzlich erwarb Apple einen 5 Prozent-Anteil an dem Mitbewerber.

Oberfläche. Darüber hinaus gibt es einen Zugang für Anwender des Apple *Newton*; somit versucht sich eWorld als Online-Dienst zu profilieren, den man sowohl per Computer, als auch mit dem hauseigenen *Personal Intelligent Communicator* nutzen kann.

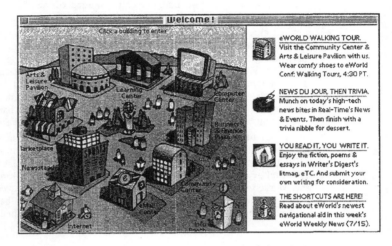

Abb. 26: Die Oberfläche von Apple eWorld ist einer Stadt nachempfunden. Die Gebäude versinnbildlichen die Inhalte, die sich „in ihnen" befinden. Auf der rechten Seite werden mehrmals wöchentlich wichtige Ereignisse und Angebote in eWorld angekündigt.

Die Gestaltung der Angebotsstruktur ist vorbildlich (Abb. 26), die Inhalte sind mit denen von AOL vergleichbar. Auch die Nutzung des Internet ist ohne Aufschlag gewährleistet. Der Tarif in den USA entspricht in etwa dem der Mitbewerber, nur in Europa kassiert eWorld deutlich höhere Nutzungsgebühren. Weltweit konnten bislang nur etwa 125.000 Teilnehmer gewonnen werden. Hätte man nicht versäumt, auch Benutzern von *Windows*-kompatiblen Computern von Anfang an den Zugang zu ermöglichen, wäre es Apple vielleicht gelungen, die etablierten Online-Dienste herauszufordern. Der gegenwärtig magere Mitgliederzuwachs läßt jedoch derartige Szenarien weit hinter dem Horizont verschwinden. Aus diesem Grund wird derzeit darüber nachgedacht, den Zugang zu den eWorld-Diensten auch über das *World Wide Web* zu ermöglichen.

• Microsoft Network (MSN)

Ungleich bessere Ausgangsbedingungen für sein Engagement im *Online*-Geschäft kann ein anderer Vertreter der Computer-Branche für sich verbuchen: das Software-Unternehmen Microsoft. Mehr als 80 Prozent aller verkauften Rechner sind mit Microsofts Betriebssystem-Oberfläche, *Windows*, ausgestattet, das heißt: Etwa 60 Millionen Menschen arbeiten damit.[55] Dies brachte den ohnehin schon reichsten Mann der Welt, Microsoft-Inhaber Bill Gates, auf die Idee, all diesen Anwendern auch noch die Verheißungen des *Infohighways* schmackhaft zu machen –natürlich über einen firmeneigenen Online-Dienst.

Folglich ist in der *Windows*-Weiterentwicklung, *Windows 95*, nun auch ein Übergang zum Microsoft Network integriert. Anders ausgedrückt: Für die Nutzung von MSN ist der Erwerb des neuen Betriebssystems eine Voraussetzung. Nach dessen Installation genügt ein Doppelklick mit der Maus auf das MSN-Symbol der Benutzeroberfläche, und schon ist ein weiterer Online-Kunde gewonnen. Bei der Anmeldung im Microsoft Network wird (mit Zustimmung des Teilnehmers) zusätzlich der Inhalt seiner Festplatte analysiert und in einer Datei an die MSN-Zentrale überspielt. Die Angaben darin sollen nach Microsoft-Aussagen eine individuellere Hilfestellung bei Softwareproblemen ermöglichen. Die Anwender haben diese Vorgehensweise jedoch zurecht sehr kritisch aufgenommen.

Die Verbindung zum nächstgelegenen Einwahlpunkt wird automatisch hergestellt; in Deutschland sind dies zunächst zehn Großstädte. Weltweit ist das Microsoft Network in 35 Ländern erreichbar. Sollten sich nur 10 Prozent der *Windows*-Nutzer anmelden, so würde in Kürze MSN mit 6 Millionen Teilnehmern alle existierenden Online-Dienste mit einem Schlag überrunden.

Die geschickte Ausnutzung des de facto bestehenden Monopols auf Betriebssysteme verhilft Microsoft zu einem Vorsprung, der nach Ansicht vieler Beobachter im Widerspruch zu fairem Wettbewerb steht. Nachdrücklich wehrten sich vor allem die anderen Online-Dienst-Anbieter gegen eine Bündelung von *Windows 95* mit dem Microsoft Network und reichten Klage beim US-Justizministerium ein. Doch dieser Rechtsstreit wird die Gerichte wohl noch Jahre beschäftigen, bis ein Urteil gefällt werden kann.[56]

Derzeit können die potentiellen Kunden noch selbst entscheiden, welcher Online-Dienst tatsächlich sein Geld wert ist. Der Microsoft Network-Tarif liegt mit 7,50 DM Nutzungsgebühr pro Stunde deutlich über dem Durchschnitt, und dies, obwohl die anfängliche Zugriffsgeschwindigkeit von 9.600 bps einer Zumutung gleichkommt. In Deutschland ist bisher noch nicht einmal die Nutzung des Internet enthalten, da die Zugänge noch nicht darauf eingerichtet sind.

Die Serviceangebote orientieren sich zwar grob an der Palette der Konkurrenz, sind bislang aber noch eher dürftig zu nennen. Bill Gates ist Allianzen mit Medienkonzernen wie Dreamworks SKG (Spielberg, Katzenberg, Geffen), NBC und Ted Turners CNN eingegangen, um mit ihrer Hilfe das inhaltliche Spektrum zu bereichern, doch zu sehen ist davon noch nicht viel. Insbesondere europäische und deutschsprachige Angebote sind kaum vorhanden. Auch die vollständige Integration der MSN-Oberfläche in die *Win-*

---

[55] Vgl. Moles Kaupp, Christina: Per Doppelklick zur Macht. In: Der Tagesspiegel 25.8.1995.

[56] Vgl. Ohne Verfasser: Nun peilt Bill Gates den Cyberspace an. In: Der Tagesspiegel 26.8.1995.

dows 95-Arbeitsumgebung ist zwar praktisch, aber recht nüchtern und ganz bestimmt nicht originell gelöst (Abb. 27). Bisher konnten 525.000 Teilnehmer gewonnen werden. Es wird sich zeigen, ob das Wachstumstempo anhält.

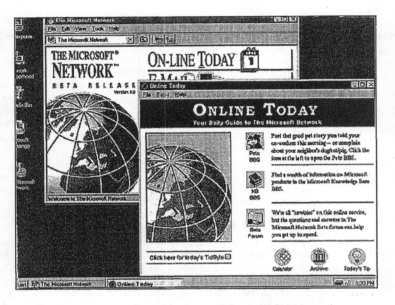

Abb. 27: Weltumspannend ist das Microsoft Network konzipiert. Die Ausrichtung der Inhalte ist aber nicht gerade multikulturell.

Insgesamt bevorzugen die Anwender von kommerziellen Online-Diensten ein eigenständiges Angebotsprofil, das internationale und lokale Interessen sowie Möglichkeiten zur Kommunikation berücksichtigt. Es genügt nicht, Tausende von Datenbanken zu einem Paket zusammenzuschnüren und darauf zu hoffen, die Massen würden sich darum reißen, es zu öffnen.

II. Nutzungsvoraussetzungen

Will ein Anwender einem Online-Dienst beitreten, so benötigt er dafür weit weniger Fachwissen als für die Nutzung von Internet oder BBS. Einen handelsüblichen Computer und ein Modem sollte er aber nicht nur besitzen, sondern auch einigermaßen routiniert bedienen können. Für berufliche

Zwecke bietet sich auch der Einsatz eines *Personal Intelligent Communicators* (*PIC*) an, sofern die dafür geeigneten Dienste vor Ort verfügbar sind.[57]

In der Regel wird man sich dann für einen der Anbieter entscheiden müssen, je nachdem, ob man den Nutzen eher in professionellen oder privaten Anwendungsbereichen sieht (wenn beides abgedeckt ist, umso besser). Mehrere Online-Dienste zu abonnieren, ist nicht nur finanziell, sondern auch organisatorisch aufwendig. Nur um nachzuschauen, ob *eMail* eingetroffen ist, müßte man sich in jeden einzelnen Dienst einwählen. Außerdem unterscheidet sich die Software und damit die Handhabung der Dienste. Dies kann zu Desorientierung und Fehlbedienungen führen.

Nachdem die Entscheidung für einen der Anbieter gefällt ist, muß geklärt werden, ob das für den Zugriff erforderliche Programm auf dem eigenen Rechner eingesetzt werden kann. Nicht selten beschränken sich Online-Dienste zunächst auf eine *Windows*-fähige Software und reichen erst später die *Macintosh*-Version nach. Andere Betriebssysteme wie *OS/2* werden nur selten unterstützt. Auch „lokalisierte" Programme sind –wenn überhaupt– nur in wenigen Sprachen erhältlich (meist in französisch und deutsch). In fast allen Fällen unterstützt die Software die Verwendung der Maus. Oft sind die Zugänge für Online-Dienste auf neuen Rechnern bereits vorinstalliert. Interessenten erhalten die Software vielfach auch kostenlos auf Diskette und manchmal auf CD-ROM. Selbst aus dem Internet kann man sie sich herunterladen.

Die Installation des *Client*-Programms erfolgt weitgehend automatisch, danach sind in der Regel nur noch knappe Angaben zur Person und ggf. die Kreditkartennummer in die vorgegebenen Felder einzutragen. Diese Daten werden an den Zentralrechner des Anbieters überspielt. Danach erhält man –auf dem Postweg– ein persönliches Paßwort sowie eine eigene *eMail*-Adresse.[58] Damit sind alle Vorbereitungen erledigt, und die ersten Orientierungsversuche können unternommen werden. Im ersten Monat entfällt häufig die Teilnahmegebühr, und zehn Stunden kostenlose Nutzung werden ebenfalls in vielen Fällen gewährt; in den Folgemonaten immerhin noch bis zu fünf. Danach gelten unterschiedliche Tarifkonzepte. Auch die monatliche Gebühr schwankt zwischen 8 und 15 DM.

Online-Dienste setzen leistungsfähige Großrechner als *Server* ein, die nicht selten weltweit untereinander vernetzt sind. Der Teilnehmer wählt sich immer bei dem ihm nächstgelegenen Rechner ein, schon allein, um die Telefongebühren nach Möglichkeit auf Ortstarifniveau zu halten. Als praktisch erweist sich ein globaler Anbieter dann, wenn der Teilnehmer in ein anderes Land verreist. Mit seinem Paßwort und der vor Ort gültigen Einwahlnummer kann er wie gewohnt und ohne Aufpreis seine *eMail* empfangen und all die anderen Bereiche seines Online-Dienstes „aus der Ferne" nutzen,

---

[57] Der Online-Dienst AT&T PersonaLink, auf den man mit dem *PIC* von Sony, *Magic Link*, zugreifen kann, ist derzeit von Deutschland aus noch nicht zu erreichen. Apple eWorld (für den *Newton* geeignet) ist kostspielig, steht aber in Deutschland zur Verfügung.

[58] In CompuServe besteht sie aus einer Zahl (123456.7890@compuserve.com), während AOL die Verwendung eines Namens mit maximal zehn Zeichen erlaubt (billgates@aol.com).

(vorausgesetzt, ihm steht dort ein Computer mit Modem zur Verfügung, auf den die *Client*-Software gespielt werden kann). Tragbare Computer mit eingebautem Modem sind für diesen Einsatz ideal; so kann alles komplett für die Reise mitgenommen werden.

Viele Online-Dienste bieten inzwischen Übergänge ins Internet an. Sollte der Wunsch bestehen, auch diesen Service zu nutzen, werden die dazugehörigen Software-Erweiterungen (zum Beispiel *WebBrowser*) kostenlos zur Verfügung gestellt, die zusätzlich erforderlichen Kenntnisse aber vorausgesetzt. Lektüre mit wichtigen Ratschlägen findet man in den entsprechenden *Online*-Bibliotheken.

III. Charakteristika

- Größte zahlende Teilnehmergruppe des *Infohighways*

Die Summe aller Mitglieder, die Online-Dienste nutzen (etwa 12 Millionen) liegt zwar bei unter der Hälfte der Teilnehmerzahl im Internet. Doch dessen Finanzierung ist bislang nur durch ein Gemisch aus Steuergeldern, Sponsoring und nicht übermäßig einträglicher Anzeigenwerbung gewährleistet. Gewinne machen derzeit andere: Dataquest schätzt die Einnahmen der Online-Dienste für das Jahr 1997 auf über 3 Milliarden Dollar.[59] Geregelt wirtschaften läßt sich eben nur dann, wenn jeder Teilnehmer für in Anspruch genommene Dienste bezahlt, wie es bei den Online-Diensten üblich ist.

Demgegenüber kennt das Internet keine Zentralinstanz, an die man als Anwender Gebühren überweisen könnte. Viele nutzen es ohnehin von Universitäts- oder Arbeitsplatzcomputern aus –also kostenlos. Riesige Summen fließen dabei nur an die Telefongesellschaften, die das Leitungsnetz bereitstellen. Sie haben jedoch wenig mit den Inhalten des Internet zu tun, die andere zur Verfügung stellen, aber kaum Geld dafür sehen. Daher sind Online-Dienste auch für diejenigen attraktiver, die ihre Angebote angemessen finanziert sehen wollen. Aus dieser Perspektive sind 12 Millionen regelmässig zahlende Kunden allemal interessanter als die 30 Millionen *geschätzten* Teilnehmer des Internet.

Es ist wohl richtig, daß ein Anbieter, der sich für eine Präsenz im *WWW* entscheidet, jene Gebühren und Umsatzbeteiligungen umgehen kann, die CompuServe, AOL usw. ihren Geschäftspartnern abverlangen. Doch ist die Bereitschaft zum *Homeshopping* im Internet weit niedriger einzuschätzen. Dies liegt nicht zuletzt an mangelnden Sicherheitsvorkehrungen gegen den Mißbrauch von elektronisch übertragenen Zahlungsanweisungen. Die allgemeine Auffassung tendiert dahin, derartige Transaktionen seien innerhalb des „abgeschotteten" Netzwerks eines Online-Dienstes sicherer. Der Nachweis steht aber noch aus.

---

[59] Vgl. Logon, Index. In: Pl@net 11/1995, Ziff-Davis-Verlag, S. 12.

• Internationale Ausrichtung

Ob AOL, CompuServe oder Microsoft Network: Die meisten Online-Dienste streben eine möglichst globale Präsenz an. Durch hohe Mitgliedszahlen wollen sie aus dem bevorstehenden Preiskampf als Sieger hervorgehen. Für die Anwender ergeben sich daraus einerseits neue Kontaktmöglichkeiten mit Teilnehmern aus anderen Ländern (Abb. 28), zum anderen eine Erweiterung des kulturellen Angebots. Einer Mischung aus lokalen und internationalen Angeboten wird in Zukunft der größte Erfolg beschieden sein. Auch T-Online und Minitel werden sich über die Landesgrenze hinaus orientieren müssen, um im Wettbewerb bestehen zu können.

In CompuServe ließ sich diese Entwicklung besonders gut beobachten. Inzwischen befinden sich dort als ständige Einrichtung *elektronische Foren* mit länderspezifischen Diskussionen und Informationen u.a. zum Thema Kanada, Hong Kong, Israel, Japan, Mexiko, Australien und vielen europäischen Staaten. Diese Tendenz spiegeln zugleich die in Online-Diensten offerierten internationalen Zeitungen und Zeitschriften wieder, denn auch die Verlagshäuser suchen so ihren Anteil am Weltmarkt.

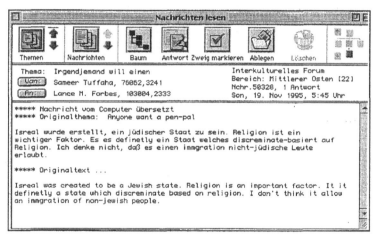

Abb. 28: Im Interkulturellen Forum von CompuServe werden zum Teil hitzige Debatten zwischen Angehörigen unterschiedlicher Herkunft geführt. Nicht selten jedoch trägt der Austausch elektronischer Textbeiträge zur Beseitigung bestehender Vorurteile bei. Der Übersetzungscomputer ist allerdings nicht immer in der Lage, die Texte angemessen umzusetzen.

• Professionell aufbereitetes Informationsangebot

Viele Wissenschaftler, Journalisten und andere Berufstätige nutzen die riesigen Datenbestände von Online-Diensten, weil sie auf strukturierte Verzeichnisse und Verifizierbarkeit der Inhalte Wert legen. Beide Anforderungen können durch das Internet oder Bulletin Board Systeme nicht immer erfüllt werden, denn für eine redaktionelle Betreuung der Informationsangebote fehlen dort oft genug finanzielle Mittel, die kommerziellen Anbietern in großem Umfang zur Verfügung stehen.

In Online-Diensten stehen zum einen die Bibliotheken der themenspezifischen Foren zur Verfügung. Diese sind kostenlos zu nutzen, aber für die Inhalte zeichnen meist die Teilnehmer selbst verantwortlich. Die Qualität der Texte ist dementsprechend „durchwachsen". Der Abruf von professionell zusammengestellten Datenbank-Informationen mittels Volltextrecherche ist hingegen teuer. Bis zu 50 DM pro Stunde verlangen T-Online und CompuServe für den Zugriff auf Datenbanken wie Genios, Hoppenstedt, IQuest und Dissertation Abstracts oder Verlagsarchive, darunter Gruhner+Jahr Heureka, Wirtschaftswoche und Magazine Database Plus. Oft werden für jeden abgerufenen Artikel zusätzlich zwischen 1-16 DM kassiert. Für den Privatnutzer scheiden damit diese an sich interessanten Dienstleistungen in der Regel aus.

- Schwerpunkt auf Textdokumenten

Weiterhin sehen die meisten Online-Dienste ihre Kernaufgabe in der Bereitstellung von Datenbanken, mit anderen Worten riesigen Textsammlungen, die „aufgrund gesalzener Tarife und grauenhafter Abfragemechanismen eher Datenbestattungsanlagen als Bibliotheken"[60] entsprechen. Aus Sicht von Forschung und Wirtschaft können sie in manchen Fällen durchaus interessante Informationsquellen sein, dennoch genügen sie in den meisten Fällen nicht den Ansprüchen einer wirklich umfasenden Recherche. Auf der anderen Seite können viele Privatpersonen schon mit der jetzigen Angebotsfülle wenig anfangen.

Online-Dienste, die sich geschäftlichen und wissenschaftlichen Anwendern gegenüber verpflichtet fühlen, müssen ihre Angebote noch stärker als bisher durch qualitativ hochwertige Quellen ergänzen. Eine ansprechendere Präsentation der Inhalte, verbunden mit einer radikalen Gebührensenkung, könnte zugleich mehr Privatteilnehmer als bisher für die Nutzung gezielter Informationsabfragen interessieren. Attraktiver wird die Suche nach informativen *und* spannenden Inhalten durch eine sinnvolle –besser: sinnerweiternde– Integration von *Multimedia* und *Hypertext*, wie sie im *World Wide Web* zum Einsatz kommt.

- Einführung multimedialer Komponenten

Aufwendige Gestaltungselemente wie Farbbilder, Animationen und Videoclips setzen die meisten Online-Dienste immer noch vergleichsweise zurückhaltend ein, um dem Anwender die dafür erforderlichen langen Übertragungsphasen zu ersparen. Doch mit der Berichterstattung über die multimedialen Attraktionen des *WWW* sehen sich auch die Online-Dienste einem zunehmenden Druck ausgesetzt, ihrer Kundschaft zukünftig mehr als die gewohnte „Buchstabenwüste" vorzusetzen.

---

[60] Glaser, Peter: Arbyter aller Länder! In: Süddeutsche Zeitung Magazin, #17/95 (28.4.1995), S.16.

Beispielsweise kommen America Online-Mitglieder in den Genuß einer besonders ansprechenden Oberflächengestaltung, die *online* aktualisiert werden kann. Wenn der Teilnehmer Bereiche anwählt, die er zuvor noch nicht genutzt hat, fügen sich ergänzende Grafikelemente in das bestehende Bildschirmlayout ein. Allerdings kann dieser zwischengeschaltete Übertragungsvorgang das schnelle Wechseln innerhalb der Angebote unangenehm behindern. Immerhin entfällt das Nachladen der Abbildungen, sobald der entsprechende Bereich erneut aufgerufen wird, denn die Grafiken wurden schon beim ersten Mal dauerhaft auf die Festplatte des Anwenders überspielt. Auf ähnliche Weise bezieht auch T-Online mit der Einführung seines *KIT*-Decoders die Rechenleistung des empfangenden Computers in die Datenübertragung ein.

Die Kapazität der Telefonleitungen stößt bei aufwendigen multimedialen Elementen dennoch schnell an ihre Grenzen, daher verlagert CompuServe derartige Ergänzungen schon im Voraus auf den Computer des Teilnehmers. Eine mehrmals jährlich aktualisierte CD-ROM enthält bereits eine Vielzahl animierter Bilder und Töne, die praktisch ohne Zeitverzögerung mit der *Online*-Oberfläche verknüpft werden. Ab 1996 soll außerdem eine vorinstallierte Software (*Macromedia Player*) das Abspielen von Filmen ohne vorheriges Herunterladen ermöglichen. Wichtiger, aber auch schwieriger, ist die Integration von *Hypertext*, um eine assoziative Nutzung der Angebote zu ermöglichen.

- Moderierte *Online-Konferenzen* und *elektronische Foren*

  Zu so unterschiedlichen Themen wie Musik, Literatur, Modellbau, Medizin und Politik befinden sich allein in CompuServe über 900 Foren. Sie alle sind in Diskussions- und Bibliotheksbereiche unterteilt, das verfügbare Material ist nach Schwerpunkten sortiert. Die organisatorischen Aufgaben erledigen die zuständigen Betreuer (*Sysops*). Sie sorgen auch dafür, daß in ihrem Forum keine Aufforderungen zu kriminellen Handlungen, Propaganda oder pornografische Inhalte veröffentlicht werden können.

  Weiterhin übernehmen sie die Gesprächsführung, wenn sich Angehörige des Show-Business, Buchautoren oder Politiker in *Online-Konferenzen* den Fragen der Mitglieder stellen (der Auszug einer Konferenz mit Kurt Biedenkopf befindet sich im Anhang). Auf diese Weise sollen in Online-Diensten Chaos und Streitereien, die im unkontrollierten Internet wiederholt ausbrechen, weitestgehend vermieden werden. Die Vielfalt bzw. Anarchie der *freien Rede* wird einer „gesitteten" Atmosphäre geopfert.

- Umfassender Kundendienst

  Als zahlendes Mitglied eines Online-Dienstes kann man sich auf eine Fülle von Serviceleistungen verlassen, die nicht selten ohne Aufpreis zur Verfügung stehen. In den Support-Bereichen geben Experten innerhalb von höchstens 24 Stunden Antwort auf technische Fragen; das ist sehr hilfreich für Personen, die zum Beispiel mit komplizierter Software zu tun haben. Nicht nur Flug- oder Bahntickets können *online* vorbestellt werden, sondern auch Hotels oder Mietwagen. Hunderttausende von Produkten und Dienstleistungen befinden sich im „Elektronischen Kaufhaus".

Die Abwicklung von Bank- und Aktiengeschäften stellen ebenfalls einige Anbieter (in Deutschland bisher nur T-Online) unter der Bezeichnung *Homebanking* zur Verfügung. Wenn im Zusammenhang mit dem Auffinden bestimmter Informationen oder der technischen Anwendung Probleme zu lösen sind, kann sich der Teilnehmer *online* und über kostenlose Rufnummern an hilfsbereites Personal wenden. Diese Bandbreite an Kundenunterstützung bieten nur Online-Dienste.

• Neben Telefongebühren hohe Nutzungskosten
Fast alle Online-Dienste gehen dazu über, im ersten Monat einer Mitgliedschaft keine Gebühren zu verlangen. In den Monaten danach wird schnell deutlich, daß umfangreiche Service- und Informationsangebote ihren Preis haben. Dabei setzen die Online-Dienste unterschiedliche und zum Teil undurchsichtige Abrechnungssysteme ein.

Die monatliche Grundgebühr von T-Online beispielsweise ist mit 8 DM zunächst auffällig günstig. Dafür wird für den Abruf vieler Seiten eine zum Teil hohe Zusatzgebühr berechnet, auf die andere Dienste wie CompuServe verzichten. Dort sind die meisten Angebote im Monatsbeitrag von 15 DM bereits enthalten. Dafür ist aber in CompuServe jede *online* verbrachte Stunde mit 4,50 DM deutlich teurer als in T-Online, wo stündlich nur 1,20 DM (tagsüber 2,40 DM) anfallen.

Der Preisvergleich wird ganz offensichtlich erschwert, unter dem Strich können aber in jedem Fall bei intensiver Nutzung schnell dreistellige Monatsabrechnungen entstehen. Gebühren kassiert außerdem die Telefongesellschaft. Studenten- oder gar Schülertarife sind noch nicht vorgesehen, immerhin weisen aber Online-Dienste wie AOL den Weg, indem sie für einen Monatsbeitrag bis zu fünf Nutzer mit eigener Mitgliedskennung zulassen.

• Komfortable Bedienung aus Sicht von PC-Anwendern
Client-Software, die für den Zugriff auf Online-Dienste benötigt wird, zeichnet sich in der Regel durch eine relativ einfache Handhabung aus. Die Installation gelingt ohne unnötigen Aufwand; der Zugang für das Microsoft Network ist sogar schon Bestandteil des Betriebssystems. Fast ausnahmslos lassen sich die Angebote der Online-Dienste mit Mausunterstützung aufrufen. Auch Minitel und T-Online werden sich von der veralteten Steuerung durch Ziffernbefehle verabschieden müssen.

Dennoch stößt der Anwender bei der Beschäftigung mit Online-Diensten immer wieder auf technisches Kauderwelsch wie „.sit-Format", „Terminal-Emulation" usw. Dies sind Begriffe, die Internet- und BBS-Nutzer gewohnt sind, während manche Online-Dienst-Teilnehmer bereits zum Handbuch greifen. Hier ist noch vieles zu verbessern. Der ab 1996 startende Online-Dienst Wow! ist immerhin speziell für PC-Einsteiger konzipiert und erklärt Bedienerfreundlichkeit zu seinem Aushängeschild.

• Kaum schnelle, aber zuverlässige Verbindungen

In Deutschland bietet T-Online seinen Teilnehmern flächendeckend Einwahlmöglichkeiten, CompuServe ist sogar in 150 Ländern erreichbar. Die hierfür erforderliche Infrastruktur einzurichten und aufrechtzuerhalten, ist aufwendig genug. Daher kann die Gesamtheit aller Knotenpunkte nicht immer sofort auf den neuesten Stand gebracht werden, sobald schnellere Datenübertragungstechniken verfügbar sind. Noch vor einem Jahr galten Einwahlgeschwindigkeiten von 14.400 bit pro Sekunde als schnell. Heute wird vielfach das Doppelte erwartet.

Doch nur schrittweise leisten sich die meisten Online-Dienste den Komplettaustausch ihrer zahllosen Knotenpunkte. Hauptsächlich in größeren Städten sind inzwischen 28.800 bps-Verbindungen eingerichtet. Ein Zugriff per *ISDN* ist nur in seltenen Fällen möglich (T-Online ist auf diesem Gebiet der Vorreiter). Die meisten Anbieter konzentrieren sich dafür auf die Bereitstellung möglichst vieler Leitungen an zahlreichen Orten, statt weniger Einwahlpunkte mit maximaler Übertragungsgeschwindigkeit.

Was nützt dem Teilnehmer schneller Datenaustausch, wenn er sich zum Ferntarif einwählen muß? Was nützt ihm eine rasante Verbindungsaufnahme, wenn sie wegen überlasteter Leitungen nicht zustande kommt? An dieses Problem haben sich BBS- und Internet-Anwender gewöhnt. Mitglieder von Online-Diensten erheben hingegen einen Anspruch auf zuverlässige Verbindungen, denn dafür zahlen sie hohe Gebühren.

• Sicherheitsrisiko Paßwort

Sollte es jemandem gelingen, das persönliche Paßwort eines Online-Dienst-Mitglieds in Erfahrung zu bringen, so kann er dort kostenpflichtige Dienstleistungen zum eigenen Vorteil nutzen. Dabei spielt es keine Rolle, ob das Paßwort durch unachtsames Verhalten oder durch kriminelle Fremdeinwirkung einen zweiten Besitzer gefunden hat. Die Online-Dienste haben für die Sicherheit auf diesem Gebiet bisher noch viel zu wenig unternommen.

Weiterhin werden Benutzerkennungen als Datei auf die Festplatte des Eigentümers gespeichert, zu der sich findige Datendiebe Zugang verschaffen können. Die Verwendung angemessen komplizierter Paßwörter bzw. deren regelmäßige Modifikation wird nur empfohlen. Die Gelassenheit, die seitens der Anbieter an den Tag gelegt wird, hat einen Grund: Nicht der Online-Dienst oder die Serviceanbieter haften für die erheblichen Beträge, die dabei abhanden kommen können, sondern der Bestohlene.

• Internet-Orientierung

Fast alle Online-Dienste gehen dazu über, ihren Mitgliedern auch die Nutzung des Internet zu ermöglichen. Dazu gehört der Austausch von *eMail* zwischen Internet und Online-Dienst, Datentransfer (*FTP*) und die Nutzung von *UseNet* (siehe Abschnitt 4.1.1, *Netizens*). Die Einbindung der Internet-Dienste in das bestehende Angebot folgt verschiedenen Konzepten. Anbieter wie T-Online stellen nur eine Navigationssoftware wie *Netscape* zur Verfügung, mit der sich die Teilnehmer weitgehend selbst zurechtfinden müssen. CompuServe integriert immerhin den Zugriff auf *UseNet* und *FTP* in die eigene Benutzeroberfläche. AOL verknüpft daneben sogar Seiten aus dem *World Wide Web* direkt mit eigenen Dienstleistungen. Der Anwender erhält so von Anfang an eine thematisch integrierte Aufstellung des Gesamtangebots von Online-Dienst und Internet.

Grundsätzlich sind die Online-Dienste mit einem eigenen Einstiegspunkt im *WWW* präsent, der beim Wechsel aus dem Online-Dienst automatisch aufgerufen wird. Von dort aus leitet eine Vorauswahl von Adressen den Anwender direkt zu interessanten *World Wide Web*-Seiten weiter. Noch einen Schritt weiter wollen Anbieter wie eWorld oder Europe Online gehen. Voraussichtlich sind sie demnächst vollständig im *WWW* präsent und ermöglichen ihren Mitgliedern den Zugang über einen *Internet Provider* ihrer Wahl.

2.2.4 Interaktives Fernsehen

Das gegenwärtige TV-Programm bietet den Zuschauern nicht ansatzweise jene Interaktivität, also unmittelbar steuernden Einfluß auf Inhalte und deren Gestalt, die viele Teilnehmer des *Infohighways* schon seit langem durch Einsatz des Computers gewohnt sind. Auch mit der Einführung von Fernseh-Umfragen à la TED und sogenannten „interaktiven" Spiele-Shows wie „Hugo" oder „XBase" ändert sich das Bild kaum.[1]

Nun haben (beeindruckt von der Vision eines globalen *Information Superhighways*) Telefongesellschaften, Medienkonzerne, Computerfirmen und Kabelanbieter den „mündigen" Zuschauer[2] entdeckt und engagieren sich mit Blick auf den Weltmarkt für das digitale und interaktive Fernsehen.[3] Dahinter steht zum einen der Wunsch der Telekommunikations-Branche, deren teure Kabel-, Glasfaser- und Satellitennetze endlich besser auszulasten, denn digitale Programme verschlingen Leitungskapazität.[4] Zum anderen beabsichtigen die Anbieter von Inhalten (*Content Provider*), auf diesem Weg Medienerzeugnisse aller Art in neuer Verpackung zu vermarkten.

Die Interaktivität, die dem Teilnehmer hier geboten wird, ist auch in näherer Zukunft noch weitgehend auf das Auswählen zu konsumierender Inhalte beschränkt (Abb. 29). Die Angebote bestehen überwiegend aus Filmen, die sich der Zuschauer vom Fernseher aus nach Bedarf auf den Bildschirm holt (*Video-On-Demand* bzw. *VOD*). Die eigentlichen Pioniere des Interaktiven Fernsehens hatten dem Zuschauer noch weit mehr Freiheiten zugestanden.

---

[1] In den genannten Sendungen von Kabel 1 bzw. ZDF treten maximal zwei TV-Zuschauer gegeneinander an und können innerhalb vorgegebener Computerspiel-Situationen im wesentlichen Links-Rechts-Bewegungen auf dem Bildschirm auslösen; indem sie auf die Tasten ihres Telefons drücken. Das restliche Publikum schaut zu.

[2] Vgl. Pressemitteilung der Kirch-Gruppe: IFA 1995 –BetaTechnik präsentiert „d-box" und digitale Programme, 25.8.1995

[3] Die Digitalisierung von Sendungen wird für marktreife Formen des Interaktiven Fernsehens vorausgesetzt.

[4] Nur eine Minute eines digitalisierten *VHS*-Videofilms erzeugt eine Datenmenge von 4 Millionen Textseiten. Selbst nach Einsatz von Datenreduktions-Verfahren (*Komprimierung*) sind herkömmliche Telefonleitungen damit fast schon überfordert. Vgl. Booz, Allen & Hamilton (Hg.): Zukunft Multimedia. Grundlagen, Märkte und Perspektiven in Deutschland – Franfurt a.M.: IMK 1995.

Grad und Art der Interaktivität	Stufe 0 (keine) Einfache Programmselektion	Stufe 1 (niedrig) Kontrolle über Abspielmodalitäten	Stufe 2 (moderat) Zugriff auf kurze Segmente	Stufe 3 (hoch) Interaktion im Netzwerk	Stufe 4 (voll) Interaktion im Netzwerk u. mit Anderen
Filme	NVOD	VOD	Bestimmen der nächsten Szene	Spezialisierte Dramatik	
Spiele	Steuerung per Telefon	Games-On-Demand	Spiel gegen das System	Wettspiel im virtuellen Casino	Spiel gegen andere Teilnehmer
Live Sport		regionale Sportereignisse auf Abruf	Auswahl der Perspektive, Zeitlupe		
Shopping	Telefonbestellung	Bestellung per *Smart Card*	Elektronische Kataloge	regionale Anbieter verkaufen	
Werbung		Gezielte Spots nach Zusch.Profil		regionale Anbieter werben	Zuschauer-Kleinanzeigen
Telelearning		Spezialisiertes Training	Auswahl von Kursen	Studenten im Diskurs	
Nachrichten	Tickernews		*News-On-Demand* (mit Filter)	Lokalnews mit Zuschauerbeteiligung	
Kommunikation				*eMail, Video Mail*	Videokonferenz in Echtzeit
Zeitspanne (Grauton)	1994-95		1996-98	1999-2004	2005+

Abb. 29: Ausprägungen u. mögliche Entwicklungen von Interaktivität (Vgl. ScreenMultimedia 2/1995, S. 88)

I. Entwicklung

Schon 1932 formulierte Bertolt Brecht seine damals noch an den Rundfunk gerichtete Forderung, dieser müsse sich von einem Distributionsapparat zu einem Kommunikationsapparat wandeln.[5] Erst sechzig Jahre später, im Rahmen der Kunstausstellung Documenta 1992, unternahm eine Arbeitsgruppe des Ponton European Media Art Lab, Hamburg, den Versuch, die Vision vieler Theoretiker zu verwirklichen: Die Aufhebung der Einweg-Kommunikation des Fernsehens.

- Piazza Virtuale, Kassel
  Unter der Bezeichnung „Van Gogh TV" schufen Künstler und Techniker, darunter ehemalige *Hacker*, eine beidseitige Verknüpfung verschiedenster Eingabe- und Ausgabemedien zwischen Zuschauern und Sendeanstalt. Im 3Sat-Kanal (sowie per Satellit auch in anderen Ländern) wurden insgesamt 750 Stunden Beiträge ausgestrahlt, die das Publikum von zu Hause aus live und interaktiv gestaltete.[6] Bislang waren die Zuschauer auf indirekte und zeitversetzte Kommunikation wie Fernsehkritiken, Anrufe oder Post angewiesen, um Einfluß auf das Programm auszuüben. Nun stand ihnen ein direkter Rück-Kanal zur Verfügung, und so konnten sie sich auf der grafischen TV-Oberfläche namens „Piazza Virtuale" kreativ und kommunikativ betätigen.[7]

  Per Analog- oder Bildtelefon riefen Zuschauer in der „Van Gogh TV"-Zentrale an und unterhielten sich gleichzeitig via Fernsehen. Die sogenannte „Media Landscape" reagierte auf Stichwörter von Anrufern und erzeugte daraus eine Komposition aus eintreffenden Nachrichten, Bildern und Gedichten. Weitere Teilnehmer konnten mit den Tasten eines Telefons oder Beepers Multifrequenztöne an die TV-Station senden und damit auf dem Bildschirm „malen", im Konzert mit anderen Musikinstrumente bedienen oder eine bewegliche Kamera fernsteuern. Auch vermeintliches Chaos will strukturiert sein, daher gab es im ständigen Wechsel Programmblöcke zu verschiedenen Themen. Die Benutzerzeit war jeweils auf drei Minuten beschränkt, denn stündlich trafen über 100.000 Anrufversuche ein.[8]

  Parallel zu den laufenden Aktivitäten übertrugen Modem-Anwender ihre tastaturgeschriebenen Kommentare *online* auf die Mattscheibe. Zuschauer-Faxe wurden von einem Scanner aufgenommen und direkt in das Programm eingespeist. Ausgestrahlt wurden schließlich auch Live-Gespräche via Bildtelefon mit Gastteilnehmern aus fast allen Kontinenten. Einschaltquoten-Rekorde konnte das ungewöhnliche Sendeformat erwartungsgemäß

---

[5] Vgl. Seidl, Claudius: Die imaginäre Pizza. In: Der Spiegel –Hamburg: Spiegel-Verlag. 18.5.1992, S. 110.

[6] Vgl. Marshall, Jules: The Medium is the Mission. In: Wired 5/1992. Elektronisch veröffentlicht

[7] Werbung, rassistische oder beleidigende Äußerungen und Pornografie unterlagen allerdings der öffentlich-rechtlichen Zensur (derart aktive Teilnehmer wurden aus der Leitung geworfen).

[8] Vgl. Pardey, Hans-Heinrich: Verlorene Hallorufe über die virtuelle Piazza. In: Frankfurter Allgemeine 14.7.1992.

nicht brechen, doch sahen „Piazza Virtuale" immerhin täglich 300.000 Zuschauer.[9]

Nicht wenige Medienkritiker fragten sich angesichts der zum Teil langweiligen Live-Gespräche und der seltsamen Klang- und Bildschöpfungen, ob denn die Telefontaste aus TV-Konsumenten überhaupt schlagartig TV-Gestalter machen könne.[10] Dem wird man entgegenhalten müssen, daß die Gehversuche der frühen Fotografen anfänglich auch keine bahnbrechenden Ergebnisse, weder auf kommunikativem noch auf künstlerischem Gebiet, hervorgebracht haben. Jedes neue Medium (und sei es die von innen nach außen gekehrte Mattscheibe) muß schrittweise in seinen Möglichkeiten erfaßt werden. „Piazza Virtuale" war als eine Schule gedacht, in der das Publikum mit dem Fernsehen selbsttätig umzugehen lernt.

Doch stand bereits im Vorfeld fest: Dieses bislang ehrgeizigste Experiment auf dem Gebiet des Interaktiven Fernsehens würde auf drei Monate beschränkt bleiben, denn es ließ sich in dieser radikalen Form nicht für ein Massenpublikum vermarkten. Demgegenüber waren die entstandenen Kosten einfach zu hoch. Insgesamt 2,5 Millionen DM hatten die Sponsoren[11] bereitgestellt, von denen einzig die Deutsche Telekom durch ihre Beteiligung direkt profitieren konnte. Neben großer Publicity für die Übertragung per *ISDN*-Verfahren ergaben sich mehr als 1,5 Millionen DM zusätzliche Einnahmen durch Fernsprechgebühren; aus Sicht der Telekom ein schlagendes Argument für die Teilnahme an Pilotversuchen der Wirtschaft, die ebenfalls auf ihr Telefon- und Kabelnetz zurückgreifen (müssen).

• GTE „mainStreet", Boston

In den USA haben kommerzielle Erprobungen von Interaktivem Fernsehen bereits seit Mitte der achtziger Jahre an verschiedenen Orten stattgefunden. GTE „mainStreet" gehört zu den ersten der inzwischen über 30 Projekte und ist immer noch in Betrieb (Abb. 30). Als Initiator von „mainStreet" ging der Telefonkonzern GTE zunächst davon aus, ein riesiges Marktpotential in der Bereitstellung elektronischer Branchenverzeichnisse, Nachschlagewerke und Einkaufsmöglichkeiten mittels Fernsehapparat und Telefon entdeckt zu haben. Tatsächlich hatten die Teilnehmer einer Reihe von Fokusgruppen als Vorteile interaktiver Dienste an erster Stelle die Zeitersparnis beim *Homeshopping* sowie die Möglichkeit zur Bildung und Information genannt. Erst als der Pilotversuch längst im Gang war, ließen die Nutzungsdaten erkennen, daß diese Angebote kaum, Spiele und Unterhaltung hingegen deutlich stärker nachgefragt wurden.

---

[9] Vgl. Blei, Anni: Van Gogh TV. In: DOCmag Nr. 4, Juni 1992, S. 2.

[10] Vgl. Pardey, Hans-Heinrich: Verlorene Hallorufe über die virtuelle Piazza. In: Frankfurter Allgemeine 14.7.1992.

[11] Dazu gehörten u.a.: das österreichische Ministerium für Unterricht und Kunst, die Stadt Hamburg, Electronic Data Systems, Apple Computer, Deutsche Telekom, ZDF und 3Sat.

Abb. 30: Der digitale Programmführer von GTE „mainStreet" (aus: WIRED, 7/1995, S. 152).

In acht Jahren hat das Projekt 40 Millionen Dollar an Investitionen verschlungen und wird –gemessen an der mäßigen Teilnehmerzuwachsrate und der monatlichen Gebühr von etwa zehn Dollar– auch in den nächsten acht Jahren keinen Profit abwerfen. Bis dahin übt sich das Management in Geduld und setzt auf den technologischen Vorsprung. Der soll sich spätestens dann auszahlen, wenn nach eigener Einschätzung ab dem Jahr 2003 die Hälfte aller US-Haushalte über Interaktives Fernsehen verfügen.

Mit Unterstützung des Kabelprogramm-Anbieters Continental Cablevision wurde inzwischen die „mainStreet"-Programmpalette neu positioniert. Im Vordergrund stehen nun Spaß und Spiel. Dazu gehören Quizshow-Konserven aus den siebziger Jahren, die mitten im Verlauf zum Standbild gefrieren, damit der Zuschauer per Fernbedienung die richtige Antwort aus drei eingeblendeten Vorgaben wählen kann, bevor sich der „echte" Kandidat möglicherweise blamiert.[12]

Nicht nur mit Akzeptanzproblemen sahen sich auch andere Feldversuche konfrontiert, sondern mit Hürden technischer Art. Diese haben ihren Ursprung fast immer in den enormen Datenmengen, die allein das digitalisierte Programm verursacht. Die vorhandenen Leitungsnetze –meist Kupfer oder Koaxialkabel– sind noch nicht für komplexe Zweiweg-Interaktion ausgelegt. Daher konnten anfänglich nicht einmal individuell angeforderte Pro-

---

[12] Vgl. Schwartz, Evan: People Are Supposed to Pay for this Stuff? In: Wired 7/1995, S. 150 f.

gramme (*Video-On-Demand*) ohne Zeitverzögerung an die einzelnen Bestimmungsorte gesendet werden.

Aus dieser Einschränkung ergab sich ein Verfahren namens *Near Video-On-Demand* (*NVOD*). Dieser Oberbegriff bezeichnet die massenmediale Ausstrahlung eines Programms auf mehreren Sendeplätzen (*Parallel-TV* bzw. *Multiplexing*). Dies ermöglicht zum Beispiel die gleichzeitige Übertragung einer Veranstaltung aus mehreren Perspektiven, zwischen denen die Zuschauer durch Umschalten wählen können (*Multi-Perspektiv*-Programm). Ebenfalls denkbar, wenn auch eher verschwenderisch, ist die zeitversetzte Ausstrahlung eines Beitrags auf mehreren Sendeplätzen zugleich, so daß sich die Wartezeit bis zum nächsten Starttermin auf kürzere Intervalle reduzieren läßt. Zur Kategorie *NVOD* gehört aber auch der verzögerte Empfang individuell angeforderter Filme.

• TCI, Denver

Für die letztgenannte Methode entschied sich die Tele-Communications Inc. (TCI) während ihres 1991 gestarteten Pilotprojekts in der Nähe von Denver. Der Abonnent konnte dabei seine Fernbedienung auf den TV-Schirm richten und per Knopfdruck das gewünschte Programm aus einer Liste von 1.500 Spielfilmen und 500 weiteren Aufzeichnungen wählen. Das ausgelöste Signal empfing ein auf dem Fernsehapparat plazierter Decoder von der Größe eines CD-Players.

Die sogenannte *Set-Top-Box* besteht im wesentlichen aus einem modifizierten Computer (ohne Bildschirm, Diskettenlaufwerk und Festplatte), mit dem es Besitzern analoger Fernsehgeräte möglich ist, digitale Programme zu empfangen. Häufig enthält die Box einen Schlitz, der den persönlichen Zugangsberechtigungs-Schlüssel aufnimmt. Diese sogenannte *Smart Card* ähnelt in der Regel nicht nur äußerlich, sondern auch von der Funktion her einer Telefonkarte. Mit diesem Abrechnungschip versehen, übernimmt die *Set-Top-Box* die Umwandlung digitaler in analoge Signale. Außerdem steuert sie die Anwender-Oberfläche und die Nutzung des Rückkanals.[13]

Über diesen Rückkanal wurde auch im Falle des TCI-Feldversuchs die Bestellung des Abonnenten an die „Sendezentrale" weitergeleitet. Hier mündete aber die Datenübertragung noch unmittelbar in körperliche Arbeit: Beim Schellen einer Glocke eilten Angestellte auf Roller Skates durch Regale voller Kassetten, suchten das bestellte Band und bestückten damit einen von unzähligen Videorekordern. Bis der Abonnent den Film zu sehen bekam, vergingen etwa fünf Minuten.[14] Erinnerungen an handvermittelte Telefongespräche vom Anfang des Jahrhunderts kommen auf.

---

[13] Vgl. Booz, Allen & Hamilton (Hg.): Zukunft Multimedia. Grundlagen, Märkte und Perspektiven in Deutschland –Franfurt a.M.: IMK 1995, S. 154.

[14] Vgl. Laing, Jonathan R.: Proceed With Caution. In: Barron's 24.10.1994, S. 32.

In dieser Phase des technologischen Aufbruchs versetzte TCI-Chef John Malone mit seiner berühmten Ankündigung, demnächst 500 Fernsehkanäle gleichzeitig via Kabel anbieten zu wollen, die Medienbranche weltweit in Aufruhr.[15] Dabei war die Zahl nur aus der Luft gegriffen. Durch den Einsatz von Datenkompression mit dem Faktor 10 (das heißt praktisch: kaum wahrnehmbare Bildqualitätsverluste) könnte ein Kabelfernsehnetz mit ehemals 75 Kanalplätzen zukünftig genausogut 750 Programme übertragen. Software-Ingenieuren war diese Technik längst bekannt. Doch erst Malones greifbare Metapher von den *500 Kanälen* bewirkte –ähnlich der *Infohighway*-Analogie– jene Aufmerksamkeit in Wirtschaft und Öffentlichkeit, ohne die neue Technologien nun einmal nicht zu vermarkten sind.

Während die Zeitungen zu diesem künstlich erzeugten Thema eine Titelgeschichte nach der anderen herausbrachten,[16] schlossen in aller Hektik Unternehmen der Medien-, Telekommunikations- und Computerbranche Allianzen mit strategisch wichtigen Partnern oder tätigten spektakuläre Aufkäufe, um sich in der bevorstehenden Umbruchphase ihren Anteil an der multimedialen Zukunft zu sichern (Abb. 31). Besondere Aufmerksamkeit wurde dabei den Anbietern von Inhalten (*Content Providers*) zuteil. Durch deren „Vehikel" –Urheberrechte an Magazinen, Filmen, Musik etc.– würde der *Infohighway* gewaltige Summen an „Autobahngebühren" erwirtschaften können, so der allgemeine Tenor.

Bei aller Begeisterung für diese neue Einnahmequelle war den meisten Beteiligten immerhin eines klar: Der Aufbau eines derartigen High-Tech-Fernsehnetzes erfordert ungewöhnlich hohe Investitionen und erhebliche Entwicklungsanstrengungen. Erst durch die Bündelung von Know-How, Marketing und Kapitalressourcen ist der Einstieg in diese neue Medientechnologie zu bewerkstelligen.

Daher gelten bis heute alle Bestrebungen einem Schulterschluß der vier großen „C": *Content, Computer, Communication* und *Cable-TV*. Möglichst aus einer Hand sollen dem Kunden Datenübertragung, Telekommunikation, Dienstleistungen und Endgerät verkauft werden können. Das *Stärken-Schwächen-Profil* eines Unternehmens entscheidet darüber, welche Rolle ihm bei der Verteilung der Aufgaben zufällt.

Telefongesellschaften beispielsweise verfügen gewöhnlich über ein großes Budget[17] und zuverlässige Netzwerke von hoher Komplexität. Auf der anderen Seite basieren viele Leitungen noch auf Kupferdraht. Damit lassen sich –

---

[15] Vgl. Maney, Kevin: Megamedia Shakeout. The Inside Story of the Leaders and the Losers in the Exploding Communications Industry –J. Wiley & Sons (Hg.) 1995, elektronisch veröffentlichter Buchauszug.

[16] So erschienen zum Beispiel Mitte 1993 auf dem TIME-Cover und auf den ersten Seiten des New York Times Magazine und des L.A. Times Magazines Berichte zum Thema *Information Highway* bzw. *500 Channels*. Vgl. Maney, Kevin: Megamedia Shakeout. –J. Wiley & Sons (Hg.) 1995, elektronisch veröffentlichter Buchauszug.

[17] Der Umsatz der lokalen Telefongesellschaften in den USA liegt bei mehr als 100 Milliarden Dollar pro Jahr. Vgl. Laing, Jonathan R.: Proceed With Caution. In: Barron's 24.10.1994, S. 34.

ohne Rückkanal– maximal vier komprimierte Sendungen übertragen; 500 Kanäle sind gänzlich ausgeschlossen. Leider lassen sich die meisten Telefonnetze –insbesondere auf dem riesigen Areal der Vereinigten Staaten– nicht einfach im Handumdrehen auf Glasfaser umstellen. Die hierfür erforderlichen Gelder würden nicht einmal die *Regional Bell Operating Companies (RBOCs)*[18] mit einem Mal ausgeben können.

Partner	Branche	Partner	Branche
Time Warner	Medien	Silicon Graphics	Computer
Time Warner	Medien	*Turner*	Kabel-TV
Time Warner	Medien	Sega	Videospiele
Time Warner	Medien	*AT&T*	Telekomm.
Walt Disney	Film	*ABC*	Fernsehen
Bertelsmann	Medien	Deutsche Telekom	Telekomm.
Bertelsmann	Medien	AOL	Online-Dienst
Bertelsmann	Medien	*Canal+ / CLT*	Fernsehen
Viacom	Medien	*Paramount*	Film
TCI	Kabel-TV	*Microsoft*	Computer
Westinghouse	Elektro/Medien	*CBS*	Fernsehen
GTE	Telekomm.	*Cont. Cablevision*	Kabel-TV
NBC	Fernsehen	Microsoft	Computer
Bell Atl. / BT	Telekomm.	*Oracle / IBM*	Computer
US West / Nynex	Telekomm.	DEC	Computer

Abb. 31: Bedeutende Kooperationen und Fusionen im Zusammenhang mit Multimedia und dem Infohighway (aufgekaufte Firmen sind *kursiv* dargestellt). Die angegebenen Branchen geben nur Schwerpunkte an.

Kabelunternehmen stehen demgegenüber zwar geringfügiger verbreitete, dafür aber hochwertige Netze aus Koaxial-Leitungen zur Verfügung. Damit lassen sich schon jetzt etliche Dienste des *Infohighways* –mit Rückkanal–

---

[18] Die *RBOCs* waren urprünglich Tochterfirmen der Telefongesellschaft AT&T (auch „Ma Bell" genannt). Ein Gerichtsurteil im Jahre 1982 verfügte die Auflösung des AT&T-Monopols auf dem amerikanischen Markt, daher spalteten sich die *RBOCs* („Baby Bells") als eigenständige Unternehmen ab. AT&T mußte sich danach im wesentlichen auf den Ferngespräch-Sektor beschränken (als *Long-Distance Carrier*), während die sieben „Baby Bells" ausschließlich die ihnen zugeteilten Bundesstaaten bedienen dürfen. Vgl. Otte, Peter: The Information Superhighway. Beyond the Internet –Indianapolis: Que 1994, S. 166.

an die meisten Fernsehanschlüsse übertragen. Neben Hunderten von Fernsehprogrammen kommen *Near Video-On-Demand*-Angebote, Sendungen im hochauflösenden Format *HDTV (High Definition Television)*, Telekommunikation per Fernsehapparat und somit selbst die Nutzung von Online-Diensten bzw. Internet in Frage. Außerdem wissen Kabelfernsehanbieter viel besser als Telefongesellschaften, wie Unterhaltungsprogramme gestaltet und vermarktet werden. Andererseits verfügen sie nicht über das dringend benötigte Kapital der Telefongesellschaften.[19] Darüber hinaus fehlt ihnen das Know-How für die Koordination individuell adressierbarer Signale in verschiedenen Netztypen *(Network Switching)* sowie deren Abrechnung.

Eine Zusammenarbeit zwischen den Vertretern dieser unterschiedlichen Branchen liegt auf der Hand, doch der Chef des führenden Kabelanbieters TCI, John Malone, hatte weitergehende Absichten. Er verhandelte mit dem mächtigsten Vertreter der *RBOCs*, Bell Atlantic, über eine 33 Milliarden Dollar schwere Fusion. Mit anderen Worten: Es ging um den größten Firmenzusammenschluß in der amerikanischen Wirtschaftsgeschichte.[20] Aus der Verknüpfung von Telekommunikation und Kabelfernsehen würde ein Medienkonzern neuen –und ausgesprochen bedenklichen– Zuschnitts entstehen, der im Bereich des Interaktiven Fernsehens schlagartig einen nahezu wettbewerbsfreien Raum schaffen könnte. Telefon- und Kabelanschlüsse könnten in Verbindung mit Interaktivem Fernsehen als *Value-Added Service*[21] zu konkurrenzlosen Paketpreisen angeboten werden.

Sehr zur Erleichterung der Mitbewerber, aber auch der Verbraucherschutz-Organisationen scheiterte der Pakt jedoch, als 1994 die amerikanische Medienaufsichtsbehörde FCC *(Federal Communications Commission)* eine Höchstgrenzen-Festschreibung für Gebühren des Kabelfernsehens, verbunden mit einer siebenprozentigen Senkung, verfügte.

Auf Euphorie folgte allgemeine Ernüchterung. Die Rentabilität aufwendiger Fusionen wie TCI / Bell Atlantic wurde damit in Frage gestellt.[22] In der Absicht, einen fairen Wettbewerb beim Bau des *Information Superhighways* zu fördern, bemühte sich zugleich der amerikanische Kongress um eine Deregulierung der Telekommunikations-Branche, um auch den *RBOCs* eine gleichberechtigte Beteiligung am multimedialen Geschäft zu ermöglichen.[23] Seitdem beschreiten amerikanische Kabelanbieter und Telefongesellschaften überwiegend eigene Wege bei der Erprobung des Interaktiven Fernsehens.

---

[19] Die jährlichen Einnahmen der amerikanischen Kabelprogrammanbieter betragen nur 20 Prozent des Umsatzes, den die lokalen Telefongesellschaften im selben Zeitraum erwirtschaften.

[20] Vgl. Kline, David: Align and Conquer. In: Wired, 2/1995, S. 110 ff.

[21] Vgl. Kotler, Philip: Marketing Management, 7th Edition –London: Prentice Hall, S. 469.
Value-Added Service (engl.): Dienstleistung mit Zusatznutzen

[22] Vgl. Maney, Kevin: Megamedia Shakeout. –J. Wiley & Sons (Hg.) 1995, elektronisch veröffentlichter Buchauszug.

[23] Umgekehrt versuchen amerikanische Kabelanbieter, zusätzlich Telekommunikationsdienste anzubieten.

• Microsoft / TCI, Richardson
Nach dem Scheitern der Fusion mit Bell Atlantic suchte die Tele-Communications Inc. technische Unterstützung beim Microsoft-Konzern, der damit gleich auf mehreren Fahrspuren des *Infohighways* vertreten ist (siehe Abschnitt 2.2.3. Online-Dienste, MSN).[24] Der Softwarehersteller entwickelte mit einem Aufwand von 100 Millionen Dollar die sogenannte Microsoft *Interactive Television Platform*; allerdings nicht nur für TCI, sondern auch mit Blick auf alle anderen Interessenten, um damit langfristig einen weiteren Industrie-Standard neben *Windows* zu etablieren.[25] Das Betriebssystem für die Koordination von interaktiven Fernsehprogrammen steuert ein Netz aus Microsoft *Media Servern.* Sie sollen ab 1996 etwa 2.000 Testhaushalte in Richardson, Texas, mit selektierbaren Nachrichten, Filmen, Spielen, Sportübertragungen und *Homeshopping*-Angeboten beliefert werden sollen. Sogar an eine *Video-Mailbox* ist gedacht, ein in die *Set-Top-Box* integrierter Anrufbeantworter, der Gespräche via Bildtelefon bzw. TV-Gerät verarbeiten kann.

Ein weiterer Bestandteil der *Interactive Television Platform* ist die Bedienungsoberfläche für den Endanwender, der *Interactive Program Guide*. In der zurückhaltend gestalteten Programmführung können auch weniger Entscheidungswillige mittels Fernbedienung ein Symbol für „selektives Zappen", den sogenannten *Reactor*, anwählen. Von neun Vorgaben sucht sich der Zuschauer drei Cartoon-Abbildungen aus. Danach bestimmt die Software den weiteren Verlauf des Fernsehprogramms, an dem sich im übrigen Microsoft auch inhaltlich beteiligen will. Die Installation des kostspieligen *Hybrid-Fiber-Coax*-Netzes (*HFC*), einer Kombination aus Koaxial- und Glasfaserkabel, überläßt Microsoft hingegen seinen Partnern.[26]

• Bell Atlantic „Stargazer", Fairfax County
Auch die lokalen Telefongesellschaften Bell Atlantic, Nynex und Pacific Telesis haben auf dem Gebiet des Interaktiven Fernsehens einigen Entwicklungsaufwand investiert und in der wohlhabenden Gegend von Fairfax County, Virginia, einen Feldtest unter dem beziehungsreichen Namen „Stargazer"[27] gestartet. Anfänglich werden dafür die bestehenden Kupferleitungen genutzt. Dies hat aus Sicht der bislang 1.000 Teilnehmer den angenehmen Nebeneffekt, daß Kabelprogramme (anderer Firmen) parallel genutzt werden können; ein Vorteil, den andere Projekte nicht bieten. Andererseits ist die Kapazität der Telefonverbindung derart knapp bemessen, daß nur ein Programm zur selben Zeit zur Verfügung steht, das heißt ein spontanes Wechseln zwischen den Angeboten ist nicht möglich. Immerhin können

---

[24] Daneben plant Microsoft die Installation von 840 Satelliten im Orbit, die weltweites drahtloses Telefonieren mit einem standardisierten Gerät ermöglichen sollen. Vgl. Otte, Peter: The Information Superhighway. Beyond the Internet –Indianapolis: Que 1994, S. 188.

[25] Vgl. Laing, Jonathan R.: Proceed With Caution. In: Barron's 24.10.1994, S. 36.

[26] Vgl. Schwartz, Evan: People Are Supposed to Pay for this Stuff? In: Wired 7/1995, S. 151 f.

[27] engl.: Sterngucker, Träumer

während des Fernsehens noch Anrufe über die Leitung getätigt werden.[28] Insgesamt ist aber der Rückkanal allein auf das Versenden von einfachen Bestellungen beschränkt. Dieses Übertragungsverfahren wird *Asymmetrical Digital Subscriber Line (ADSL)* genannt.

Abb. 32: Die Angebotspalette von Bell Atlantic „Stargazer" ist ausgesprochen übersichtlich (aus: WIRED 7/1995, S. 187)

Nach Eingabe eines vierstelligen PIN-Codes stehen dem „Stargazer"-Teilnehmer vier Kategorien –Unterhaltung, Lernen & Lifestyle, Kids Zone und Marktplatz– zur Verfügung (Abb. 32). Kurze Cartoons kosten 49 Cents, aktuelle Spielfilme knapp 5 Dollar. Mittels Fernbedienung kann der Teilnehmer eine kurze Vorschau anfordern, bevor der kostenpflichtige Teil beginnt (abgerechnet wird wie so häufig per Kreditkarte). In der vollautomatischen Sendezentrale jagen Reihen von *nCube*-Supercomputern die komprimierte Sendung mit 1,5 Megabit pro Sekunde in die Leitung. Ab diesem Zeitpunkt kann der Film zwar angehalten und „vorgespult", jedoch nicht an den Anfang zurückgesetzt werden.

Ab 1996 will Bell Atlantic die Leitungen schrittweise auf Glasfaser umrüsten und eine Breitband-Infrastruktur einrichten. 11 Milliarden Dollar kostet die Umstellung. Angestrebt werden daher zusätzliche Einnahmen durch interaktive Werbung. Der Zuschauer entscheidet dabei vorab über die Zahl der

---

[28] Dies ist bei GTE „mainStreet" nicht möglich. Hier ist ein zweiter Telefonanschluß erforderlich.

gewünschten Unterbrechungen bzw. Einblendungen zwischen zwei Sendungen; davon abhängig ist dann der Preis für bestellte Programme. Für die Teilnahme an Direkt-Marketing-Befragungen via TV-Gerät soll ein Kredit für kostenlose Filmbestellungen gewährt werden.[29]

Abb. 33: Time Warner stellt dem Teilnehmer zehn Bereiche zur Auswahl (aus: WIRED 7/1995, S. 153).

- Time Warner „Full Service Network", Orlando

Handlungsbedarf im Bereich des Interaktiven Fernsehens sieht auch der weltweit mächtigste Medienkonzern, Time Warner.[30] Und so findet unter seiner Leitung seit Ende 1994 in der Entertainment-Metropole Floridas der bislang aufwendigste Test mit inzwischen insgesamt 4.000 Teilnehmern statt: das „Full Service Network". Mit Unterstützung der Telefongesellschaft AT&T kommt eine besonders Vermittlungs-Technologie zum Einsatz, das ATM-Übertragungsprotokoll (*Asynchronous Transfer Mode*). Damit läßt sich eine Zweiweg-Breitbandübertragung per Glasfaser und Koaxialkabel realisieren; langfristig also die Technologie der Wahl für tatsächlich interaktive Dienste.

Doch auch Time Warners Programmkonzeption gestattet den Teilnehmern bisher nur äußerst geringe Einflußmöglichkeiten auf die Inhalte. Mittels Fernbedienung und *Set-Top-Box* kann der Zuschauer das sogenannte *Carousel* (Abb. 33) auf dem Bildschirm rotieren lassen und eine von zehn

---

[29] Vgl. Schwartz, Evan: People Are Supposed to Pay for this Stuff? In: Wired 7/1995, S. 187-191.

[30] Zu seinen Unternehmungen gehören der Time Inc. Verlag, die Warner Brothers Studios und Warner Music Group, der *Pay-TV*-Kanal HBO und verschiedene Kabelsender. Der jährliche Umsatz beträgt 24,1 Milliarden DM. Vgl. Wirtschaftswoche Nr. 50 8.12.1994.

Kategorien anwählen, darunter Spiele, Service, Nachrichten, Bildung, Sport und Filme sowie natürlich Einkaufsmöglichkeiten. Jeder dieser Dienste kann „personalisiert" werden. Individuell angelegte Profile mit Lieblings-Filmgenres suchen automatisch die passenden Angebote heraus. Alte und neue Nachrichten können nach Vorlieben gefiltert und als „Karl Meiers News" gesendet werden.

Besonders stolz ist Time Warner-Chef Gerald Levin auf einen Dienst namens *ShopperVision*. Darin „schiebt" der Teilnehmer via Fernbedienung die Abbildung eines Einkaufswagens durch ein virtuelles Kaufhaus (Abb. 34). Er kann dreidimensional dargestellte Produkte aus den Regalen „nehmen" und mit einer „Lupe" betrachten, in den Wagen legen und an der menschenleeren „Kasse" per Kreditkarte bezahlen.

Die Lieferung der echten Ware erfolgt –gegen 10 Dollar Aufschlag– am selben Tag frei Haus.[31] Angesichts der knappen Margen im Lebensmittelgeschäft stellt sich allerdings die Frage, welcher Supermarkt Interesse daran haben kann, das gesamte Sortiment in 3D-Grafiken wandeln und ständig aktualisieren zu lassen.

Abb. 34: Mit „Shopper's Vision" kann der Konsument virtuelle Packungen aus den Regalen nehmen und genauer inspizieren (aus: Der Spiegel, 9/1995, S. 94).

Die eingesetzte Netzwerk-Infrastruktur nebst 16 Silicon Graphics-Supercomputern hat natürlich ihren Preis. Das Time Warner-Management denkt an einen Monatsbeitrag von 70-80 Dollar. Dies soll sich mit den in den USA üblichen Kosten für *Pay-TV*, Ausleih von Videokassetten und Videospielen decken. Zusätzlich müssen aber noch die *Set-Top-Box* (mindestens 500 Dollar), ein Hewlett Packard 550-Tintenstrahlfarbdrucker

---

[31] Vgl. Madzia, Klaus: „Ständig neu verkaufen". In: Der Spiegel 9/1995, S. 95.

für die Ausgabe von Coupons und eine Atari Jaguar-Konsole (für interaktive Spiele per TV-Gerät) angeschafft werden. Selbst wenn die zukünftigen Teilnehmer die Kosten für all diese Gerätschaften übernehmen, kann das „Full Service Network" nur dann Gewinn erwirtschaften, wenn zusätzlich interaktive Werbung geschaltet wird (siehe „Stargazer").[32]

* Initiativen in Großbritannien

Auch in Europa finden gegenwärtig eine ganze Reihe von Pilotprojekten statt. Sie orientieren sich zumeist am technischen und inhaltlichen Beispiel der amerikanischen Dienste, betonen allerdings insgesamt stärker den Anteil von Informationen (ob diese genutzt werden, ist eine andere Frage). Recht weit fortgeschritten sind die britischen Feldversuche, denn dort herrschen die liberalsten Telekommunikations-Gesetze der Europäischen Union (siehe Abschnitt 3.1 Staatliche Einflußnahme, Internationaler Vergleich).

„TwoWayTV", ein in Oxford gestarteter Dienst von Interactive Network, bringt im wesentlichen nur eine Weiterentwicklung der *Videotext*-Technik zum Einsatz. Dabei werden mittels transparenter Text- und Bildeinblendungen (*Overlays*) laufende Sendungen mit zusätzlichen Informationen ergänzt. Auch an einfachen, „interaktiven" Quizshows nach dem Muster von GTE „mainStreet" können die 400 Haushalte teilnehmen. Im Herbst 1995 soll die nationale Vermarktung erfolgen.[33]

Ehrgeiziger sind demgegenüber die Markttests von British Telekom in Colchester und Ipswich, an denen seit Mitte 1995 etwa 2.500 Haushalte beteiligt sind. Wie im „Stargazer"-Feldversuch kommt auch hier *ADSL*-Technologie zum Einsatz: Auf dem Wege vorhandener Kupferleitungen werden 600 Stunden Reportagen und Serien, 400 Stunden Film, 200 Stunden Musik und 350 Stunden Lernprogramme angeboten.

Die *Set-Top-Box* besteht aus einem modifizierten Apple *Macintosh LC*-Computer. Die Verwaltung der Abrechnung und Bereitstellung von Filmen übernimmt eine Software von Oracle (ein Anbieter von Datenbank-Programmen für Wirtschaftsunternehmen).

Technisch ebenso aufwendig wie das „Full Service Network" von Time Warner ist der Feldversuch von Online Media in Cambridge. Via Glasfaser und *ATM* sollen bis Ende 1995 zirka 1.000 Testhaushalte Zugriff auf interaktive Dienste erhalten, die über eine recht kühl gestaltete Benutzeroberfläche anzuwählen sind (Abb. 35). Zu den Beteiligten gehören Unternehmen der Olivetti- und Acorn Computer-Gruppe, diverse britische Fernsehanstalten, Spielesoftware-Produzenten und der Woolworth-Konzern.

Am weltweit erfolgreichsten verläuft die Einführung von „Videoway" in London und Southampton. Das kanadische Unternehmen Videotron kann bereits auf die Installation von 325.000 *Set-Top-Boxen* in Nordamerika und England verweisen. Nach Angaben des Anbieters nutzen die „Videoway"-

---

[32] Vgl. Schwartz, Evan: People Are Supposed to Pay for this Stuff? In: Wired 7/1995, S. 187.

[33] Vgl. Maaß, Holger, Leo Jacobs, rd Müller, Klaus Rautenberg: Streß am Schirm? In: Screen Multimedia 2/1995, S. 90.

Teilnehmer pro Woche durchschnittlich 5 Stunden für Spiele, 2 Stunden Informationsdienste und vier Stunden *Pay-Per-Channel-* bzw. *Pay-Per-View-*Angebote.[34]

Abb. 35: Der Programmführer von „Online Media" erinnert vom Aufbau her an die Oberfläche von GTE „mainStreet". Allerdings ist die Gestaltung wesentlich nüchterner (aus: Screen Multimedia 2/1995, S. 90).

- Situation in Deutschland

Hierzulande stehen spätestens seit der Internationalen Funkausstellung 1995 gleich mehrere Technologie-Umbrüche bevor. Zu den wichtigsten Veränderungen gehört zunächst die schrittweise Einführung des 16:9-Fernsehformats (*PALplus*), das eine kinogerechte Breitwandproportion der ausgestrahlten Programme gewährleistet. Damit einher geht auch in Deutschland die zunehmende Digitalisierung und damit Komprimierung von Inhalten, wodurch erstens neue Sendeformen wie *Pay-Per-View*, zweitens mehr und vor allem preiswertere Sendeplätze verfügbar werden.

Eine besondere Bedeutung fällt in diesem Zusammenhang der „Familie" der Astra-Satelliten zu, die von der luxemburgischen Société Européenne des

---

[34] Vgl. Maaß, Holger, Leo Jacobs, Bernhard Müller, Klaus Rautenberg: Streß am Schirm? In: Screen Multimedia 2/1995, S. 91.

Satellites (SES) in 36.000 Kilometer Höhe über Europa geparkt wurde.[35] Damit steht den Sendungen der europäischen Fernsehanstalten eine Distributionstechnik großer Reichweite zur Verfügung, die allerdings bislang sehr hohe Kosten verursachte. Daher sollen bis Mitte 1997 drei weitere Satelliten folgen, die bei der Übertragung Digitaltechnik einsetzen. Ein gemieteter Satelliten-Sendeplatz-Verstärker (*Transponder*) stellt nun nicht nur einen, sondern zehn Kanäle zur Verfügung. Alle namhaften Programmanbieter haben sich mit Blick auf die multimediale Zukunft ganze *Transponder*-Bündel gesichert: Die CLT, Muttergesellschaft von RTL und vielen weiteren europäischen Sendern, verfügt zukünftig über knapp 100 Kanäle. Die Kirch-Gruppe[36] kann auf 80 Sendeplätze, Pro 7 bzw. Kabel 1 auf 30 Kanäle zugreifen. ARD und ZDF haben jeweils 10 Kanäle zur Auswahl.[37]

Die öffentlich-rechtlichen Sender wollen so nicht nur die Empfangbarkeit von 3Sat, Arte und Dritten Programmen in allen Haushalten langfristig absichern, sie planen darüber hinaus die Einrichtung von zeitversetzt laufenden Ratgebersendungen und Spartenangebote. Dazu gehören ein Kinderprogramm und ein Doku-Kanal nach dem amerikanischen Vorbild C-Span (Live-Übertragungen politisch und gesellschaftlich relevanter Ereignisse). Außerdem ist ein digitaler Programmführer vorgesehen.[38] Insgesamt sind das Dienste, mit denen sich die Öffentlich-Rechtlichen als seriöse Anbieter von Informationen und kindgerechten Inhalten weiter profilieren können. Eingelöst wird damit der verfassungsrechtlich verbürgte Anspruch auf Erhalt ihrer Konkurrenzfähigkeit gegenüber privaten Anbietern[39] auch im digitalen Zeitalter des Fernsehens.

Die Privatsender werden zunächst überwiegend mit *NVOD*-Angeboten die neuentstandenen Kapazitäten ausfüllen, speziell mit zeitversetzt gesendeten Sportübertragungen und Spielfilmen auf mehreren Kanälen. Die bundesweite Ausstrahlung des bereits per „Astra" gestarteten Einkaufskanals „H.O.T." (Home Order Television) scheiterte allerdings zunächst an der deutschen Mediengesetzgebung. Das 100 Millionen DM teure Gemeinschaftsunternehmen von Pro7 und Quelle wurde von der Direktorenkonferenz der Landesmedienanstalten (DLM) als Rundfunk eingestuft und verstößt damit gegen den Rundfunkstaatsvertrag (siehe Abschnitt 3.3 Staatliche Einfluß-

---

[35] In ihrem Geschäftsbereich nimmt die SES in Europa eine Quasi-Monopol-Stellung ein, da andere Satelliten wie Eutelsat und Kopernikus auf dem wichtigen Direktempfang-Sektor derzeit fast keine Rolle spielen.

[36] Leo Kirch leitet Europas Programmhaus mit den meisten Film- und Serienvorräten und unterhält enge Beziehungen zum italienischen Medienmogul Silvio Berlusconi. Darüber hinaus kontrolliert das Unternehmen die Fernsehsender Sat1, DSF sowie Premiere und besitzt erhebliche Aktienanteile des Axel-Springer-Verlags. Kirchs Sohn Thomas leitet die Sender Pro7 und Kabel1.

[37] Vgl. Pitzer, Sisi: Per Astra nach Digitalien. In: Der Tagesspiegel, 8.9.1995.

[38] Vgl. Bünger, Reinhart: Die ARD als Navigator. In: Der Tagesspiegel, 25.8.1995.

[39] Grundlage hierfür ist das sogenannte Rundfunkgebührenurteil des Bundesverfassungsgerichts vom 22.2.1994. Vgl. Herrmann, Günter: Boden-los. In: epd Nr.12, 15.2.1995, S.3.

nahme, Deutschland). Die Medienjuristen tun sich also hierzulande noch schwer mit der multimedialen Zukunft.[40]

Ort	*Berlin*	*Stuttgart*	*Hamburg*	*Köln Bonn*	*Nürnberg München*	*Leipzig*
Teilnehmer (Verteildienste)	50	max. 4000	1000	100	je 2000	100
Teilnehmer (interaktiv)	50	max. 4000	100	100	je 100	100
Gebiet	City	Großraum	City	offen	Großraum	City
Gepl. Beginn	4 / 94	3 / 95	1 / 95	1 / 95	Mitte 95	2 / 95
Dauer	1 Jahr	1,5 Jahre	1,5 Jahre	1,5 J.	1,5 Jahre	1,5 Jahre
Angebote u.a.	Pay-Per-View (VOD, NVOD), Pay Radio, Homeshopping, Service-On-Demand					zusätzl. MM-Dienste
Verteiltechnik	Koax/ Glasfaser	Koax/ Glasfaser	Koaxial-kabel	Koax/ Glasfaser	Koax/ Tel.netz (ADSL)	Glasfaser OPAL, (ATM)
Rückkanal	Tel.-netz	Koax/ Glasfaser	Tel.-netz	Koax/ Glasfaser	ADSL	OPAL Telefon
Anbieter	Tele-kom, SEL, Pro7, DW, Otto	Telekom, Alcatel-SEL, HP, Bosch, Kirch, Burda, ZDF	Telekom, Bertelsm., Kirch, Bauer, NDR, RTL Otto, IHK Hamburg	Telekom	Telekom, Grundig, Philips, Quelle, BR	Telekom, Land Sachsen, Quelle

Abb. 36: Feldversuche zum Interaktiven Fernsehen in Deutschland (verschiedene Quellen, darunter BMBF: Multimedia –Chance und Herausforderung. Dokumentation, Bonn, März 1995, S. 20)

Davon unbeeindruckt wurden auch in Deutschland seit Beginn 1995 eine Reihe von Pilotprojekten zu Interaktivem Fernsehen gestartet (Abb. 36 Sie alle verlaufen nach ähnlichem Schema: Die jeweiligen Landesregierungen übernehmen einen Teil der Kosten (unter Zuhilfenahme europäischer För-dermittel), die Deutsche Telekom stellt ihre Netze zur Verfügung. Hauptsäch-lich technische Problemstellungen werden untersucht, Fragen der Nutzerak-zeptanz und Marketing-Gesichtspunkte spielen eine eher untergeordnete

---

[40] Vgl. Distelbarth, Tilmann: Verkrusteter Rundfunk. In: Der Tagesspiegel, 30.11.1995.

Rolle.[41] Auch eine gemeinsame Koordination der Feldversuche ist nicht vorgesehen.

Im Gegenteil: Wie in den anderen Ländern werden unterschiedliche Übertragungsprotokolle von *ADSL* bis *ATM* und alle verfügbaren Leitungen von Kupfer bis Glasfaser untersucht. So sehen sich die zukünftigen Diensteanbieter gezwungen, mit Millionenaufwand für jede Plattform eigenständige Verfahren zu entwickeln.[42] Als Folge dieser verwirrenden Planungen ist eine eher abwartende Grundhaltung sowohl von seiten der Inhalteanbieter, als auch der Zuschauer zu konstatieren. Ebenso problematisch sind die zum Teil undurchsichtigen Gesellschafterstrukturen und Finanzierungsmodelle.

Von uneinheitlichem Vorgehen war auch die hiesige Entwicklung der *Set-Top-Box* betroffen. Dabei schien bereits 1994 eine Standardisierung in greifbare Nähe zu rücken. Aber um welchen Preis wäre dies geschehen: Ausgerechnet die Kirch-Gruppe, Bertelsmann und die Deutsche Telekom wollten gemeinsam eine Standard-Plattform für Digitalfernsehen schaffen und das *Pay-TV*-Unternehmen Media Service GmbH (MSG) gründen.

Die drei dominieren den Markt schon jetzt auf ihrem angestammten Terrain (Ausstrahlungsrechte, Medien, Telekommunikation / Kabel). Nun würde ihnen noch die Kontrolle über die technische Infrastruktur des Interaktiven Fernsehens, die dazugehörigen Dienstleistungen sowie Abrechnung und Abonnenten-Verwaltung zufallen. Eine Marktabschottung für andere Wettbewerber wäre die Folge gewesen. Nicht zufällig ähnelte diese „Elefantenhochzeit" dem geplanten Kartell von TCI und Bell Atlantic. Und auch die MSG stieß auf Widerstände von unerwarteter Seite. In einem aufsehenerregenden Schiedsspruch verweigerte die Europäische Wettbewerbskommission der MSG-Gründung ihre Zustimmung.[43]

Nach dem Scheitern ihres Gemeinschafts-Unternehmens befand sich die Kirch-Gruppe mit einer eigenen *Set-Top-Box*-Lösung zunächst auf Konfrontationskurs gegenüber der Multimedia-Betriebsgesellschaft (MMBG), einer hastig gegründeten Arbeitsgemeinschaft aus Bertelsmann, Canal plus, ARD, ZDF, RTL, CLT und Deutsche Telekom, die aber noch der Zustimmung des Kartellamts bedarf.[44] Im Alleingang stellte das Kirch-Unternehmen BetaTechnik auf der Funkausstellung 1995 mit Unterstützung des finnischen Elektronikkonzerns Nokia entwickelte *d-box* vor. Diesen Decoder, der für Kabel- und Satellitenanschluß gleichermaßen geeignet ist, hat BetaTechnik bereits in einer Stückzahl von 1 Million bestellt.[45]

---

[41] Vgl. Booz, Allen & Hamilton (Hg.): Zukunft Multimedia. Grundlagen, Märkte und Perspektiven in Deutschland –Franfurt a.M.: IMK 1995, S. 64.

[42] Vgl. Krause, Gerd: Auffahrten zur Datenautobahn bleiben gesucht. In: VDI Nachrichten, 3.3.1995.

[43] Vgl. Gack, Thomas: Eine Überraschung für die Kritiker. In: Der Tagesspiegel, 11.11.1994.

[44] Vgl. Ohne Verfasser: Der Decoder zum Digital-TV kommt. In: Der Tagesspiegel, 4.8.1995.

[45] Vgl. Pressemitteilung der Kirch-Gruppe: Nokia und BetaTechnik vereinbaren Lieferung von 1 Million digitalen Dekodern, 25.8.1995

	TV-Gerät	*Computer*
Vorteile	• Hohe Marktpenetration • Leichte Bedienbarkeit • Verschiedene Bildschirmgrößen • Sehr gute Bewegtbildübertragung	• Gute Bildauflösung für Text und Grafik • Hohe Penetration nur im Business-Bereich • Interaktivität gewährleistet
Nachteile	• Im Vergleich zum PC schlechte Text- und Grafikdarstellung • Selbst mit Decoder eingeschränkte Interaktivität • Stationäres Gerät	• Im Vergleich zum Fernsehen geringere Verbreitung in Privathaushalten • Multimedia-Anwendungen erfordern Hochleistungs-PC • Relativ hoher Lernaufwand, Schulung
Beispielhafte Anwendungen	• *Homeshopping* und interaktive Werbung mit Bestellmöglichkeit • Filme auf Abruf • Einfache Spiele (z. B. Quiz)	• Interaktives Shopping und Lernen • Abruf und Selektion von Nachrichten und Informationen • Elektronische Kleinanzeigen • Bildtelefonieren

Abb. 37: Unterschiedliche Voraussetzungen für den Einsatz als Multimedia-Endgerät bei Fernseher bzw. Computer (Vgl. Palaß, Brigitta, Anne Preissner-Polte: Odyssee 2001. In: Manager Magazin 7/1994, S. 108 ff.)

Die *d-box* bietet dem Zuschauer nach Darstellung der Entwickler „mehr als andere Dekoder"[46] –gemeint ist die *Mediabox* der MMBG. Neben Fernsehprogrammen der herkömmlichen Art, *Pay-Per-Channel* (Premiere[47]) sowie allen bekannten Ausprägungen des Interaktiven Fernsehens wie *NVOD*, *VOD*, *Homeshopping* und Video-Spielen steht auch eine Schnittstelle für

---

[46] Pressemitteilung der Kirch-Gruppe: Das Dekoderkonzept der BetaTechnik,. 26.8.1995.

[47] Der einzige *Pay-Per-Channel*-Anbieter in Deutschland ist mit nur 1 Million Mitgliedern (3 Prozent der deutschen Fernsehzuschauer) das Schlußlicht im europäischen *Pay-TV*-Markt. Zum Vergleich: In den USA nutzen 28 Prozent kostenpflichtige Kabelprogramme, in Gesamteuropa immerhin noch sieben Prozent. Durch die Kopplung von Premiere mit dem *dBox*-Programm erhofft sich die Kirch-Gruppe (Betreiber von Premiere) den langersehnten Durchbruch. Vgl. Maaß, Holger, Leo Jacobs, Bernhard Müller, Klaus Rautenberg: Streß am Schirm? In: Screen Multimedia 2/1995, S. 93.

Online-Dienste via Kabelübertragung zur Verfügung. Fernseh- und Computerwelten sollen also zusammengeführt werden. Inwieweit dieses Ziel erreicht werden kann, ist jedoch angesichts der disparaten Eigenschaften von Computer und TV-Gerät bzw. PC-Nutzer und *Couch Potatoe*[48] in der jetzigen Phase der Entwicklung sehr zu bezweifeln (Abb. 37). Auch über die Anschaffungskosten herrscht noch Unklarheit.

Für die Orientierung im (Kirch-)Programm stellt die *d-box* eine Benutzeroberfläche namens *Electronic Program Guide* (*EPG*) zur Verfügung, die zusammen mit einer Tochterfirma der holländisch/südafrikanischen *Pay-TV*-Gruppe Nethold entwickelt wurde. Das damit verbundene *Conditional-Access*-System, mit dem die Bedingungen für die Verschlüsselung und Freischaltung kostenpflichtiger Programme sowie deren Abrechnung geregelt wird, beabsichtigte die Beta Technik nach eigenen Aussagen „in neutrale und unabhängige Hände"[49] zu legen. Dennoch verblieben der BetaTechnik noch genügend Möglichkeiten der Einflußnahme, sei es bei der Vergabe der *Set-Top-Box*-Programmplätze an andere Anbieter und deren Plazierung im *Electronic Program Guide* oder durch Schaffung exklusiver Programmpakete.

Als einziger Anbieter in Deutschland sah sich die Kirch-Gruppe im Besitz einer zugegeben fortschrittlichen und lieferbaren Lösung, stand jedoch zugleich einer übermächtigen Allianz gegenüber. Für alle Beteiligten hatte sich eine unangenehme Pattsituation ergeben, und eine Einigung, mit der dem Endkunden die Anschaffung von „Decodertürmen" erspart bliebe, schien lange Zeit ausgeschlossen.

Erst im Dezember 1995 vereinbarten die Kontrahenten auf „neutralem Boden" der Telekom-Zentrale in Bonn die Ausarbeitung eines gemeinsamen Technologiestandards mit betont offener Architektur. Die mit einer Prüfung der beiden Konkurrenzsysteme beauftragte Telekom hatte kurz zuvor verlauten lassen, sie würde sich wahrscheinlich gegen die *d-box* aussprechen (wenig überraschend, da sie zu den Mitgliedern der MMBG zählt). Nun will auch die Kirch-Gruppe der Multimedia-Betriebsgesellschaft beitreten. Als weiteres Mitglied wird die Veba-Gruppe aufgenommen, die in Deutschland über das größte privatfinanzierte Kabelfernseh-Netz verfügt.[50]

Auf breiter Ebene soll nun das sogenannte *Digital Video Broadcasting* (*DVB*), amtlicher Ausdruck für Interaktives Fernsehen, zunächst in Berlin eingeführt werden. Ab 1996 bezieht der bislang auf 50 Haushalte begrenzte Modellversuch schrittweise alle 1,1 Millionen Berliner Kabelanschlüsse ein. Zunächst ist an eine Teilnehmerzahl von 100.000 gedacht, die einen Monatsbeitrag von etwa 10 DM zahlen müßten. Dabei betreibt die Deutsche Telekom ihr digital erweitertes Breitbandkabelnetz, während die veranstalterunabhängige Elektronische Medien- und Forschungsgesellschaft (EMG) des Mittelständlers Wolfgang Wenzel Programmangebote von Dritten ein-

---

[48] engl.: Sofa-Kartoffel; Bezeichnung für den typischen Fernsehzuschauer, der regungslos wie eine Kartoffel von der Couch aus das TV-Programm konsumiert.

[49] Pressemitteilung der Kirch-Gruppe: Das Dekoderkonzept der BetaTechnik. 26.8.1995.

[50] Vgl. Ohne Verfasser: Kirch bleibt im Dorf. In: Der Tagesspiegel, 11.12.1995.

speist. Vorgesehen sind 150 Programme auf 15 Kanälen des Hyperband-Bereichs, vorzugsweise Berliner Inhalte und Anbieter, die im enggewordenen Analognetz keinen Platz finden, daneben auch Online-Dienste. Die Vebacom liefert die Endgeräte und sorgt für die Abrechnung.[51]

Jahr	1994	1996	1998	2000	2002	2004
Ausgaben (in Millionen $):						
Inhalte	15	115	386	1010	2170	3880
Server	67	251	501	855	1440	2440
Liefersysteme	88	354	895	1680	2470	2990
Decoder	29	77	115	175	252	312
Summe:	200	796	1900	3720	6330	9620
Einnahmen (in Millionen $):						
Abonnements	20	123	422	1140	2530	4750
Services	12	117	425	1180	2620	4900
Datenverkehr	1	9	34	96	219	419
Summe:	33	249	881	2020	5370	10100
Verlust / Gewinn:	-167	-547	-1019	-1330	-960	480

Abb. 38: Prognostizierte Ausgaben und Einnahmen der Anbieter von Interaktivem Fernsehen in Europa (Vgl. ScreenMultimedia 2/1995, S. 93)

Inzwischen haben die meisten Branchenvertreter ihre Erwartungen gegenüber einer baldigen Einnahmequelle kräftig zurückgeschraubt. In dieser Erkenntnis bestärkt werden sie durch eine differenzierte Gegenüberstellung der zu erwartenden Vorleistungen und Erträge (Abb. 38). Erst für den Beginn des nächsten Jahrtausends sagt auch das Prognos-Institut ein Nachfragepotential von lediglich 3-4 Millionen Haushalten in Deutschland voraus (unter der Annahme eines ständig wachsenden Bruttoinlandsproduktes). Dies entspricht nicht einmal 20 Prozent der Kabelanschlüsse.[52]

Angesichts dieser gemäßigten Erfolgsaussichten lassen sich die meisten der Anbieter dennoch nicht davon abhalten, ihre einmal begonnenen Feldversuche mit ungebrochenem Eifer voranzutreiben. Die technolologische

---

[51] Vgl. Recke, Martin: MAAB will digitales Fernsehen flächendeckend einführen. In: epd Nr. 31, 22.4.1995, S. 15 f.

[52] Vgl. Schrape, Klaus, Daniel Hürst und Martina Kessler: Wirtschaftliche Chancen des Digitalen Fernsehens. Dokumentation zum Vortrag anläßlich des BLM-Rundfunkkongresses in München –Basel: Prognos AG 13.10.1994, S. 23 f.

Führungsrolle will niemand leichtfertig der Konkurrenz überlassen. Denn langfristig, darüber ist man sich einig, wird das Interaktive Fernsehen den Massenmarkt erschließen. Und da will jeder ganz vorn mitmischen.

II. *Nutzungsvoraussetzungen*

Für den Empfang von Interaktivem Fernsehen ist die Neuanschaffung eines TV-Geräts nicht unbedingt erforderlich. Der vorhandene Apparat erfüllt durch den Anschluß einer *Set-Top-Box* alle wesentlichen Funktionen des Digitalfernsehens. Allerdings wird in Europa zunehmend im *PALplus*-Verfahren gesendet. Immer mehr Sendungen würden auf einem alten Gerät mit störenden Balken am oberen und unteren Rand des Bildschirms empfangen werden.[53] So sehen sich die Kunden genötigt, einen Neukauf zu tätigen, obwohl der vorhandene Apparat vielleicht noch tadellos funktioniert. Hauptsächlich würden sie damit der von Umsatzrückgängen geplagten Unterhaltungselektronik-Branche zu dringend benötigten Einnahmen verhelfen.

Doch nicht einmal Neugeräte verfügen über eine eingebaute *Set-Top-Box*, denn dafür existiert noch kein Standard. Ein passender Decoder muß also in jedem Fall nachträglich angeschafft werden, und der kann deutlich über 1.000 DM kosten.[54] Für wenig mehr würde man bereits einen vollständig interaktiven Personal Computer erstehen können, während die *Set-Top-Box* lediglich die Empfangsbereitschaft für Digitalfernsehen sicherstellt.

Wirklich interaktiv werden die angebotenen Programme auch auf längere Sicht nicht sein. Dies verhindert bereits die Fernbedienung des Decoders, mit der die Zuschauer weiterhin nur Knöpfe drücken können. Erst mit der zusätzlichen Anschaffung von Peripheriegeräten wie Spielekonsolen und Druckern können mehr Funktionen genutzt werden. Wieviel die eigentlichen Dienste dann kosten werden, ist völlig offen. Je nach Serviceumfang des interaktiven Programmführers werden Monatsbeiträge von 10 DM (Telekom, Berlin) bis 100 DM (Time Warner, Orlando) diskutiert, hinzu kommen möglicherweise Abrufgebühren zwischen 1,50 DM und 7,50 DM pro Sendung (Bell Atlantic „Stargazer").

Interaktives Fernsehen, das komfortabel und möglichst ohne Verzögerung zu bedienen sein soll, erfordert neben der Endgeräte-Ausstattung ein Übertragungsnetz mit maximaler Kapazität, das auf dem Hin- und Rückkanal individuell adressierte Signale koordinieren muß. Dieses sogenannte Breitbandnetz (*Switched Broadband Network*) setzt als Medium Glasfaser voraus, doch ist die dafür zu schaffende Infrastruktur nicht immer zu finanzieren. Viele Zwischenlösungen sind geschaffen worden, um Digitalfernsehen auch wirtschaftlich tragfähig zu gestalten. Die folgende Tabelle nennt im Einsatz befindliche Alternativen (Abb. 39).

---

[53] Vgl. Bücken, Rainer: Bei alten Geräten: Balken im Bild. In: Der Tagesspiegel, 2.1.1995.

[54] Für etwa den gleichen Preis versuchte 1984 die Deutsche Telekom, einen Btx-Nachrüstsatz für TV-Geräte zu verbreiten. Der Verkauf verlief bekanntlich äußerst schleppend.

Aufrüstung von	Bezeichnung	Beschreibung	Kosten pro Anschluß in DM
Telefon-netz	Fibre to the Home (FTTH)	-Glasfaser bis zum Endgerät -technologisch optimal -teuer	5.000-8.000
	Fibre to the Curb (FTTC)	-Glasfaser bis zum Kabelverteiler -bevorzugt bei < 50 Haushalten pro km	2.500-5.000
	Hybrid (Glasfaser / Koaxial)	-analoge Basiskanäle mit Rückkanal -Kanäle für komprimiertes *VOD* -bevorzugt bei > 50 Haushalten pro km	2.500-5.000
	Asym-metrical Digital Subscriber Line (ADSL)	-Nutzung digitaler Filter für hohe Bandbreiten in *eine* Richtung (bei 1,5 Mbit/s) -Verwendung von Kupfer-Doppeladern -4 Videokanäle, Telefon, B-ISDN / ISDN -gute Interimslösung	1.000-1.500
	High Bit Rate Digital Subscriber Line (HDSL)	-Bandbreite von 2 Mbit/s über 4 km vom Kabelverteiler zum Teilnehmeranschluß -Zweiweg-Kommunikation -in Deutschland bei 80 % der Anschlüsse nur 3,5 km zu überbrücken	4.000-5.000
Kabel-netz	Asynchron-ous Transfer Mode (ATM)	-Standard für Vermittlung breitbandiger Kommunikation -in Telefon- und Kabelnetzen einsetzbar	k.A.
	Installation eines Rück-kanals in das Kabel	-Zweiweg-Kommunikation durch Nutzung von zusätzlichem Frequenzspektrum -Bandbreite von mehreren Mbit/s -Telefonverbindung per Kabel möglich	k.A.
Satelliten-netz	Inst. eines Rückkanals in Satelli-tennetze	-Nutzung des Telefonnetzes als Rückkanal für Satellitenfernsehdienste -Bandbreite des Rückkanals von Telefonnetz-Kapazität vorgegeben	0

Abb. 39: Technologien für die Installation Multimediafähiger Netzinfrastruktur in privaten Haushalten (Vgl. Booz, Allen & Hamilton (Hg.): Zukunft Multimedia. –Franfurt a.M.: IMK 1995, S. 76)

III. Charakteristika

- Endgerät mit höchster Marktpenetration

  Einen Farbfernseher besitzen in Deutschland 96,4 Prozent (zirka 50 Prozent mit Kabelanschluß), einen Heimcomputer hingegen nur 31,5 Prozent der Haushalte.[55] Auch in anderen Ländern verfügen wesentlich mehr Menschen über ein TV-Gerät. Zunächst erscheint es sinnvoller, sich als Multimedia-Anbieter, der mit kostspielig erstellten Anwendungen Gewinne erzielen will, auf den größeren Markt der Fernsehzuschauer zu konzentrieren.

  Allerdings schrumpft dieser Markt bereits um die Hälfte, wenn das Interaktive Fernsehen sein Publikum per Kabel erreichen soll (Glasfaseranschlüsse sind noch wesentlich seltener anzutreffen). Nachträgliche Vernetzungen sind äußerst aufwendig und amortisieren sich erst nach längerem Einsatz. Die Zahl der zu erwartenden Kunden muß nochmals erheblich reduziert werden, sollte die Verbreitung der für den Empfang erforderlichen *Set-Top-Boxen* nur zögerlich voranschreiten.

  Dies ist zu erwarten, da die Kunden aufgrund von Begriffsbabylonik à la *Pay-Per-View* und *Near-Video-On-Demand* verunsichert und damit zurückhaltend reagieren. Ein Unternehmen, das sich entschließt, diesen Markt zu erobern, benötigt einen langen Atem und eine hohe Kapitaldecke.

- Qualitativ hochwertige Bewegtbild-Übertragung auf Bestellung

  Selbst voll ausgestattete Multimedia-Computer sind momentan nicht in der Lage, hochauflösende Filme auf dem gesamten Monitor darzustellen, geschweige denn aus dem Netz zu beziehen. Auch die Bildschirmgröße des Fernsehers übertrifft in der Regel die handelsüblichen Ausmaße von PC-Monitoren. Hinsichtlich der Übertragbarkeit von Bewegtbild-Programmen ist der TV-Apparat im Zusammenspiel mit der *Set-Top-Box* dem Computer haushoch überlegen, daher ist dies auch die eigentliche Domäne des Interaktiven Fernsehens.

  Mit Angeboten wie *Video-On-Demand* steht dem Zuschauer, der regelmäßig Videotheken aufsucht, eine Alternative zur Verfügung, die in der Tat einige Vorzüge aufweist. Derzeit sind Kunden erstens auf ein Verleihgeschäft in der Nähe angewiesen, zweitens hat dieses nicht immer geöffnet, drittens sind viele Filme nicht vorrätig und viertens müssen die Kassetten pünktlich zurückgegeben werden, anderenfalls sind Aufschläge fällig (außerdem ist ein Zusammentreffen mit dem Nachbarn in der Pornoabteilung für beide Parteien höchst peinlich).

  Mit *Video-On-Demand* kann der Zuschauer –ohne das Haus zu verlassen– aus einer großen Auswahl ständig verfügbarer Filme jederzeit wählen. Die Filme werden direkt auf den Fernsehschirm übertragen. Daher entfallen sowohl Kassettenrückgabe, als auch die Säumnisgebühren, die bisher im-

---

[55] Vgl. Ohne Verfasser: Unterhaltungsbranche hofft auf Multimedia. In: TV Today 13/95, S. 28.

merhin 30 Prozent der Videoverleihumsätze ausmachen.[56] Viele Videover-
leih-Kunden könnte dies durchaus überzeugen, wäre da nicht ein Wermuts-
tropfen: Einerseits kosten die Filme auf diesem Weg teilweise deutlich mehr,
zum anderen wird ein Anbieter wie beispielsweise Time Warner nur wenige
Filme der Konkurrenz-Studios im Programm führen.

- Inkompatible Systeme
  Aus Kundensicht herrscht technologisches Chaos. Verschiedene Netztech-
  niken, auf Kupfer-, Koaxial- oder Glasfaserbasis, stehen meist in Konkurrenz zueinander, anstatt sich zu ergänzen. Ein Standard für die *Set-Top-*
  Box ist ebenfalls noch nicht gefunden. Auch der elektronische Programmführer existiert in unterschiedlichsten Versionen und ist mit den Angeboten
  der Mitbewerber nicht ohne weiteres in Einklang zu bringen.

  Dies hat zur Folge, daß die Inhalteanbieter für jede Programmpalette eigene Formate für ein und denselben Beitrag kreieren müssen. Insgesamt
  erinnert die Situation an die Einführung des Videorekorders, als mehrere
  Kassettenformate (*VHS, Beta, Video 2000*) gegeneinander antraten, um
  unter Mißachtung der Kundeninteressen den jeweiligen Konkurrenten in die
  Knie zu zwingen.

- Hohe Kosten für *Set-Top-Box* und Programmabruf
  Wenn auch gegenüber der Nutzung von Computerdiensten die zeittaktabhängige Telefongebühr entfällt, so ist die Teilnahme am Interaktiven
  Fernsehen noch lange nicht billig. Die Anschaffung einer *Set-Top-Box*, mit
  der man weit weniger anfangen kann als mit einem Computer, wird immerhin zirka 1.000 DM kosten, wobei dieser Preis die gegenwärtigen Pro-
  duktionskosten des Geräts noch nicht einmal deckt.

  Die Anbieter werden gezwungen sein, das fehlende Geld schnellstmöglich
  über Monatsbeiträge und Abrufgebühren einzutreiben. Für die Bestellung
  von zehn Spielfilmen werden geräuschlos 75 DM vom Konto abgezogen
  (siehe Bell Atlantic „Stargazer"). Da wirkt auf einmal sogar der *Pay-TV*-
  Kanal Premiere günstig, der monatlich 45 DM kostet und dafür sein ge-
  samtes Programm ohne Aufschlag zur Verfügung stellt. In Verbindung mit
  einem Videorecorder ist dies bereits eine Form von *Video-On-Demand.*

- Ungewisse Akzeptanz
  Anders als typische PC-Anwender, die technischen Neuerungen wie Online-Diensten und Internet gegenüber generell aufgeschlossener sind, reagieren die meisten Fernsehzuschauer auf Veränderungen der TV-
  Programmpalette sehr zurückhaltend, erst recht in Deutschland, wo Multimedia ganz allgemein noch relativ wenig Anwender gefunden hat. In einer
  Forsa-Umfrage sagten 84 Prozent, sie hätten kein Interesse an noch mehr

---

[56] Vgl. Schwartz, Evan: People Are Supposed to Pay for this Stuff? In: Wired 7/1995, S. 191.

Kanälen. Um Digitalfernsehen zu empfangen, würden sich nur sechs Prozent ein neues TV-Gerät oder einen Decoder anschaffen.[57]

Interaktives Fernsehen wird erst dann angenommen, wenn Preis und Leistung im richtigen Verhältnis stehen. Dessen Funktion muß gegenüber herkömmlichem Fernsehen und anderen Medienerzeugnissen, einen ausgeprägten Mehrwert aufweisen. Den meisten Zuschauern ist der Zusatznutzen immer noch nicht deutlich genug geworden. Immerhin steht den Zuschauern in Deutschland das weltweit beste TV-Programm zu relativ maßvollen Grundgebühren zur Verfügung.

Im übrigen ist Fernsehen immer ein Instrument der Zerstreuung gewesen. Daher zielen die meisten Angebote, die Zeitersparnis versprechen (interaktives *Homeshopping* und *Homebanking* per Fernbedienung), am Kern der Ausgangslage vorbei. Nicht wenige setzen den TV-Apparat inzwischen nur noch als eine Art Radiogerät ein: zur Erzeugung von Hintergrundgeräusch.[58] Das Programm „dudelt" vor sich hin, und niemand schaut richtig zu. Wer von diesen unaufmerksamen Zuschauern wird einen Sinn sehen in einem interaktiven Hintergrundgeräusch? Möglicherweise ist Interaktives Fernsehen von vornherein ein Widerspruch in sich, mit dem der üblicherweise passive Zuschauer wenig anzufangen weiß.

- Eingeschränkte Interaktivität

Vorausgesetzt, es gibt Teilnehmer, die mit dem TV-Gerät interagieren wollen, so werden sie nur wenig Gelegenheit dazu haben. Die Fernbedienung der *Set-Top-Box* bietet nicht ansatzweise jene Funktionalität, die eine Computer-Tastatur und Maus ermöglicht. Eingabe, Manipulation und Übertragung von Texten, Abbildungen usw. durch den Anwender sieht das Interaktive Fernsehen auch in näherer Zukunft nicht vor.

Verglichen mit den nach beiden Seiten offenen Distributionswegen von Internet, Online-Diensten und BBS, ist insbesondere der Rückkanal des Digitalfernsehens nur äußerst eingeschränkt nutzbar. So entsteht der Eindruck einer achtspurigen Gegenfahrbahn, auf der vorgefertigte Medienerzeugnisse in die Haushalte rasen, während für den Rückweg zum Sender nur ein „Kuhpfad" zur Verfügung steht. Wenn die Anbieter dies als Interaktivität interpretieren, dann wird sich selbst aus der Sicht von Zuschauern, die an neuen Sendeformen interessiert sind, schnell Enttäuschung einstellen, obwohl es sich doch gerade bei ihnen um wichtige Multiplikatoren handelt.

- Derzeit keine Möglichkeit zur Kommunikation

Es wird noch lange dauern, bis Fernsehgeräte als allgemein verfügbarer Kommunikationsapparat eingesetzt werden können. Zuvor müßte der Rückkanal mit erheblich höherer Kapazität ausgestattet werden, und dies setzt die flächendeckende Verwendung von Glasfaserleitungen bis zum Anschluß

---

[57] Vgl. AP-Meldung: Mehrheit der Zuschauer gegen mehr Programme. In: Der Tagesspiegel, 6.10.1994.

[58] Vgl. Bünger, Reinhart: Die „Glotze" ist kein Götze. In: Der Tagesspiegel, 8.8.1995.

voraus (*Fiber-To-The-Home*). In großem Rahmen ist diese Vorgehensweise zur Zeit kaum zu finanzieren.

Folglich werden Szenarien, nach denen Scharen von Angestellten (egal ob per „TV-PC" oder mit einem „Computer-Fernseher") ihr Geld als Telearbeiter verdienen, nicht so schnell Wirklichkeit wie ursprünglich erwartet, denn auch sie sind auf einen voll ausgebauten Rückkanal angewiesen. *VideoMail* und Videokonferenzen per Fernsehapparat können aufgrund des hohen Bedarfs an Bandbreite nur langfristig Verbreitung finden.

• Bereitstellung der Inhalte durch den Betreiber

Eine Beteiligung der Zuschauer an den Inhalten des Interaktiven Fernsehens ist schon technologisch ausgeschlossen. Es fehlt an Leitungskapazität, und es fehlen geeignete Eingabemedien wie Tastatur, Scanner, Video usw., mit denen sich zum Beispiel die Teilnehmer des Internet gestalterisch betätigen. Darüber hinaus ist eine Zweiweg-Kommunikation zwischen Sender und Empfänger auch konzeptionell nicht vorgesehen. Elektronische Diskussionsforen wird man im Programmangebot vergebens suchen. Digitalfernsehen bleibt also ein Massenmedium. Neuerdings verteilt es seine Sendungen auf individuelle Anfrage, mehr nicht. Von „mündigen" Zuschauern keine Spur.

• Relativ einfache Handhabung der Angebote

Der reduzierte Umfang an Interaktivität soll eine möglichst große Zahl von Zuschauern, also auch solche, die ihren Videorekorder nicht programmieren können, dazu befähigen, die neuen Dienste zu nutzen. Tatsächlich ist demgegenüber die Verwendung computergestützter Angebote ziemlich kompliziert.

Dies bedeutet aber noch lange nicht, daß tatsächlich jeder Fernsehzuschauer in der Lage sein wird, ein Programm-Menü auf dem TV-Schirm zu steuern, da auch dies bereits vom Ansatz her an die Bedienung von Software erinnert. Zunächst muß die Verwendung von Computern einen deutlich höheren Verbreitungsgrad in der Bevölkerung erreicht haben. Bis dahin wird aber eine erhebliche Zahl von Menschen auch von der Teilnahme am Interaktiven Fernsehen ausgeschlossen bleiben.

• Interaktive Werbung nach Zuschauerprofilen

Bis zum Jahr 2000 rechnet das Büro für Technikfolgenabschätzung beim Deutschen Bundestag (TAB) mit gerade einmal 6 Mrd. DM Umsatz für multimediale Angebote wie Interaktives Fernsehen in Deutschland.[59] Dies ist gegenüber den hohen Vorinvestitionen eine recht geringe Summe, die sich verschiedene Anbieter noch dazu teilen müssen. Kritisch wird es, sollte das Publikum noch einige Jahre auf sich warten lassen bzw. die Dienste nur selten in Anspruch nehmen. Eine Nielsen-Studie gibt zu bedenken, daß

---

[59] Vgl. Booz, Allen & Hamilton (Hg.): Zukunft Multimedia. Grundlagen, Märkte und Perspektiven in Deutschland –Franfurt a.M.: IMK 1995, S. 18.

mehr Programme nicht automatisch zur Nutzung der zusätzlichen Angebote führen.[60] Demzufolge sehen sich viele Anbieter gezwungen, frühzeitig auf Einnahmen durch Werbung zu setzen, die allerdings normalerweise von hohen Einschaltquoten ausgeht. Diesen Gordischen Knoten will man zerschlagen, indem Werbeagenturen zentral gespeicherte Profile angeboten werden, die der Zuschauer mit seiner Auswahl von Lieblingsfilmen, Lieblingsnachrichten usw. angelegt hat. Ein lange gehegter Wunsch der Werbebranche (und ein Alptraum der Datenschützer) ginge in Erfüllung, und dafür wäre sie wohl auch bereit, mehr zu zahlen. Denn statt einer diffusen Menge von Rezipienten könnten TV-Werbespots zukünftig nicht nur Zielgruppen, sondern den „Geschmacksnerv" der Einzelperson erreichen.

• Höhere Sicherheit gegenüber Datenkriminalität

Anbieter und Teilnehmer, die mit Computernetzen wie Internet oder Online-Diensten arbeiten, müssen ständig mit Infiltrationsversuchen bzw. Datendiebstahl rechnen. Noch scheint das Interaktive Fernsehen aufgrund seiner geschlossenen Architektur gegen derartige Angriffe vergleichsweise immun zu sein.

Kriminelle *Hacker* müßten sich auf fremdes Terrain wagen, denn mit codierten Fernsehsignalen haben sich bislang die wenigsten von ihnen beschäftigt. Doch sollten digitale Programme erst einmal in größerem Umfang eingeführt sein, werden sie sicherlich auch von mißliebiger Seite mit mehr Aufmerksamkeit bedacht. Die Schlagzeile kann man sich bereits ausmalen: „15jähriger knackt Videoserver und bestellt auf Kosten anderer 200 Pornofilme."

• *Homeshopping* und *Homebanking* für *Couch Potatoes*

Einkaufskanäle wie QVC oder Home Shopping Channel gibt es in den USA schon längere Zeit. An deren Programm bemängeln jedoch viele Zuschauer, sie müßten stundenlang quälend langweilige *Infomercials* über sich ergehen lassen, bis ein Angebot erscheint, das sie tatsächlich interessiert. Das Interaktive Fernsehen ermöglicht demgegenüber –neben der Abwicklung von Bankgeschäften– auch den gezielten Abruf von Produktinformationen.

Durch Drücken weniger Fernbedienungs-Knöpfe kann der Zuschauer vom Sofa aus virtuelle Kaufhäuser „aufsuchen" und Produkte aller Art bestellen, und zwar rund um die Uhr und an 365 Tagen im Jahr. Die Ware wird entweder per *Mailorder* oder von einem Boten an die Tür gebracht. Das kostet natürlich Aufschläge, und zum Zeitpunkt der Lieferung muß jemand zuhause sein; ungünstig für gestreßte Singles, denen der Dienst doch Erleichterungen bringen soll.

---

[60] Vgl. Maaß, Holger, Leo Jacobs, Bernhard Müller, Klaus Rautenberg: Streß am Schirm? In: Screen Multimedia 2/1995, S. 88.

Trotzdem ist die Handelsbranche durchaus interessiert. Die Öffnungszeiten verlängern sich dramatisch, Kunden aus entfernten Orten können hinzugewonnen werden, und doch müssen dafür keine zusätzlichen Angestellten bezahlt werden. Der Umfang des Warensortiments ist nicht mehr abhängig von Größe und Örtlichkeit der Verkaufsräume (Quadratmeter-Preise spielen keine Rolle). Auch Ladendiebstahl ist praktisch ausgeschlossen, da die Ware nicht in physischer Form angeboten wird. Schließlich ergeben sich interessante Marktforschungsmethoden: Jede Bewegung des Zuschauers im virtuellen Supermarkt kann unauffällig aufgezeichnet und analysiert werden, unabhängig davon, ob er etwas kauft oder nicht.

• Drohendes Abrechnungs-Chaos
Interaktives Fernsehen wird ausgetüftelte Kalkulations- und Koordinationsmechanismen erfordern, sobald Tausende oder gar Millionen von Zuschauern daran teilnehmen. Allein *Homeshopping* würde eine schwindelerregende Zahl von Transaktionen auslösen, und dies unter der gleichzeitigen Berücksichtigung vielfältiger Produkte, Anbieter und Kunden.

Bereits im herkömmlichen Telefonnetz haben sich in letzter Zeit immer wieder fehlerhafte Rechnungen ergeben. Interaktives Fernsehen hat wesentlich komplexere Angebote im Programm als nur Telefongespräche. Sobald sich Anwender veranlaßt sehen, den ausgestellten Rechnungen für Abbuchungen und Bestellungen zu mißtrauen, werden wohl die meisten von ihnen die *Set-Top-Box* wieder vom Fernseher abklemmen.

2.3 Zusammenfassung

Die einzelnen Fahrspuren des *Infohighways* haben auf dem Wege ihrer Entstehung eine Reihe von Eigenschaften entwickelt, durch die sie sich deutlich voneinander unterscheiden. Internet, Bulletin Board Systeme und Online-Dienste setzen zwar (im Gegensatz zum Interaktiven Fernsehen) alle einen Computer nebst Modem voraus, dennoch verfolgen auch deren Anwender jeweils verschiedene Zielsetzungen, die sich wiederum auf die Inhalte auswirken.

Mit technologischen Herausforderungen kommen die Nutzer von Internet und Bulletin Board Systemen am besten zurecht, denn im Durchschnitt gehören sie zu den jüngeren Teilnehmern des *Infohighways*. Sie haben sich das erforderliche Know How für die Bedienung komplexer Software meist selbst erarbeitet oder sogar eigenhändig Anwendungen geschaffen. Besonders das *World Wide Web* ist reich an überraschenden (manchmal auch zweckfremden) Ideen zu neuen Einsatzmöglichkeiten von *Multimedia*. Ohne Abrufgebühren zu verlangen, stellt das akademisch geprägte Internet zugleich einen riesigen Bestand an zusammengetragenen Informationen bereit und ist von hundert Ländern aus erreichbar.

Demzufolge sind die Zugangswege schon heute häufig überlastet, während die Zahl der Anwender weiterhin rapide wächst. Inzwischen bilden sie die größte aktive Teilnehmergruppe aller visuellen Medien. Damit ist ihr Einfluß auf die Entwicklung der Informationsgesellschaft beachtlich.

Skeptisch stehen viele Internet-Teilnehmer der zunehmenden Kommerzialisierung im *WWW* gegenüber. Sie befürchten, daß der Abruf von Internet-Diensten demnächst gebührenpflichtig wird und ehemals engagierte Teilnehmer in Konsumenten verwandelt werden. Gemeinsam mit den BBS-Nutzern setzen sie sich außerdem vehement für den Erhalt der Redefreiheit im Netz ein. Maßnahmen zur Kennzeichnung und Beseitigung von *Cybersmut* haben die Anwender selbst geschaffen.

Speziell in den Bulletin Board Systemen hat sich eine kaum überschaubare und oftmals eigenwillige Subkultur gebildet. Sie entstand nicht aus Initiativen von Forschungslabors, sondern aus der Bevölkerung. Daher werden die untereinander verbundenen Bulletin Board Systeme *Graswurzel-* oder *Bürgernetze* genannt. Themenbereiche wie Technik, Gesellschaftspolitik, Kultur und Hobby gehören zu den Schwerpunkten. Während Anbieter von Anschlüssen für Internet und Online-Dienste eher in Städten zu finden sind, kann ein BBS überall dort, wo Telefonleitungen existieren, mit vergleichsweise geringem materiellen Aufwand eingerichtet und von verstreut lebenden Computer-Anwendern genutzt werden.

Demzufolge spielen in der jeweiligen Landessprache verfaßte Diskussionsbeiträge zu lokalen Themen eine größere Rolle als im Internet oder in Online-Diensten, die sich zumeist an eine internationale Teilnehmerschaft richten. Die Bulletin Board Systeme erfüllen damit eine wichtige Funktion bei der Verbreitung computergestützter Kommunikation auch außerhalb von Ballungsgebieten und englischsprachigen Nationen. Zudem ist der monatliche Beitrag für die Nutzung eines BBS preiswert oder entfällt sogar ganz.

Kostenlose Internet-Anschlüsse stehen in der Regel nur Universitätsangehörigen zur Verfügung. Einige Vereine kümmern sich zwar um preiswerte Zugangsmöglichkeiten, doch meistens müssen nichtakademische Teilnehmer auf kommerzielle *Internet-Provider* zurückgreifen, zu denen auch Online-Dienste gehören.

Die Anwender von Online-Diensten bilden die größte Teilnehmergruppe des *Infohighways*, die für den Abruf von Informationen und Dienstleistungen Geld bezahlt. Wie auch die meisten Internet- und BBS-Teilnehmer müssen sie zusätzlich für die Gebühren aufkommen, die bei der Nutzung der Telefonleitung anfallen. Unter dem Strich zahlen Mitglieder von Online-Diensten am meisten.

Dafür gestaltet sich die Beschaffung, Installation und Handhabung der Software gegenüber BBS- und Internet-Lösungen wesentlich komfortabler. Online-Dienste werden deshalb von Berufstätigen in höheren Positionen bevorzugt eingesetzt, da sie nicht über genügend Zeit bzw. Interesse verfügen, sich mit unnötig komplizierten Bedienungsvorgängen auseinanderzusetzen. Das verfügbare Kommunikations-, Dienstleistungs- und Informationsangebot zeichnet sich dementsprechend durch eine relativ leicht zugängliche und professionelle Aufbereitung aus. Einen vergleichbar ausgeprägten Kundendienst bieten weder Internet noch BBS. Dennoch setzen auch Online-Dienste ausgeprägte Computer-Kenntnisse voraus.

Elektronische Foren und themenspezifische Konferenzen, an denen regelmäßig Experten teilnehmen, werden in Online-Diensten grundsätzlich moderiert und verlaufen in relativ geordneten Bahnen. Die Diskussionen in Bulletin Board Systemen und im Internet sind manchmal chaotischer, nicht selten jedoch geistreicher. In zunehmendem Maße berücksichtigen die Angebote der Online-Dienste neben einer im allgemeinen internationalen Ausrichtung auch lokale Interessen. Damit sollen Teilnehmer gewonnen werden, die sich in englischer Sprache nicht ausdrücken können bzw. wollen.

Das Interaktive Fernsehen stellt in mehrfacher Hinsicht eine Sonderform des *Infohighways* dar. Als einzige Fahrspur befindet es sich noch weitgehend in der Erprobungsphase, während Internet, BBS und Online-Dienste bereits lange im Einsatz sind. Der Teilnehmer benötigt für das Digitalfernsehen keinen Computer und auch kein Modem. An deren Stelle tritt das zumeist bereits vorhandene TV-Gerät, eine spezielle Fernbedienung und eine *Set-Top-Box*.

Gegenüber Datendiebstahl und -mißbrauch durch kriminelle *Hacker* ist der TV-Zuschauer derzeit wesentlich besser abgesichert als alle anderen Teilnehmer des *Infohighways*. Stattdessen muß er darauf gefaßt sein, daß persönliche „Datenschatten", die sich aus der Programmnutzung bzw. Teilnahme am *Homeshopping* ergeben, durch den Anbieter zentral gespeichert, weitergegeben und analysiert werden können. Auch fehlerhafte Rechnungen für Abbuchungen werden mit steigender Teilnehmerzahl wahrscheinlicher.

In der Hauptsache kann der Zuschauer nach eigenen Wünschen Spielfilme und Reportagen entweder unmittelbar oder zeitverzögert empfangen (*Video-On-Demand* bzw. *Near-Video-On-Demand*). Darüber hinaus sind keine nennenswerten Formen der Interaktivität, Kommunikation oder Beteiligung an den Inhalten vorgesehen. In computergestützten Diensten hingegen sind sie elementare Bestandteile der Angebotspalette.

Die relativ einfach gehaltene Funktionalität soll möglichst viele Zuschauer, die vor der Komplexität eines Computers zurückschrecken, dazu befähigen, das Interaktive Fernsehen zu nutzen. Auch damit wird aber eine nicht zu unterschätzende Zahl von Teilnehmern wenig anfangen können, denn schon die Orientierung im elektronischen Programmführer setzt Kenntnisse der Menüsteuerung voraus. Außerdem ist die Nutzung des Interaktiven Fernsehens eine kostspielige Angelegenheit.

3 Staatliche Einflußnahme

Der Wandel zur Informationsgesellschaft wird einschneidende Veränderungen mit sich bringen. Dies verpflichtet die Regierungen in aller Welt, die notwendigen Weichen zu stellen und auf nationaler und globaler Ebene Verkehrsregeln für den *Infohighway* zu schaffen. Die wichtigsten Problemkreise und Initiativen in den Industrienationen beleuchtet dieses Kapitel.

3.1 Internationaler Vergleich

3.1.1 Vereinigte Staaten

In einer Rede vor Wirtschaftsvetretern im September 1993 zeichnete Vizepräsident Al Gore das Bild eines *Information Highways*, an den bis zum Jahr 2000 alle amerikanischen Schulen, Büchereien und Kliniken angeschlossen sein könnten.[1] Seine Worte riefen Erinnerungen wach an jene Rede, in der Kennedy vom Aufbruch zum Mond gesprochen hatte. Al Gore nutzte die Geste der *Symbolic Leadership*, um die Wirtschaft zu neuen Höchstleistungen zu ermutigen. Damit sollte die Führerschaft der USA vor allem im zukünftig ausschlaggebenden Bereich der Kommunikation und Information gefestigt werden. Dies war auch einer der Grundpfeiler des Präsidentschafts-Wahlkampfes von Bill Clinton gewesen.

Die Europäische Gemeinschaft hatte bereits seit den achtziger Jahren den Aufbau hochentwickelter Informationsinfrastrukturen gefördert. Besonders in Frankreich, Deutschland und in Skandinavien war insbesondere der Ausbau von Glasfaser- und Koaxialnetzen sehr weit vorangeschritten (die Deutsche Telekom unterhält das weltweit dichteste Kabel- und Glasfasernetz[2]). Auch die Clinton-Administration sah in der konsequenten Weiterentwicklung der Kommunikationstechnologien einen Wachstumsmotor für die Wirtschaft und leitete im September 1993 ein rechtliches und finanzielles Maßnahmepaket zur Schaffung einer „National Information Infrastructure" (NII) in die Wege.[3] Dies ist seitdem die offizielle Bezeichnung für den *Information Superhighway*.

Festgelegt ist darin zunächst die Unterstützung von NII-relevanten Investitionen aus der Privatwirtschaft auf dem Wege angemessener Steuer- und Normierungspolitik. Daneben stellt die Regierung eine jährliche Summe von 1,2 Milliarden Dollar in einem Zeitrahmen von 10 Jahren bereit. Unmittelbar finanziell gefördert werden aber im wesentlichen nur Anwendungen in den Bereichen Gesundheit, Bibliotheken und Schulen. Die verbleibenden Kosten für die Einrichtung einer interaktiven, benutzerorientierten Netzwerk-Infrastruktur mit geeigneten Anwendungen schätzen Experten auf 50 bis

---

[1] Vgl. Ehrhardt, Johnnes: Transatlantische Kooperation. In: iX 9/1994, S. 54.

[2] Vgl. Booz, Allen & Hamilton (Hg.): Zukunft Multimedia. Grundlagen, Märkte und Perspektiven in Deutschland –Franfurt a.M.: IMK 1995, S. 23.

[3] Vgl. Ehrhardt, Johnnes: Transatlantische Kooperation. In: iX 9/1994, S. 54.

100 Milliarden Dollar.[4] Diese Investitionsanstrengung soll die amerikanische Wirtschaft erbringen. Mehrere Reden des Vize-Präsidenten waren erforderlich, um sie von diesem Konzept zu überzeugen.

Die Regierung sieht sich weniger als Investor, sondern vielmehr als Koordinator. Daher bildeten amerikanische Spitzenbeamte und Wirtschaftsführer eine Kommission („Advisory Council on the NII"). Um die Ziele der NII schnellstmöglich in die Praxis zu überführen, wurde in gemeinsamen Beratungen eine „Agenda for Action" verabschiedet. Sie enthält die folgenden Eckpunkte:

a) Deregulierende Maßnahmen

- Ermutigung zu Privatinvestitionen für NII und Förderung von Wettbewerb durch Aufhebung regulativer Bestimmungen im Kommunikationsbereich:

  - Kabelgesellschaften sollen am lokalen Telefondienstgeschäft teilhaben
  - Telefongesellschaften dürfen in Zukunft lokale Kabeldienste anbieten
  - Öffnung der Ferngesprächsübertragung für lokale Telefongesellschaften
  - Freigabe von Radiofrequenzen, die bisher dem Staat vorbehalten waren

b) Regulierende Maßnahmen

- *Open Access:* Gewährleistung eines diskriminierungsfreien Zugangs zu Einrichtungen der NII für Kunden und Diensteanbieter
- *Universal Access:* Aufrechterhaltung und Ausbau eines Zugangs für alle Diensteanbieter und potentiellen Teilnehmer, um die Spaltung der Gesellschaft in *Infoelite* und *Infoproletariat* zu vermeiden
- Regelung von Netzbenutzungsgebühren und deren Kontrollierbarkeit
- *Standards:* Gewährleistung von einheitlichen Lösungen für Netzverknüpfung und Dienste
- Sicherung der Netze vor unbefugtem Fremdzugriff
- Öffentlicher Zugang zu Regierungsinformationen
- Bestimmungen zum Datenschutz[5]

Die Clinton-Administration ließ es aber nicht bei dieser Aufstellung verbindlicher Richtlininien bewenden, sondern suchte unverzüglich den Dialog mit sachverständigen Mitgliedern der Bevölkerung. Am 1. Juni 1993 erschien im Internet die folgende *eMail*-Nachricht:

---

[4] Andere Schätzungen gehen inzwischen von über 200 Milliarden Dollar aus. Vgl. Laing, Jonathan R.: Proceed With Caution. In: Barron's 24.10.1994, S. 31.

[5] Vgl. Booz, Allen & Hamilton (Hg.): Zukunft Multimedia. Grundlagen, Märkte und Perspektiven in Deutschland –Franfurt a.M.: IMK 1995, S. 125.

THE WHITE HOUSE

Office of Presidential Correspondence: For Immediate Release. June 1, 1993

LETTER FROM THE PRESIDENT AND VICE PRESIDENT

IN ANNOUNCEMENT OF WHITE HOUSE ELECTRONIC MAIL ACCESS

Liebe Freunde,

zu unserem Streben nach Wandel gehört, daß das Weiße Haus Schritt hält mit der modernen, sich wandelnden Technologie. Da wir an der Schwelle zum 21. Jahrhundert stehen, brauchen wir eine Regierung, die Wege aufzeigen kann und mit gutem Beispiel vorangeht. Heute freuen wir uns, ankündigen zu können, daß zum ersten Mal in der Geschichte das Weiße Haus über elektronische Post mit Ihnen verbunden ist. Über elektronische Post wird diese Präsidentschaft und die Administration enger mit den Menschen in Verbindung kommen und für sie leichter zu erreichen sein. [...][6]

Infolge der „Agenda for Action" wurde der Bevölkerung[7] also nicht nur die Verfügung über elektronisch veröffentlichte Regierungsdokumente zugesichert. Nun bestand auch die Gelegenheit, über deren Inhalt auf informierter Ebene sowohl untereinander, als auch mit Repräsentanten der Regierung und dem Präsidenten zu diskutieren. Zusätzlich richtete das Weiße Haus eine eigene *HomePage* im *World Wide Web* ein und ermöglichte damit allen Internet-Benutzern eine komfortable Handhabung der verfügbaren Dienste (Abb. 40). Die Nachfrage war von Anfang an enorm.

In der eigens eingerichteten *eMail*-Stabsstelle der Clinton-Administration durchliefen die Hunderttausenden von Diskussionsbeiträgen und Anfragen zunächst einen harten Filterungsprozeß. Aus Gründen der Vertraulichkeit erfolgten die Antworten des Weißen Hauses obendrein auf dem Postweg. Diese Unbequemlichkeiten nahmen die Internet-Teilnehmer aber gern in Kauf, um aktiv zur politischen Meinungsbildung beizutragen. Anlässe gab es genug. Als selbst Betroffene beschäftigte sie insbesondere die Entwicklung des *Infohighways*.

Zu den geäußerten Kritikpunkten, die nicht selten Änderungen in der Haltung der Regierung bewirkten, gehörte beispielsweise die Frage, wie die Regierung den Widerspruch zwischen Deregulierung und Verpflichtung zum *Universal Access* aufzulösen gedenkt. Ebenfalls bemängelt wurde, daß in weitaus stärkerem Maße der Ausbau der Breitbandnetze vorangetrieben wurde als die Bereitstellung geeigneter Inhalte.

---

[6] Vgl. Rheingold, Howard: Virtuelle Gemeinschaft. Soziale Beziehungen im Zeitalter des Computers –Bonn: Addison-Wesley 1994„ S. 118 ff.

[7] Bevölkerungsmitglieder, die über keinen Computer verfügen, können die Dienste in öffentlichen Bibliotheken in Anspruch nehmen.

Abb. 40: Professionell wie ein kommerzieller Online-Dienst präsentiert sich das Weiße Haus im *World Wide Web*.

Auf besonders heftigen Widerstand stieß aber die Absicht der Regierung, alle Hersteller von Telekommunikations-Geräten zu verpflichten, zukünftig den sogenannten *Clipper Chip* als Bauteil zu integrieren. Auch Anbieter von Online-Diensten sollten eine Software-Variante namens *Capstone* verwenden. *Clipper Chip* und *Capstone* seien dazu vorgesehen, Anrufe und Datenübertragungen vor Angriffen durch *Hacker* zu schützen, so die Regierung. Doch dies war nicht die ganze Wahrheit: FBI und die National Security Agency würden im Besitz eines „Geheimschlüssels" sein, der ihnen jederzeit die Möglichkeit zum Abhören aller Datenleitungen erlaubt.[8]

Die sogenannte *Backdoor*-Funktion sollte eigentlich dem Schutz der Nationalen Sicherheit dienen, um beispielsweise gegen Terroristen und Drogenhändler vorgehen zu können. Nicht nur die Internet-Teilnehmer sahen jedoch die Gefahr unzulässiger Überwachungsmethoden nach dem „Big Brother"-Vorbild. Angesichts der massiven Proteste zog die Regierung ihr Vorhaben zurück.[9]

Spätestens jetzt war die Vision einer netzgestützten, unmittelbaren Beteiligung der Bevölkerung an politischen Entscheidungen in aller Munde.

---

[8] Vgl. Otte, Peter: The Information Superhighway. Beyond the Internet -Indianapolis: Que 1994, S. 202-203.

[9] Vgl. Ohne Verfasser: Administration Backs Off Clipper Chip. C/S Media Daily, 21.7.1994. Elektronisch publiziert.

Cyberdemocracy lautete das Schlagwort. Daneben hatten sich der Präsident-schaftskandidat Ross Perot und der Republikaner Newt Gingrich sogar für die Einrichtung virtueller Rathäuser (*Electronic Town Halls*) ausgesprochen, in denen die Bürger per Knopfdruck politische Entscheidungen fällen dürfen. *Hyperpluralismus* nennen dies die Kritiker. Sie warnen vor einem weiteren Machtgewinn durch Vertreter von Einzelinteressen.[10] Schon durch den zunehmenden Einfluß von Leser- bzw. Zuschauerbefragungen sowie *Talk Radio*-Sendungen sei eine an der Gemeinschaft orientierte Politik nahezu undurchführbar geworden. In der Tat können Lobbyisten durch elektronische Nachrichtenübermittlung noch effektiver als bisher Kampagnen durchführen und damit zusätzliches Gewicht erlangen, erst recht, wenn eines Tages Volksentscheide per Netzwerk in Mode kommen sollten.[11]

Der republikanische Abgeordnete James Exon eröffnete ein weiteres kontroverses Kapitel staatlicher Einflußnahme auf die Entwicklung des *Info-highways*. Im Zuge der behördlichen Bemühungen, das veraltete Medienrecht (Communications Act of 1934) an die technischen Veränderungen anzupassen, trug Exon den sogenannten „Communications Decency Act" in die Debatte.[12] Zu den Kernaussagen seines Gesetzesentwurfs (auch als „Exon Bill" bekannt) gehört die Forderung, künftig alle Anbieter von Datendiensten mit hohen Geld- bzw. Gefängnisstrafen zu belegen, sollten sich mit deren Kenntnis Texte oder Bilder in ihrer Themenpalette befinden, die als nicht jugendfrei einzustufen sind.[13] Da die meisten der Teilnehmer und Betreiber von Online-Diensten, BBS und Internet durchaus nicht gewillt sind, sich durch diesen „Gummiparagraphen" jede Form von freizügiger Diskussion verbieten zu lassen, um sich fortan nur noch in kindgerechter Sprache auszutauschen, wurden mehrere Gegeninitiativen gestartet.

Eine Software namens *SafeSurf* eröffnet besorgten Müttern und Vätern die Möglichkeit, ihre Kinder durch vorgeschaltete Filter von entsprechend gekennzeichneten Bereichen fernzuhalten, wenn diese den elterlichen Computer mitbenutzen. Nur die Erwachsenen haben vollen Zugriff auf alle Bereiche. Außerdem wurde eine Arbeitsgruppe namens *CyberAngels* ins Leben gerufen, die kriminellen Veröffentlichungen und Formen persönlicher Belästigung mit Mitteln der Datentechnik entgegentritt und ggf. die Bundesbe-

---

[10] Vgl. Wright, Robert: Hyper Democracy. In: Time Magazine 23.1.1995, S. 53-58.

[11] Am Beispiel Italien zeigt sich, daß schon „herkömmliche" Massenmedien im Rahmen von Plebisziten mißbraucht werden können. Die Wähler sollten darüber entscheiden, ob der Ex-Regierungschef und „Medienzar" Silvio Berlusconi per seiner TV-Sender abgeben müsse. Nachdem die Programme seines Privatsender-Monopols mit Mitteln der Propaganda für die Ablehnung des Referendums geworben hatten, fiel das Ergebnis zugunsten von Berlusconi aus,. Vgl. Scheidges, Rüdiger: Krönung per Fernbedienung. In: Der Tagesspiegel, 13.6.1995.

[12] Vgl. Thomas, Jim und Gordon Meyer (Hg.): Government & Net Censorship. In: Computer Underground Digest (CuDigest) Vol. 7, Nr.89 12.11.1995. Elektronisch veröffentlicht.

[13] Exon Debate on Senate Floor. Congressional Record from June 14, 1995. Elektronisch veröffentlicht.

hörden informiert. Ob die Durchsetzung massiver Zensurvorschriften damit aufgehalten werden kann, ist gegenwärtig offen.

3.1.2 Japan

Die Furcht westlicher Industrienationen vor einer unaufhaltsamen globalen Dominanz japanischer Konzerne liegt noch gar nicht so lange zurück. Anlaß hierfür waren die äußerst erfolgreichen Bemühungen der Japaner, durch hohe Produktivität besonders im Bereich der Automobil-, Computerchip- und Unterhaltungselektronik-Branche die Mitbewerber hinter sich zu lassen. Mehr und mehr scheinen sich nun die gewinnträchtigsten Märkte auf den Informations- und Kommunikationssektor zu verschieben. Auf diesem Gebiet ist aber die japanische Nation im internationalen Vergleich unterlegen, und zwar mit einem Rückstand von mehreren Jahren.

Mit Blick auf die NII-Pläne der US-Regierung sah sich die japanische Regierung gezwungen, ebenfalls einen Maßnahmekatalog zu erstellen. Danach gehört der flächendeckende Ausbau des gegenwärtig rudimentären Glasfasernetzes bis zum Jahre 2010 zu den wichtigsten Vorhaben. Aufgrund dieser Initiative erwartet das japanische Ministerium für Post und Telekommunikation (MPT) bis dahin 2,4 Millionen neue Arbeitsplätze und die Erschliessung eines Marktes mit dem dreifachen Umfang der japanischen Automobilindustrie. Die Glasfaser-Vernetzung soll wiederum die Privatwirtschaft übernehmen. Angesichts der Kosten von schätzungsweise 500 Milliarden Dollar hat das Ministerium in entsprechendem Umfang zinslose Kredite zugesichert.[14]

Verschiedene Wettbewerbseinschränkungen behindern jedoch die zügige Umsetzung der Pläne. So muß sich die Nippon Telegraph & Telephone Corporation (NTT) mit ihrem Quasi-Monopol im Telekommunikationsmarkt begnügen und darf sich nicht auf dem Multimediasektor betätigen. Kleineren, örtlichen Anbietern ist es aufgrund der „Local Capital Rule" untersagt, sich in ganz Japan zu engagieren. Zwar sind in der Gesetzgebung seit Ende 1993 Liberalisierungstendenzen zu beobachten, doch die Umsetzung scheitert noch vielfach an Widerständen aus Verwaltung und Wirtschaft, die insbesondere das Eindringen ausländischer Firmen verhindern wollen. Vielfach blockiert die NTT den Zugang zu ihren Netzen.[15]

Auf Schwierigkeiten bei der Durchsetzung von Genehmigungsverfahren stießen beispielsweise die Bemühungen des amerikanischen Kabelanbieters TCI, gemeinsam mit der japanischen Firma Sumitomo Trading House ein

---

[14] Vgl. Schenker, Jennifer: No Turning Back. In: Communications Week International, 26.9.1994, S. 12.

[15] Schwab, Uwe: Der Information Highway und seine Bedeutung für das Elektronische Publizieren in Zeitungs- und Zeitschriftenverlagen. Diplomarbeit Fachhochschule Darmstadt, Fachbereich Information und Dokumentation, 1.6.1995. Elektronisch publiziert.

Netz für Interaktives Fernsehen aufzubauen.[16] Außerdem bestehen unterschiedliche Auffassungen über die Wahl der Netz-Technologie zwischen dem MPT und dem mächtigen Ministry for International Trade and Industry (MITI), die sich beide für zuständig halten. Im Gegensatz zu den Plänen des Ministers für Post und Telekommunikation favorisiert das Handelsministerium eine Kombination aus Koaxial- und Glasfaserleitungen (*Hybrid*-Netz).

Japan steht zukünftig vor einem gesellschaftlichem Dilemma. Der weitere ökonomische Erfolg ist abhängig von der Verbreitung von netzbasierten Anwendungen. Zugleich geht aber die subtil praktizierte Kontrolle der japanischen Führung über die Außenkontakte der Bürger verloren, sobald die Netze für weite Teile der Bevölkerung geöffnet werden. Große Umwälzungen in der japanischen Kultur sind zu erwarten: Wie soll man sich *online* verbeugen, wie seine Augen abwenden, was geschieht mit der japanischen Schrift? Umgekehrt wird sich aber auch das Netz nicht unbeeinflußt von japanischen Gebräuchen weiterentwickeln.

3.1.3 China

Trotz großer Vorbehalte gegenüber den damit verbundenen Einflüssen westlicher Kultur sucht auch Peking Anschluß an den *Infohighway*. Das dirigistische Regime sieht sich aus wirtschaftlichen Gründen gezwungen, mit der weltweiten Entwicklung Schritt zu halten und will in den nächsten sechs Jahren insgesamt 43 Milliarden Dollar investieren, um ein modernes Telekommunikationsnetz aufzubauen.[17] Im Mai 1994 richtete die Wissenschaftsakademie den ersten chinesischen Internet-Anschluß ein, den allerdings bisher nur Angehörige von Universitäten, Forschungsinstituten und anderen staatlich geförderten Institutionen in Anspruch nehmen konnten.

Nun sollen nach dem Willen der Führung in Peking auch Geschäftsinhaber und einige Zeit später sogar Privatpersonen die Erlaubnis zur Internet-Nutzung erhalten. Zu diesem Zweck wurden bereits in Zusammenarbeit mit der amerikanischen Telefongesellschaft Sprint zwei breitbandige Fernverbindungsleitungen gelegt. Seit Mitte 1995 bietet das chinesische Ministry of Post and Telecommunications kommerzielle Internet-Verbindungen an.

Wegen der intensiven Kontaktmöglichkeiten mit Internet-Teilnehmern westlicher Prägung muß sich die Regierung allerdings kaum Sorgen machen. Viel zu wenige Bürger werden die Dienste auch tatsächlich nutzen können, denn selbst in den städtischen Gegenden Chinas beträgt das durchschnittliche Jahreseinkommen umgerechnet nur 375 Dollar, während ein Computer mit Modem in China etwa 2.000 Dollar kostet, zuzüglich einer Telefonanschluß-Gebühr von 595 Dollar.[18]

---

[16] Vgl. Desmond, Edward: Playing Catch-Up in the Cyberspace. In: Time Magazine 6.3.1995, S. 50 f.

[17] Vgl. Turner, Mia: A Web for the Masses. In: Time Magazine 10.4.1995, S. 54.

[18] Vgl. ebenda.

3.1.4 Großbritannien

Innerhalb der großen europäischen Nationen ist die britische Rundfunk- und Telekommunikationsbranche am weitesten liberalisiert. Großbritannien dient daher häufig als Vergleichsmarkt, um abschätzen zu können, wie sich Deregulierungs-Maßnahmen auf die Entwicklung des *Infohighways* auswirken könnten.

Die British Broadcasting Company (BBC) verlor bereits 1954 das Fernseh- und 1974 das Rundfunkmonopol.[19] Ab 1993 wurden zudem bestehende Restriktionen bezüglich ausländischem Besitz bzw. Übernahme von Kabelfernsehkanälen aufgehoben. Davon profitierte insbesondere der australische Medienmogul Rupert Murdoch,[20] der heute mit seinen neun Abonnement-Kanälen unter dem Banner der British Sky Broadcasting Group (BSkyB) das Satellitenfernsehen landesweit dominiert. Demgegenüber ist die Bedeutung der britischen Kabelfernsehanbieter derzeit noch relativ gering.

Europäische Richtlinien, nach denen Werbesendungen von mehr als einer Stunde pro Sender und Tag untersagt sind, werden von den britischen Kontrollinstanzen im Vorgriff auf geplante Neuregelungen ausgesprochen freizügig interpretiert. So erteilte die britische Aufsichtsbehörde Independent Television Commission (ITC) dem *Homeshopping*-Sender „Quantum Channel" (dahinter steht der US-Einkaufskanal QVC) ohne weiteres die begehrte Lizenz.[21]

Staatliche Auflagen in Großbritannien gelten in erster Linie der Regulierung des ehemaligen Telefonmonopolisten British Telecom (BT). Bereits 1984 wurde BT privatisiert und steht in direktem Wettbewerb mit der Telefongesellschaft Mercury, die sich schwerpunktmäßig um das lukrativere Geschäftskundesegment kümmert. Zugleich sind Preiserhöhungen der British Telekom nach einer Verordnung des Office of Telecommunication (OFTEL) um 7,5 Prozent unter der allgemeinen Inflationsrate zu halten. Diese Verpflichtung endet allerdings schon 1997.[22]

Wie in den USA ist Telefongesellschaften auch in Großbritannien per Gesetz der Einstieg in das Kabelfernsehgeschäft verwehrt. Umgekehrt dürfen

---

[19] Vgl. Thomas, Gina: Parlament, Monarchie und BBC. In: Monkenbusch, Helmut (Hg.): Fernsehen. Medien, Macht und Märkte –Reinbek: Rowohlt 1994, S. 145 ff.

[20] Murdoch herrscht über das weltweit viertgrößte Medienimperium (nach Time Warner, Viacom und Bertelsmann). Dessen News Corporation kontrolliert etwa 150 Zeitungen in Großbritannien, Australien und den USA, die amerikanischen Fernsehsender der Fox Broadcasting Company und die Filmgesellschaft 20th Century Fox. Weiterhin gehören Murdoch 64 Prozent von Asiens größtem Satellitenprogramm Star TV, 49,9 Prozent des deutschen Vox-Kanals und der Online-Dienst Delphi Internet. Vgl. Ohne Verfasser: Multimedia. Chance und Herausforderung. Dokumentation –Bonn: Bundesministerium für Bildung, Wissenschaft, Forschung und Technologie 3/1995, S. 17.

[21] Vgl. Gangloff, Tilman P.: Glotze als Einkaufswägelchen. In: Der Tagesspiegel 14.6.1995.

[22] Vgl. Kratz, Wilfried: Auf der Insel funken Private kräftig mit. In: Der Tagesspiegel, 11.1.1995.

aber Kabelanbieter Telefondienste vermarkten.[23] Auch von dieser Seite muß BT mit spürbarem Wettbewerb fertig werden. Indem sich die Kabelanbieter auf regionale Märkte beschränken (bevorzugt Gegenden, in denen Besserverdienende wohnen), können sie ihre Tarifstrukturen flexibler gestalten als BT, die auf eine landesweite Gebührenpolitik festgelegt ist.

Durch diesen Vorteil haben die Kabelanbieter bereits 40 Prozent ihrer Abonnenten auch als Telefonkunden gewinnen können. In dieser heiklen Situation suchte British Telecom die Kooperation mit dem Murdoch-Konzern BSkyB, der zukünftig im vergünstigten Paket Telefondienste per BT-Netz und Interaktives Fernsehen anbieten will.[24] Daneben erwarb BT einen Anteil von 20 Prozent an der zweitgrößten amerikanischen Ferngespräch-Gesellschaft MCI, um sich rechtzeitig Anteile an dem wachsenden Markt transatlantischer Telekommunikation zu sichern.[25]

Den Ausbau breitbandiger Netze betreibt BT jedoch ausgesprochen zurückhaltend, da selbst in den vorhandenen Leitungen immer noch Überkapazitäten zu verzeichnen sind. Auf diesem Gebiet betätigen sich die Kabelgesellschaften in enger Zusammenarbeit mit dem BT-Konkurrenten, Mercury. Doch auch die British Telecom will mit der Durchführung verschiedener Pilotversuche in den Markt für Interaktives Fernsehen vordringen, da sie ab dem Jahr 2001 auch TV-Programme in ihr Netz einspeisen darf.[26]

Es zeigt sich, daß die umfassenden Deregulierungsbemühungen auf dem Sektor der britischen Kommunikations- und Informationsbranche nicht automatisch in einen signifikanten Vorsprung gegenüber anderen Nationen umgemünzt werden konnten. Im Bereich der Medien haben sie demgegenüber zu einer bedenklichen Meinungskonzentration geführt (News Corporation).

Telekommunikations-Anbieter werden durch fehlende Auflagen darin ermutigt, sich bevorzugt um besservedienende Bevölkerungsgruppen bzw. Geschäftskunden zu bemühen, während andere Teilnehmer weiterhin auf die Dienste der British Telecom angewiesen bleiben. Auch die britische Regierung darf sich nicht auf die massive Durchsetzung von Deregulierungs-Maßnahmen beschränken, sie muß vielmehr ein Gesamtkonzept erarbeiten, das allen Bürgern den Zugriff auf den *Infohighway* zu gleichen Konditionen ermöglicht.

---

[23] Vgl. Booz, Allen & Hamilton (Hg.): Zukunft Multimedia. Grundlagen, Märkte und Perspektiven in Deutschland –Franfurt a.M.: IMK 1995, S. 110.

[24] Vgl. Kratz, Wilfried: Auf der Insel funken Private kräftig mit. In: Der Tagesspiegel, 11.1.1995.

[25] Vgl. Palaß, Brigitta, Anne Preissner-Polte: Kampf der Giganten. In: Manager Magazin 5/1994, S. 82.

[26] Vgl. Booz, Allen & Hamilton (Hg.): Zukunft Multimedia. Grundlagen, Märkte und Perspektiven in Deutschland –Franfurt a.M.: IMK 1995, S. 111 f.

3.2 Europäische Union

Auf dem Forschungssektor existieren bereits seit 1985 verschiedene Initiativen, deren Zielsetzung darin besteht, durch ein europaweit koordiniertes Vorgehen beim Ausbau von Wissenschaftsnetzen mit der Entwicklung des amerikanisch geprägten Internet Schritt zu halten (siehe Abschnitt 2.2.1 Internet). Dazu gehört das RARE-Programm (Reseaux Associes pour la Recherche Européenne), das Richtlinien für die Zusammenfassung aller europäischen Forschungsnetze beinhaltet,[1] sowie das RACE-Programm (Reseaux Associes pour la Communication Européenne), in dem es um die Entwicklung neuer Breitbandtechnologien geht.

Anfang der neunziger Jahre verdeutlichte der allgemeine Konjunkturrückgang und die zunehmende Konkurrenz von seiten globaler Marktteilnehmer den dringenden Bedarf nach Konzepten, die sich auch auf die wirtschaftliche Entwicklung der Europäischen Gemeinschaft konzentrieren (ab 1992 Europäische Union). Der damalige Präsident der EU-Kommission, Jacques Delors, leitete daher die Entwicklung eines politischen Handlungsrahmens in die Wege. Als Ergebnis dieser Bemühungen wurde im Juni 1993 das Weißbuch für „Wachstum, Wettbewerbsfähigkeit und Beschäftigung. Herausforderungen der Gegenwart und Wege ins 21. Jahrhundert" veröffentlicht.[2]

Zum Ausdruck kommt darin die Überzeugung, daß Europa inmitten einer grundlegenden Umbruchphase steht, deren Auswirkungen mit denen der ersten industriellen Revolution zu vergleichen sein werden. Demzufolge muß die Europäische Union diesen Übergang durch angemessene Infrastrukturmaßnahmen erleichtern. Eine herausragende Bedeutung für die konjunkturelle Entwicklung wird den Informations- und Kommunikations-Technologien zugesprochen.[3]

Auch in Europa erweckte die amerikanische *Information Superhighway*-Initiative Befürchtungen, man würde ohne entsprechende Gegenmaßnahmen den wirtschaftlichen und technologischen Anschluß verlieren. Bei deren Umsetzung sieht sich allerdings die EU im Gegensatz zu den USA mit einer Reihe von Problemen konfrontiert. Dazu gehören:

- Pflicht zur Koordination der Maßnahmen mit allen Mitgliedstaaten
- Unterschiedliche ökonomische Voraussetzungen der Mitgliedsstaaten
- Sprachbarrieren zwischen den Ländern und ihren Wirtschaftsräumen
- Wettbewerbsbeschränkungen (Medien- und Telekommunikationspolitik)
- Medienrecht, Erziehungs- und Gesundheitswesen sind überwiegend nationale Angelegenheit bzw. Ländersache

---

[1] Vgl. Ohne Verfasser: Datenkommunikation für die Wissenschaft. DFN-Broschüre 1994, S. 18.

[2] Vgl. Ohne Verfasser: Beilage 6/1993 zum Bulletin der Europäischen Gemeinschaften – Luxemburg: Amt für amtliche Veröffentlichungen 1993.

[3] Vgl. Ehrhardt, Johnnes: Europäische Initiative. In: iX 9/1994, S. 56.

Angesichts dieser Fülle von Koordinationsaufgaben setzte der Europäische Rat auf seiner Tagung im Dezember 1993 eine *Task-Force* ein, deren Aufgabe darin bestand, Strategien für die Einrichtung einer „European Information Infrastructure" (EII) zu entwickeln und in einem Aktionsplan zusammenzufassen. Aus diesem Anlaß wurde die „High Level Group on the Information Society" gebildet, in der 19 Spitzenbeamte und Wirtschaftsführer unter der Leitung von EU-Kommissar Martin Bangemann zu gemeinsamen Beratungen zusammenfanden. Diese Vorgehensweise entsprach exakt den amerikanischen Maßnahmen zur Ausarbeitung einer „Agenda for Action" durch den „Advisory Council on the NII".[4]

Gegenüber den vergleichsweise konkreten wirtschaftlichen Rahmenbedingungen der „Agenda for Action" beschränkte sich die europäische Initiative jedoch im wesentlichen auf eine verbesserte Koordination der unterschiedlichen Verwaltungsstrukturen und den Ausbau des Informationsangebots im öffentlichen Dienst. Als Folge dieser Harmonisierungsanstrengungen versprach sich die Kommission in erster Linie Fortschritte in den Bereichen Bildung und Gesundheit. Für weitergehende Planungen war der vorhandene Spielraum zu gering, in dem Entscheidungen der einzelnen Länder beeinflußt werden können.

Während der Sitzung der Staats- und Regierungschefs in Korfu am 24. Juni 1994 wurden die Ergebnisse der „High Level Group on the Information Society" unter dem Titel „Europe and the Global Information Society" vorgelegt. Das allgemein nur noch als „Bangemann-Report" bekannte Papier wandte sich an die Vertreter der europäischen Länder mit dem dringenden Appell, die folgenden Maßnahmen unverzüglich einzuleiten:

- Schaffung angemessener Wettbewerbspolitik, daher
- Deregulierung und Abbau der Telekommunikations-Monopole
- Ausbau von glasfasergestützten und drahtlosen Netzen
- Senkung der überhöhten Tarife für Daten- und Sprachübertragung (nur so könne ein breiter Markt für Dienste entstehen)
- Einigung auf europaweite Standards im Sinne offener Systeme
- Regelungen zum Schutz geistigen Eigentums
- Vorkehrungen für eine verbesserte Datensicherheit

Daneben enthielt der „Bangemann-Report" Vorschläge für zehn Anwendungsgebiete der „European Information Infrastructure": Dazu zählen die Bereiche *Telearbeit*, Fernunterrichtszentren, Forschungsnetzausbau, Elektronischer Datenaustausch (EDI) bzw. Videokonferenzen für kleine und mittlere Betriebe, Verkehrsleitsysteme, EU-Luftverkehrskontrollen, Netze für Gesundheitswesen, elektronische Ausschreibungen der öffentlichen Hand, transeu-

---

[4] Vgl. Ehrhardt, Johnnes: Europäische Initiative. In: iX 9/1994, S. 56.

ropäische Netze für öffentliche Verwaltungen und Informationsautobahnen für *Multimedia*-Dienste.[5]

Parallel zur Bangemann-Gruppe arbeitete eine weitere Kommission an der Lösung der nicht unwichtigen Finanzierungsfrage, denn nach Expertenschätzungen würde die „European Information Infrastructure" bis zum Jahr 2005 Mittel im Umfang von mindestens 186 Milliarden Dollar verschlingen.[6] Auch die europäischen Regierungen beabsichtigen, die Kosten für den Aufbau der EII möglichst vollständig der Privatwirtschaft zu überlassen und lediglich koordinierende Aufgaben zu übernehmen.

Am 19. Juli 1994 verabschiedete die Europäische Kommission auf Basis der Bangemann-Empfehlungen einen Aktionsplan für die Jahre 1994-97 (zum Teil auch darüber hinaus). Darin werden die erforderlichen Rahmenbedingungen für den sogenannten „European Information Space" (EIS) zusammengefaßt. Deren Kernaussagen betreffen die

- Erneuerung des ordnungspolitischen und rechtlichen Rahmens in der Europäischen Union
- Schaffung von transeuropäischen Netzen, Grunddiensten, Anwendungen und Informationsinhalten
- Untersuchung der möglichen Auswirkungen auf die Gesellschaft bzw. die sprachliche und kulturelle Vielfalt sowie auf die Beschäftigung und das Arbeitsumfeld
- Verstärkung der Öffentlichkeitsarbeit[7]

Mit der Verwirklichung dieser Richtlinien wurden weitere Arbeitsgruppen beauftragt. Verschiedene Kommissionen befassen sich derzeit mit der Erarbeitung von Gesetzesvorlagen und Handlungsstrategien, den sogenannten Grünbüchern. Deren Umsetzung in die Praxis gestaltet sich jedoch äußerst langwierig: Die Grünbücher werden zunächst über einen Zeitraum von 3 bis 6 Monaten „interessierten Gruppen" (Regierungen, Wirtschaftsvertreter, Verbraucher) vorgelegt, bevor die EU-Kommission eine Entscheidung in Form einer Gesetzesvorlage fällen kann. Zuvor muß das EU-Parlament oder der Ministerrat konsultiert werden.[8]

Auf seiten der Wirtschaftsvertreter haben sich inzwischen vor allem im Bereich der Telekommunikation eine ganze Reihe von Arbeitsgemeinschaften gebildet, die sich um ein angepaßtes Vorgehen bei der Konzeption ihrer nationalen Projekte bemühen. Von gesamteuropäischem Belang ist die Pla-

---

[5] Vgl. Ehrhardt, Johnnes: Europäische Initiative. In: iX 9/1994, S. 56.

[6] Vgl. Schenker, Jennifer: No Turning Back. In: Communications Week International 26.9.1994, S. 12.

[7] Vgl. Ohne Verfasser: Multimedia. Chance und Herausforderung. Dokumentation –Bonn: Bundesministerium für Bildung, Wissenschaft, Forschung und Technologie 3/1995, S. 23.

[8] Vgl. Booz, Allen & Hamilton (Hg.): Zukunft Multimedia. Grundlagen, Märkte und Perspektiven in Deutschland –Franfurt a.M.: IMK 1995, S. 97 ff.

nung des „Global European Network" (GEN), mit dem anfangs Städte wie London, Paris, Frankfurt, Mailand und Madrid verbunden sein sollen. Zuständig für die Koordination ist das ARE2000-Forum, an dem die Telefongesellschaften der Länder Frankreich, Italien, Spanien, Deutschland, Großbritannien, Niederlande, Schweiz und Portugal mitwirken. Bis 1998 wollen außerdem 18 europäische Netzwerkbetreiber aus 15 Ländern gemeinsam ein international arbeitendes Breitbandnetz auf Basis der *ATM*-Technologie einrichten (siehe Abschnitt 2.2.4 Interaktives Fernsehen, Nutzungsvoraussetzungen).

Doch auch außerhalb der EU haben sich europäische Telefongesellschaften nach mächtigen Partnern (nicht nur) für den Ausbau des *Infohighways* umgesehen. Dazu gehört zunächst die Verflechtung der „Atlas"-Allianz aus France Telecom und Deutscher Telekom mit dem amerikanischen Ferngesprächs-Netzbetreiber Sprint unter dem Dach der „Phoenix"-Arbeitsgemeinschaft. Weiterhin haben die Länder Spanien, Schweden, Niederlande und Schweiz das Telekom-Konsortium „Unisource" gegründet und kooperieren eng mit dem US-Fernsprechriesen AT&T, der wiederum Verträge mit dem pazifischen „World Partners"-Telekommunikationsverbund unterzeichnet hat.[9]

Mit Blick auf diese globalen Konzentrationsentwicklungen kamen zunächst die Regierungen auf beiden Seiten des Atlantiks überein, Vorkehrungen für eine weltweit koordinierte *Infohighway*-Politik zu schaffen. Am 6. April 1994 fand aus diesem Anlaß in New York ein Treffen auf hoher Ebene statt. Zu den Teilnehmern auf seiten der europäischen Abgesandten gehörten neben EU-Kommissar Martin Bangemann die Vorsitzenden der EU-Generaldirektionen sowie Wirtschaftsführer von Unternehmen wie Olivetti, Bull, Siemens und Philips. Die USA waren vertreten durch hochrangige Vertreter des Weißen Hauses und des Department of Commerce sowie durch die Führungen von Sprint, IBM, USA Networks, Intel und anderen.

Obwohl einige Fortschritte auf dem Gebiet gemeinsamer Zielvorgaben erreicht wurden, ergaben sich zugleich eine Reihe von transatlantischen Interessengegensätzen. So warfen sich beide Delegationen gegenseitig vor, den Marktzugang durch staatliche Regelungen künstlich zu behindern. Auch auf dem Gebiet der geplanten Dienste wurden Unterschiede in den Positionen deutlich. Die Europäische Union sieht das Schwergewicht bei Geschäftsanwendungen und im Bereich der öffentlichen Hand, während die Clinton-Administration vor allem wirtschaftliche Chancen auf dem Unterhaltungssektor im Blick hat, gefolgt von Erziehungswesen, sozialen Netzen und Verwaltungseffizienz.[10]

Auf dem Wege zäher Verhandlungen wurde ein Grundsatzpapier erarbeitet und Ende Februar 1995 im Rahmen des G-7-Sondergipfels in Brüssel vorgestellt. Auf dieser Basis einigten sich die sieben führenden westlichen Industrienationen (USA, Japan, Deutschland, Frankreich, Großbritannien,

---

[9] Vgl. Jurczik, Jan: Hochzeitslaune eint Firmen in der Telekommunikation. In: Der Tagesspiegel 28.4.1995.

[10] Vgl. Ehrhardt, Johnnes: Transatlantische Kooperation. In: iX 9/1994, S. 54.

Italien und Kanada) in einem Schlußdokument auf eine Reihe von Grund-
prinzipien, mit denen die Bürger vor Mißbrauch und Fehlentwicklungen des
Infohighways geschützt werden sollen.

In der Hoffnung, daß die neuen Informationsinfrastrukturen langfristig
mehr Arbeitsplätze schaffen als vernichten, bekundeten die G-7-Staaten ihre
Absicht, durch Förderung von Privatinitiative und dynamischem Wettbewerb die Entstehung einer globalen Informationsgesellschaft zu beschleuni-
gen. Weiterhin waren sich die Regierungen darin einig, den Zugang zu den
Diensten des *Infohighways* für jeden offenzuhalten.

Darüber hinaus beschlossen die Teilnehmer des Sondergipfels insgesamt
elf Pilotprojekte:

1. Elektronische Archivierung von Projekten und Studien, die für die
   Entwicklung der globalen Informationsgesellschaft relevant sind
2. Angleichung der verschiedenen Hochgeschwindigkeits-Netzwerke
3. Teilnahme an netzgestützten Sprachkursen durch Schüler, Studenten
   und andere Interessierte
4. Verfügbarkeit von Bibliotheksressourcen per Computernetzwerk
5. Zugriff auf Darstellungen von Museumsbeständen im Netz
6. Weltweite Vernetzung von Umweltschutz-Informationen
7. Verkürzte Reaktionszeiten bei Notfällen durch Computernetze
8. Global koordinierte Bekämpfung von Krankheiten durch Telemedizin
9. Erfahrungsaustausch der Behörden mit elektronischer Kommunikation
10. Netzgestützte Abwicklung von privatwirtschaftlichen Geschäften
11. Weltweiter Informationsaustausch zum Schutze der Meere und zur
    Verbesserung der Konkurrenzfähigkeit von maritimen Industrien.[11]

Trotz dieser Fülle von Vorhaben ist es den europäischen Politikern noch
immer nicht gelungen, in der breiten Bevölkerung jene Bereitschaft zur Auseinandersetzung mit dem *Infohighway* auszulösen, die der amerikanische
Vizepräsident allein mit seiner Rede entfacht hat.

---

[11] Vgl. Ohne Verfasser: Industriestaaten stellen Weichen zur Informationsgesellschaft. In: Der
Tagesspiegel 27.2.1995.

3.3 Deutschland

In der Bundesrepublik ist zwar der Ausbau der Glasfasernetze im internationalen Vergleich sehr weit vorangeschritten, doch damit allein kann der Aufbruch in die Informationsgesellschaft nicht erfolgen. Vielmehr müssen auch hierzulande Voraussetzungen für eine sinnvolle Nutzung geschaffen werden. Während die amerikanische Regierung den *Information Superhighway* zum Thema Nummer Eins in der Innen- und Wirtschaftspolitik erklärt hat, fehlt es der Bundesregierung bisher noch an der nötigen Entschlußkraft, die Herausforderung anzunehmen. Fest steht bisher nur, daß die Privatwirtschaft den Löwenanteil der Kosten für die Informationsinfrastruktur übernehmen soll. Sie wird dieses Risiko nicht ohne erfolgversprechende Strategien der Politik übernehmen.

Zunächst haben sich aber die Landesminister und die Bundesregierung mit einer ganzen Palette von gesetzlichen Bestimmungen zu befassen, von der die Entwicklung technologischer und inhaltlicher Konzepte unmittelbar abhängt. Dabei ist das regulative Umfeld in Deutschland eng verknüpft mit den Rahmenbedingungen der Europäischen Union. Maßgeblich für den Ausbau des *Infohighways* sind die Kernbereiche

- Netz- und Sprachdienstmonopol (Ausbau und Betrieb der Netzwerke)
- Rundfunkbegriff (Regelung von Programminhalten und Diensten)
- Medienkonzentration und Angebotsvielfalt
  (Multiple-Ownership und Cross-Ownership)
- Kartellrecht (Firmenfusionen)
- Werberegeln und -beschränkungen
- Jugend-, Daten- und Verbraucherschutz.[1]

Auf dem Gebiet von Rundfunk und Fernsehen, aber auch im Bereich der Telekommunikation wird der Bevölkerung eine Grundversorgung zu geregelten Preisen zugesichert. Kartellbildungen bzw. Ausübung von Meinungsmacht sollen ebenfalls verhindert werden. Darüber hinaus sind Jugendliche per Gesetz vor indizierten Inhalten und ganz allgemein Verbraucher vor unzulässigem Einsatz von Werbung bzw. Mißbrauch persönlicher Daten geschützt.

Hinzu kommen Bestimmungen für Dienstleistungen auf dem Telekommunikationssektor (Abb. 41). Entscheidend für den gegenwärtig eingeschränkten Wettbewerb in der hiesigen Telekommunikationsbranche ist das Fernmeldeanlagengesetz. In ihm enthalten sind Regelungen zur Durchsetzung von Netzmonopol und Sprachdienst-Monopol der Deutschen Telekom, die am 1. Januar 1998 auslaufen. Die inländischen Mitbewerber haben bereits gemeinsam mit der Konkurrenz aus dem Ausland die nötigen Vorbe-

---

[1] Vgl. Ohne Verfasser: Multimedia. Chance und Herausforderung. Dokumentation –Bonn: Bundesministerium für Bildung, Wissenschaft, Forschung und Technologie 3/1995, S. 13 u. 17 f.

reitungen für den Markteintritt getroffen und warten ungeduldig auf das Zeichen zum Angriff. Dazu gehören die Deutsche Bahn, Mannesmann und Stromkonzerne wie Viag, Veba, Thyssen und RWE, die alle über wichtige Wegerechte und Telekommunikations-Infrastrukturen verfügen.[2]

Gesetzliche Bestimmung	Kernaussagen	Auswirkungen auf den Infohighway
Fernmelde-anlagen-Gesetz	Jeder kann Telekommunikations-Dienstleistungen anbieten, wenn dazu Fest- und Wählverbindungen der Deutschen Telekom AG genutzt werden und diese Leistung keinen Telefondienst darstellt.	Anbieter sind auf Leistungen der Deutschen Telekom sowie deren Bedingungen und Preise festgelegt.
	Die Deutsche Telekom AG hat das Monopol für den Bau und Betrieb von Telekommunikationsleitungen sowie allen anderen körperlosen Übertragungstechniken.	Telefon- und BK-Netz werden von der Deutschen Telekom betrieben.
Open Network Provision	Zugang zum Teilnehmeranschluß muß für alle Diensteanbieter offen sein	Netzbetreiber dürfen Diensteanbieter nicht diskriminieren.
Btx-Staatsvertrag	Starke Einschränkung für Deutsche Telekom, auf das Inhalteangebot von T-Online Einfluß zu nehmen	Problem bei der marktorientierten Optimierung d. Angebote

Abb. 41: Relevante gesetzliche Bestimmungen für Telekommunikations-Dienstleistungen in Deutschland (Vgl. Booz, Allen & Hamilton (Hg.): Zukunft Multimedia, S. 90)

Vorerst sind jedoch die konkurrierenden Diensteanbieter verpflichtet, die Fest- und Wählverbindungen der Deutschen Telekom zu nutzen, und zwar nach den von ihr festgelegten Tarifen bzw. Übertragungsbedingungen. Ebenfalls aufgrund des Sprachdienstmonopols müssen sie auf die Vermarktung von Telefondiensten auf dem Privatsektor verzichten. Nur innerhalb von Firmen dürfen sie auf Basis der *Corporate Network*-Verfügung Telefongespräche vermitteln.

Sehr weit gefaßt ist auch das Netzmonopol der Deutschen Telekom, denn es beinhaltet Einrichtung und Betrieb von allen herkömmlichen und körperlosen Übertragungstechniken. Die Telekom verlegt neben Glasfasernetzen auch Koaxial-Leitungen für Kabelfernsehen und bietet Satellitenübertragungen an. Im Gegensatz zu den USA und anderen Ländern existiert also keine gesetzliche Trennung zwischen Kabelunternehmen und Telefongesellschaften. Diese Bereiche stehen in Deutschland einem Monopolisten zur Verfügung, der darüber hinaus noch einen Online-Dienst (T-Online) betreibt,

---

[2] Vgl. Heismann, Günter: Telefon unter Hochspannung, In: Die Woche, 10.2.1995, S.12-13.

an einem weiteren (AOL) beteiligt ist und zudem maßgeblichen Einfluß auf die Multimedia-Betriebsgesellschaft (MMBG) ausübt (siehe Abschnitt 2.2.4 Interaktives Fernsehen, Situation in Deutschland).

In gewissem Umfang eingeschränkt wird die Marktdominanz der Deutschen Telekom immerhin durch die „Open Network Provision" der EU. Danach ist es der Telekom untersagt, anderen Diensteanbietern den Zugang zu ihren Netzen zu erschweren bzw. zu verwehren. Auch auf das inhaltliche Angebot von T-Online darf die Deutsche Telekom aufgrund des Btx-Staatsvertrags nur einen verschwindend geringen Einfluß nehmen. Anbieter müssen selbst dann zugelassen werden, wenn sie durch unseriöse Offerten die Qualität des Gesamtprogramms beeinträchtigen (siehe Abschnitt 2.2.3 Online-Dienste, T-Online).[3]

Die Inhalte des Interaktiven Fernsehens sind in Deutschland hauptsächlich von den Regelungen des Rundfunkstaatsvertrags und der Landesrundfunkgesetze betroffen (Abb. 42). Aufgrund der lückenhaften Bestimmungen ergeben sich bei der Beurteilung von Angeboten des *Infohighways* etliche Probleme, die eine zügige Entwicklung der Dienste vielfach behindern.

Gesetzliche Bestimmung	Kernaussagen	Auswirkungen auf den Infohighway
Rundfunk-staatsvertrag	„Rundfunk ist eine für die Allgemeinheit bestimmte Veranstaltung und Verbreitung von Darbietungen aller Art in Wort, in Ton und in Bild unter Benutzung elektrischer Schwingungen ohne Verbindungsleitung oder längs oder mittels eines Leiters", wobei Darbietungen, die verschlüsselt versendet werden oder nur gegen Entgelt empfangbar sind, eingeschlossen sind.	Individuell zugeschnittene Sendungen sind daher kein Rundfunk.
Landesrund-funkgesetze	Rundfunkhoheit liegt bei den Ländern (Grundgesetz).	Landesmedienanstalten bestimmen Vergabe von Sendelizenzen.
	Rundfunkveranstalter müssen zu einer umfassenden Information und freien individuellen u. öffenlichen Meinungsbildung beitragen sowie der Bildung, Beratung u. Unterhaltung dienen.	Sender müssen breites Inhaltsprogramm abdecken, dadurch Einschränkung von Spartenkanälen.

Abb. 42: Relevante gesetzliche Bestimmungen für das Angebot von Rundfunksendungen in Deutschland (Vgl. Booz, Allen & Hamilton (Hg.): Zukunft Multimedia, S. 92)

---

[3] Vgl. Booz, Allen & Hamilton (Hg.): Zukunft Multimedia. Grundlagen, Märkte und Perspektiven in Deutschland –Franfurt a.M.: IMK 1995, S. 89-92.

Auf Basis der Grundgesetz-Definition „Rundfunk ist Ländersache" steht den Landesmedienanstalten in den einzelnen Bundesländern das Recht zu, in ihrem Zuständigkeitsgebiet über die Vergabe von Sendefrequenzen und die Genehmigungs-Bedingungen zu befinden. Ein Programmanbieter muß in einem der Länder die Voraussetzungen für die Erteilung einer Lizenz erfüllen, um dort auf Sendung gehen zu können. Unzumutbar schwierig wird es für einen Anbieter, der eine bundesweite Ausstrahlung anstrebt, denn die Auflagen der insgesamt 16 Landesmedienanstalten haben sich zunehmend ausdifferenziert.

In der Regel verlangen die Landesrundfunkgesetze von den Anbietern, daß ihr Programm zu einer umfassenden Information und pluralistischen Meinungsbildung beiträgt sowie der Bildung, Beratung und Unterhaltung dient (Programmquoten). Damit sind bereits existierende Spartenangebote wie Musikkanäle (MTV, Viva) und Spielfilmsender (Premiere) eigentlich unzulässig, werden aber in der Praxis geduldet.[4] Schon in diesem konventionellen Bereich herrschen medienrechtlich unklare Verhältnisse.

Die Auflagen des Rundfunkstaatsvertrags schließen –der „Rundfunk"-Definition entsprechend– alle Anbieter von öffentlich-rechtlichen und privaten Sendern ein, selbst wenn für die Verbreitung Satelliten zum Einsatz kommen bzw. für den Empfang Gebühren verlangt werden (*Pay-TV*). Auch neue Angebote des *Infohighways* fallen damit unter den Rundfunk-Begriff, wenn sie „für die Allgemeinheit" veranstaltet und verbreitet werden. *Near-Video-On-Demand* erfüllt diese Voraussetzung noch, da der Zuschauer bei dieser Sendeform vorab keine Bestellung vornimmt.

Nicht für die Allgemeinheit, sondern auf Anforderung durch einzelne Personen erfolgt hingegen die Ausstrahlung von *Video-On-Demand* und *Audio-On-Demand*. Da es sich hierbei also nicht mehr um Rundfunk im Sinne der Gesetzgebung handelt, können für diese Angebote medienrechtliche Bestimmungen nicht mehr zur Anwendung kommen. Für *On-Demand*-Dienste entsteht ein rechtsfreier Raum, in dem weder die Beteiligungsverhältnisse der Anbietergesellschaft, noch Werberichtlinien oder Programmquoten einer Regelung unterliegen. Wer für die Zuteilung der Sendelizenz zuständig ist, kann ebenfalls nicht geklärt werden.[5]

Von dieser zunehmenden Rechtsunsicherheit betroffen ist auch der Einkaufskanal „H.O.T." (Home Order Television), ein Gemeinschaftsunternehmen von Pro7 und Quelle. Die Direktorenkonferenz der Landesmedienanstalten (DLM) hat „H.O.T." als Rundfunk eingestuft. Durch diese Entscheidung tritt die EU-Werbeverordnung in Kraft, auf die sich der Rundfunkstaatsvertrag beruft. Danach sind Werbesendungen von mehr als einer Stunde pro Sender und Tag nicht erlaubt. Die Lizenz für eine bundes-

---

[4] Vgl. Booz, Allen & Hamilton (Hg.): Zukunft Multimedia. Grundlagen, Märkte und Perspektiven in Deutschland –Franfurt a.M.: IMK 1995, S. 94.

[5] Vgl. ebenda, S. 93.

weite Ausstrahlung per „Astra" wurde den „H.O.T."-Anbietern auf dieser Grundlage verweigert.[6]

Ebenfalls zuständig für die Genehmigung einer Ausstrahlung über Satellit sieht sich aber die Bayerische Landeszentrale für neue Medien (BLM).[7] Sie betrachtet nämlich „H.O.T." zunächst einmal gar nicht als Rundfunk. Der Einkaufskanal sei keine Veranstaltung für die Allgemeinheit, da das Programm einem *On-Demand*-Dienst ähnelt, bei dem Einzelpersonen Bestellungen tätigen. Weiterhin betrifft die EU-Werberichtlinie nur Ausstrahlungen von Sendungen, bei denen Verkaufsangebote *für Dritte* im Vordergrund stehen.

Mit dem Argument, alle Angebote *selbst* zu vertreiben, haben schon die Anbieter des „Quantum Channel" die EU-Werberichtlinie umschifft und eine Lizenz durch die britische Aufsichtsbehörde erhalten (siehe Abschnitt 3.1.4 Internationaler Vergleich, Großbritannien). Das gleiche Argument kann aber auch der am „H.O.T."-Kanal maßgeblich beteiligte Quelle-Versand für sich in Anspruch nehmen. Aufgrund des in der Europäischen Union geltenden Sitzland-Prinzips[8] darf der „Quantum Channel" seine Werbesendungen bereits europaweit ausstrahlen, also auch in Deutschland. Vergleichbare Wettbewerbschancen müßten einem deutschen Unternehmen ebenso zugestanden werden, daher plädiert die BLM für eine Zulassung von „H.O.T."[9]

Verglichen mit der Einstufung von Einkaufskanälen sind die rundfunkrechtlichen Fragestellungen, die das Digitalfernsehen insgesamt aufwirft, allerdings noch wesentlich komplexer. In der Auseinandersetzung um die geeignete Plattform für Interaktives Fernsehen hat die Medienanstalt Berlin-Brandenburg (MABB) einen ersten medienrechtlich gangbaren Weg aufgezeigt. Mit einem „Call for Proposals" beauftragte sie sowohl die Deutsche Telekom, als auch die Stromkonzerntochter Vebacom mit der Erarbeitung von Vorschlägen zur Standardisierung von Decodersystemen und dazugehörigen Übertragungsnetzen. Auch alle übrigen Mitglieder der neugegründeten Multimedia-Betriebsgesellschaft (MMBG) werden sich an der Entwicklung beteiligen (siehe Abschnitt 2.2.4 Interaktives Fernsehen, Situation in Deutschland). Aus der geeigneten Lösung soll eine *Set-Top-Box* hervorgehen, die allen Anbietern sowohl eine gleichberechtigte Abrechnung der Entgelte, als auch einen diskriminierungsfreien Zugang ermöglicht.[10]

---

[6] Vgl. Magenheim, Thomas: Teleshopping bald in ganz Deutschland. In: Der Tagesspiegel 13.12.1995.

[7] In deren Hoheitsgebiet finden derzeit zwei Pilotprojekte für Interaktives Fernsehen statt, an denen auch „H.O.T." beteiligt ist (siehe Abschnitt 2.2.4 Interaktives Fernsehen, Situation in Deutschland).

[8] Danach erhält ein Programmanbieter, der in einem Land der EU sendeberechtigt ist, zugleich die Lizenz für eine satellitengestützte Ausstrahlung auch in anderen Ländern der Europäischen Gemeinschaft. Vgl. Booz, Allen & Hamilton (Hg.): Zukunft Multimedia. Grundlagen, Märkte und Perspektiven in Deutschland -Franfurt a.M.: IMK 1995, S. 95.

[9] Vgl. Magenheim, Thomas: Teleshopping bald in ganz Deutschland. In: Der Tagesspiegel 13.12.1995.

[10] Vgl. Recke, Martin: Es geht auch ohne MSG. In: epd Nr. 31, 22.4.1995, S.3 f.

Rechtliche Grundlage für die breite Einführung des Digitalfernsehens in Berlin sind die Rahmenbedingungen der sogenannten Versuchsklausel (§47 des Medienstaatsvertrages Berlin-Brandenburg), die es einem Veranstalter im Widerspruch zum bisherigen Rundfunkrecht gestattet, mehr als zwei Programme auszustrahlen. Auch *Homeshopping* wird dadurch in erweitertem Umfang zulässig sein. Die Gestaltung des elektronischen Programmführes und die Zulassung digitaler Programmpakete bedürfen aber weiterhin als Rundfunk der Zustimmung der MAAB.[11]

Wie sich zeigt, werden die bestehenden Rahmenbedingungen in vielen Punkten widersprüchlich ausgelegt und halten nicht mehr Schritt mit der dynamischen Entwicklung der digitalen Dienste. Als nützlich könnte sich die sogenannte „Negativliste" erweisen, auf die sich die Rundfunkreferenten der Bundesländer geeinigt haben. Darin werden alle elektronischen Dienste aufgeführt und klassifiziert, die nicht als Rundfunk im bisherigen Sinne einzustufen sind. Die Negativliste gliedert sich in zwei Abteilungen:

a) *Dienste, auf die der Rundfunkbegriff in keiner Weise zutrifft*
- Homebanking
- Buchung von Tickets, Reisen usw.
- Telearbeit
- Individualisiertes Telelearning in geschlossenen Benutzergruppen
- Videokonferenzen
- Elektronisches Lotto/Toto
- eMail
- Sicherheits- und Wachdienste
- Elektronische Verkaufskataloge

Diese Angebote fallen damit nicht mehr in die Zuständigkeit der Landesmedienanstalten.

b) *Dienste, die Rundfunk ähneln, aber demgegenüber einen geringen Grad an Meinungsrelevanz aufweisen (geringer Einfluß auf die öffentliche Meinungsbildung)*
- Homeshopping (als reine Verkaufsveranstaltung mit direkter Bestellmöglichkeit)
- Video-On-Demand und Audio-On-Demand
- Telespiele
- Datendienste unterschiedlicher Ausrichtung (Wetter- und Umweltdaten, Börsenkurse, Umfrageergebnisse, Lexika usw.)

---

[11] Vgl. Recke, Martin: MAAB will digitales Fernsehen flächendeckend einführen. In: epd Nr. 31, 22.4.1995, S. 15 f.

Für diese Angebote gelten vereinfachte Lizenz-Bedingungen: Anzeigepflicht bei den Landesmedienanstalten mit rundfunkrechtlicher Unbedenklichkeits-Bescheinigung (statt Zulassungsverfahren), Impressumspflicht, Jugendschutzbestimmungen, Programmgrundsätze (Einhaltung journalistischer Sorgfalt), Kennzeichnung von Werbung bzw. Trennung von Werbung und Programm, Erfüllung inhaltlicher Werberichtlinien, Gegendarstellungsrecht und Datenschutz.

Interaktive Zeitschriften im Sinne des *Electronic Publishing* sind danach lediglich anzeigepflichtig und unterliegen ansonsten dem Presserecht der Bundesländer. Elektronische Programmführer (Navigatoren) hingegen sind von rundfunkrechtlicher Relevanz.[12] Ob die Regelungen dieser Negativliste in absehbarer Zeit auch in gültiges Medienrecht umgesetzt und durchgesetzt werden können, ist angesichts der erheblichen Widerstände von seiten der Wirtschaft und der Bundesregierung mehr als fraglich.

Abb. 43: Die CDU im *World Wide Web.*

Denn weiterhin fehlt es vor allem an Einigkeit auf Bundesländerebene und damit an einer gesamtstaatlichen Strategie, um notwendige Entscheidungen zügig in die Wege zu leiten. Dazu müßten auf seiten der Regierung die Ministerien für Wirtschaft, Post, Inneres und Justiz gemeinsam mit dem „Zukunftsminister" Jürgen Rüttgers (Ministerium für Bildung, Wissenschaft, Forschung und Technologie, BMBF) eine Stabstelle bilden, die ein koordiniertes Vorgehen beim Bau der bundesweiten Datenautobahn sicherstellt. Der Informationsverbund Berlin-Bonn (IVBB) veranschaulicht bereits ent-

---

[12] Vgl. Ohne Verfasser: Alles andere ist Rundfunk. In: Der Tagesspiegel 13.9.1995.

sprechende Anwendungsmöglichkeiten des *Infohighways*: Zusammenarbeit von Behörden über weite Entfernungen.[13]

Auch die Bevölkerung ist noch ungenügend in den Entscheidungsprozeß einbezogen. Im wesentlichen verschanzt sich die Bundesregierung hinter wohlmeinenden Dokumentationen[14] und beschränkt sich ansonsten auf das Tagesgeschäft. Die konzeptionelle Unentschlossenheit wirkte sich auch auf den Mangel an Ergebnissen aus, die in Folge des vom Kanzler einberufenen „Technologierates" zu verzeichnen waren. Im gesellschaftlichen Konsens „Verkehrsregeln der Datenautobahn" zu erarbeiten, kann nicht die Absicht dieses Gremiums gewesen sein. Denn von der Runde aus Wirtschaft, Wissenschaft und Politik waren die Oppositionsparteien ausgeschlossen.[15] Politischer Diskurs ist aber eine der wichtigsten Voraussetzungen für produktiven Dialog.

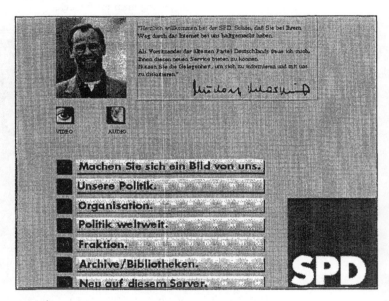

Abb. 44: Genützt hat es dem ehemaligen Parteivorsitzenden wenig, „Erster" im *World Wide Web* zu sein. Die Seite wurde nur wenige Wochen nach ihrer Installation aus dem Netz entfernt.

---

[13] Der IVBB soll während des Umzugs der Bundesregierung nach Berlin für eine effiziente Arbeitsteilung zwischen Bonner und Berliner Ämtern sorgen. Die Beamten haben per Breitband-Glasfaserverbindung Zugriff auf elektronisch gespeicherte Unterlagen und Gesetzestexte. Auch Bildtelefon und Videokonferenzen kommen zum Einsatz.

[14] Dazu gehört die Veröffentlichung des Bundesministerium für Bildung, Wissenschaft, Forschung und Technologie unter dem Titel „Multimedia. Chance und Herausforderung".

[15] Vgl. Kröter, Thomas: Viel zu besprechen, wenig zu sagen. In: Der Tagesspiegel 24.3.1995.

Mit Blick auf die anstehenden Aufgaben stand auch das Wettrennen von CDU und SPD um die Installation einer parteieigenen *HomePage* im *World Wide Web* unangemessen im Vordergrund (Abb. 43 bzw. Abb. 44).

Auf Initiative der Grünen und der SPD bildeten die Bundestagsfraktionen zuletzt eine gemeinsame Enquetekommission unter dem Titel „Die Zukunft der Medien in Wirtschaft und Gesellschaft -Deutschlands Weg in die Informationsgesellschaft". Gesprächsgrundlage ist die von dem Büro für Technikfolgen-Abschätzung beim Bundestag (TAB) vorgelegte Studie „Multimedia -Mythen, Chancen und Herausforderungen". Zu den Diskussionsthemen gehören auch Fragen zur Sicherung von Meinungs- und Informationsfreiheit, Urheberrecht, Persönlichkeitsschutz und informationeller Grundversorgung.[16] Die bislang weitgehend wirtschaftlich gefärbte Debatte wurde so um die gesellschaftliche Dimension erweitert. Geplant ist die Arbeit an einem „Fahrplan in das Informationszeitalter". Dies verspricht ein längeres Projekt zu werden.

---

[16] Vgl. Ohne Verfasser: Enquetekommission „Zukunft der Medien in Wirtschaft und Gesellschaft". In: epd Nr. 44 10.6.1995, S. 17 f.

3.4 Zusammenfassung

Die wirtschaftlich bedeutenden Nationen haben erkannt, daß die ehemals industriell geprägte Gesellschaft in eine Informationsgesellschaft übergeht, in der sich der Wettbewerb auf das Gebiet der Informations- und Kommunikationstechnologien verlagern wird. Daher haben sich die Regierungen vorgenommen, für Rahmenbedingungen zu sorgen, auf deren Basis eine geeignete Infrastruktur entstehen kann. In der Regel soll die Privatwirtschaft den Großteil der nötigen Investitionen tätigen, die Hunderte von Milliarden Dollar umfassen. Dafür erwartet sie von der Politik verlässliche Zielvorgaben, die längerfristiges Planen erlauben.

Der Vergleich zwischen den am Ausbau des *Infohighways* beteiligten Ländern läßt erkennen, daß die Vereinigten Staaten auf dem Gebiet der *Symbolic Leadership* und der überzeugenden Öffentlichkeitsarbeit über einigen Vorsprung verfügen. Allerdings muß sich die amerikanische Administration wie auch die meisten anderen Regierungen zunächst um den flächendeckenden Ausbau von Breitbandnetzen kümmern. Zwar sind demgegenüber die technologischen Voraussetzungen in der Europäischen Union und in der Bundesrepublik bereits sehr weit gediehen, dafür ergeben sich hier gewichtige Probleme bei der verwaltungstechnischen Koordination.

Hinzu kommen regulative Eingriffe in die Medien- bzw. Telekommunikationsbranche, die häufig nicht mehr zeitgemäß sind und dadurch die Entwicklung von Diensten bzw. Inhalten behindern. In Deutschland herrschen zum Teil sogar widersprüchliche Rahmenbedingungen für die Entstehung des *Infohighways*. Während rundfunkrechtliche Auflagen ihrer wichtigen Funktion bei der Gewährleistung von Meinungsvielfalt nicht mehr nachkommen können, behindert das Netz- und Sprachdienstmonopol der Deutschen Telekom das Heranwachsen einer ebenfalls wichtigen Anbietervielfalt auf dem Gebiet der Datenübertragung.

Um Fehlentwicklungen bei der Schaffung der Informationsinfrastruktur möglichst zu vermeiden, haben sich die führenden westlichen Industrienationen auf eine Anzahl grundlegender Richtlinien geeinigt. Dazu gehört die Förderung von Wettbewerb durch angemessene Deregulierungsanstrengungen, um die Privatwirtschaft zu den erforderlichen Investitionen zu ermutigen. Auf der anderen Seite sollen Regulierungsbestimmungen dafür sorgen, daß alle Bürger und Diensteanbieter über einen diskriminierungsfreien Zugriff auf den *Infohighway* verfügen können. Eventuell anfallende Gebühren sollen in einem festgelegten Rahmen bleiben. Weitere Vorschriften betreffen die Einhaltung von Standards bei der Konzipierung von Diensten und Netztechnik sowie Vorkehrungen im Bereich Datensicherheit und Datenschutz.

In einigen Punkten vertreten die Regierungen jedoch unterschiedliche Auffassungen. Die Europäische Union beispielsweise sieht den Nutzen der Informationsinfrastruktur hauptsächlich im Bereich von Geschäftsanwendungen und öffentlicher Hand, während die US-Regierung auch den kassenträchtigen Unterhaltungssektor anvisiert. Im Gegensatz zur EU hat aber die Clinton-Administration bereits in ihrer „Agenda for Action" ausdrücklich allen Bürgern das Recht auf informationelle Grundversorgung mit den

Diensten des *Infohighways* zugesichert (*Universal Access*). Schon heute stellt ein Großteil der amerikanischen Bibliotheken und Schulen kostenlose Internet-Zugänge zur Verfügung, während diese Angebote in Europa noch vergleichsweise selten anzutreffen sind.

Andererseits setzt sich die EU in weitaus stärkerem Maße für die Untersuchung möglicher Auswirkungen ein, um negative Folgen für die Gesellschaft im Vorfeld berücksichtigen zu können. In Sorge um den Erhalt ihrer Kultur sind auch die Regierungen von Japan und China, doch beugen sie sich den Anforderungen der Weltwirtschaft.

Ebenfalls unterschiedlicher Ansicht sind die Regierungen, wenn es um die elektronisch gestützte Einbeziehung der Öffentlichkeit in die politische Meinungsbildung geht. China und Japan haben daran kein Interesse, und selbst in Europa herrscht derzeit noch große Zurückhaltung. Demgenüber hat die amerikanische Regierung ihrer Bevölkerung den Zugriff auf elektronisch gespeicherte Regierungsdokumente und Parlamentsprotokolle ermöglicht. Sie sind über das *World Wide Web* abrufbar. Außerdem findet schon seit längerem ein reger Meinungsaustausch per *eMail* zwischen dem Weißen Haus und den Bürgern statt. Kritiker sehen darin die Gefahr einer Politik, die nur noch auf populistische Vorgaben bzw. Einflüsse von Lobbyisten reagiert.

4 Gemeinschaften im Cyberspace

4.1 Kommunikation als Fundament

Die vom Deutschen Bundestag in Auftrag gegebenen Studien beschäftigen sich vorrangig mit den Chancen und Risiken von *Pay-Per-View*, *Homeshopping*, *Telemedizin* usw.[1] Bei all diesen Angeboten spielt insbesondere das Kommunikationspotential eine weitaus geringere Rolle als Überlegungen zur Effizienzsteigerung durch zukünftige Dienstleistungen.

Der eigentlich interessante Aspekt im Zusammenhang des *Infohighways* besteht aber im individuellen, computergestützten Austausch von Mitteilungen. Schon heute durchströmen Millionen von *eMails* in jeder Sekunde das Internet. 1969 waren es Hunderte oder Tausende. Wieviele werden es morgen sein? Wie beeinflußt diese Entwicklung unser kommunikatives Handeln? Lassen sich Ausprägungen feststellen, die allen Teilnehmern gemeinsam sind und solche, durch die sich manche von ihnen abgrenzen? Davon handelt dieses Kapitel.

Computervermittelte Kommunikation betrifft drei Bereiche unseres Lebens: unser Leben als Individuum, als Person mit zwischenmenschlichen Beziehungen und als Person mit gesellschaftlich-politischen Überzeugungen.[2] Wie wir das Medium nutzen und in welchem Maße wir zulassen, daß es uns benutzt, hat Einfluß auf unsere Vorstellungen, Gedanken und Persönlichkeit als Individuum. Darüber hinaus ermöglicht die elektronische Kommunikation jedem einzelnen Teilnehmer neue Ausdrucksformen und Stilmittel (siehe Abschnitt 4.2, Netzfolklore).

Allerdings setzen diese eine Evolution medialer Kompetenz voraus, die sich ganz ähnlich bei der Einführung des Telefons und des Fernsehens in den Bevölkerungsschichten unterschiedlich schnell entwickelt hat. Die technologische wie auch die mentale Beherrschung des neuen Mediums muß in den Schulen frühzeitig vermittelt werden, um die Herausbildung zweier Schichten zu vermeiden: die der Kommunikations-Experten und die der Kommunikations-Laien.[3]

Erstmals wird die gleichzeitige Kommunikation vieler mit vielen im weltweiten Austausch möglich. In den *elektronischen Foren* entstehen aus öffentlichen Mitteilungen, deren Inhalt mal beruflich, mal privat sein kann, in vielen Fällen zwischenmenschliche Beziehungen unter Einzelpersonen und Gruppen. Über räumliche Distanzen hinweg lassen sich so rationale und emotionale Gemeinsamkeiten mit zuvor unbekannten Menschen und ihren

---

[1] Vgl. Booz, Allen & Hamilton (Hg.): Zukunft Multimedia. Grundlagen, Märkte und Perspektiven in Deutschland –Franfurt a.M.: IMK 1995.

[2] Vgl. Rheingold, Howard: Virtuelle Gemeinschaft. Soziale Beziehungen im Zeitalter des Computers –Bonn: Addison-Wesley 1994,, S. 24 ff.

[3] *Infoelite* und *Infoproletariat* sind zwar ebenfalls gängige Begriffe. Nicht jedoch Information allein, sondern Austausch, Diskussion und gemeinsame Bewertung von Informationen, anders gesagt: Kommunikation, macht den besonderen Nutzen von Internet, BBS und Online-Diensten aus.

Kulturen entdecken (ähnlich dem allerdings stark zeitlich versetzten Austausch im Rahmen von Brieffreundschaften).

Dieses zunächst lockere Gebilde bezeichnet Howard Rheingold mit dem Begriff „Virtuelle Gemeinschaften" und beschreibt sie als „soziale Zusammenschlüsse, die dann im Netz entstehen, wenn genug Leute diese öffentlichen Diskussionen lange genug führen und dabei ihre Gefühle einbringen, so daß im *Cyberspace* ein Geflecht persönlicher Beziehungen entsteht."[4] In den Diskussionen kann es um die richtige Babynahrung für Allergiker, die Lösung einer mathematischen Formel oder „schlicht" um den Sinn des Lebens gehen. Machbar ist alles, was ein Computer-Bildschirm –noch allerdings weitgehend in Textform– wiedergeben kann.[5]

Netzpioniere wie Rheingold gehen noch weiter: „In virtuellen Gemeinschaften versammelte Menschen tun fast alles, was Menschen im wirklichen Leben auch tun, aber sie sparen ihre Körper aus."[6] Der Nutzen solch einer oft internationalen Gemeinschaft liegt für den Teilnehmer im Gewinn an sozialen Kontakten, dem gemeinsamen Pool an Know-How und dem Gemeinschaftsgefühl.[7] Gleichzeitig entfallen die sonst üblichen Reisen und anderen Aufwendungen, die für die Aufrechterhaltung derartig großer Interessengemeinschaften vor Einführung der computergestützten Kommunikation (*Computer-Mediated Communications* oder *CMC*) erforderlich waren. Ihre Nutzer können viel effektiver ihren Wissensbestand und ihre Vorstellungen über Themen aller Art aneinander ausrichten. Mit Entwicklungen wie der *Netiquette* (Abschnitt 4.2 Netzfolklore) hat sich darüber hinaus ein für alle gültiges „Koorientierungsmodell" herausgebildet, also das Abbild einer „sozialen Realität, die durchaus auch auf Fiktionen bzw. Irrtümern basieren kann."[8]

Rheingold schließt aus seinen „Beobachtungen des Online-Verhaltens rund um die Welt während der letzten zehn Jahre, [...] daß, wo auch immer Menschen Zugang zu *CMC*-Technologie erhalten, sie damit unweigerlich virtuelle Gemeinschaften gründen, genau so, wie Mikroorganismen unweigerlich Kolonien gründen."[9] Eine Erklärung für das Phänomen liegt im weltweit wachsenden Bedürfnis nach Gemeinschaft, während in der wirkli-

---

[4] Rheingold, Howard: Virtuelle Gemeinschaft. Soziale Beziehungen im Zeitalter des Computers –Bonn: Addison-Wesley 1994, S. 16.

[5] In seinem Buch „Virtual Reality" beschreibt Rheingold bereits in der Entwicklung befindliche Techniken, die es zukünftigen Generationen erlauben, über weltweite Datennetze Berührungen zwischen räumlichen Abbildungen der Kommunikationspartner auszutauschen. Vgl. Rheingold, Howard: Virtual Reality –London: Mandarin 1992, S. 255 ff.

[6] Rheingold, Howard: Virtuelle Gemeinschaft. Soziale Beziehungen im Zeitalter des Computers –Bonn: Addison-Wesley 1994, S. 14.

[7] Vgl. Smith, Marc: Voices from the WELL. The Logic of the Virtual Commons. Master's thesis, Department of Sociology –Los Angeles: UCLA Press 1992.

[8] Vgl. Schenk, Michael: Medienwirkungsforschung –Tübingen: Mohr 1987, S. 40 f.

[9] Vgl. Rheingold, Howard: Virtuelle Gemeinschaft. Soziale Beziehungen im Zeitalter des Computers –Bonn: Addison-Wesley 1994, S. 17.

chen Welt, vor allem außerhalb der Metropolen, immer weniger sogenannte *Dritte Räume* zu finden sind, die sich für informelle, soziale Kontakte eignen.[10]

Genannt seien als Beispiele der Mangel an Jugendfreizeittreffs besonders in Außenbezirken und Vorstädten sowie die Verdrängung des Tante-Emma-Ladens durch gigantische Einkaufszentren, in denen ein Schwatz mit dem Verkäufer der Vergangenheit angehört. Verantwortlich für den vielbeklagten Verlust an sozialen Gemeinsamkeiten ist aber in erster Linie die Differenzierung unserer Gesellschaft in immer kleinere Teilsysteme, voneinander unabhängige Wertsphären und Lebensstile.[11]

Der Wunsch der Teilnehmer, Gemeinschaften im *Cyberspace* zu finden oder neu zu entwickeln, stellt für die Kommunikation in Computernetzen sicherlich eine Herausforderung dar. Möglicherweise jedoch, so warnt Rheingold, hält der *Cyberspace* „keine Geselligkeit, sondern eine lebensverachtende Simulierung wirklicher Leidenschaft und wahren Engagements füreinander bereit".[12] Auf die für einige nicht mehr erkennbare Grenze zwischen Erfahrungen im *Cyberspace* und in der Wirklichkeit weist der kommentierende Zusatz *IRL (in real life)* hin, der in den Beiträgen mancher Netzteilnehmer verwendet wird.

Auch den politischen Bereich unseres Lebens beeinflußt die computervermittelte Kommunikation. Die Philosophen der Aufklärung sahen noch die Idee der modernen repräsentativen Demokratie, die 1776 bzw. 1789 staats- und verfassungsrechtlich erstmals in den Vereinigten Staaten umgesetzt wurde, eng verbunden mit einem lebendigen Netz der Kommunikation von Bürger zu Bürger, der Öffentlichkeit.[13] Neil Postman weist darauf hin, daß die Schriften der amerikanischen Gründerväter von der Öffentlichkeit gelesen und lebhaft diskutiert wurden, bevor der politische Diskurs, durch das zunehmend am *Infotainment* orientierte Fernsehen ausgelöst, zu verflachen begann.[14] Mit Erfindung des Telegraphen und der Massenpresse ließen sich nämlich Informationen nicht nur schneller verbreiten, es entstand auch die Idee der kontextlosen Information, der „Information als Ware" ohne Rück-

---

[10] Vgl. Oldenburg, Ray: The Great Good Place. Cafés, Coffe Shops, Community Centers, Beauty Parlors, General Stores, Bars, Hangouts, and How They Get You through the Day –New York: Paragon House 1991.

[11] Vgl. Medicus, Thomas: Wenn sich Fenster ins 21. Jahrhundert öffnen. In: Der Tagesspiegel, 14.8.1995

[12] Rheingold, Howard: Virtuelle Gemeinschaft. Soziale Beziehungen im Zeitalter des Computers –Bonn: Addison-Wesley 1994, S. 41.

[13] Vgl. Warner, Sam Bass: Private City. Philadelphia in Three Stages of Its Growth –Philadelphia: University of Pennsylvania Press 1968, S. 19-20. Es lohnt jedoch, den Blick auf die Tatsache zu lenken, daß sich an jenem Meinungsbildungsprozeß ausschließlich männliche Angehörige der weißen Mittelschicht beteiligen konnten.

[14] Vgl. Postman, Neil: Wir amüsieren uns zu Tode. Urteilsbildung im Zeitalter der Unterhaltungsindustrie –Franfurt a.M.: S. Fischer 1985, S. 83 ff.

sicht auf ihren Nutzen oder ihre Funktion für das soziale und politische Handeln.[15]

Heute verbreiten die elektronischen Massenmedien die Ware Information weitaus effektiver als der Telegraph, und dabei wird das Massenpublikum von einer immer kleiner werdenden Elite aus Produzenten, Händlern und Distributoren vereinnahmt, während zugleich Leistungsfähigkeit und Reichweite der verwendeten Medien unaufhaltsam wachsen. Eine lebendige und pluralistische Demokratie, deren Bürger die politische Diskussion dem Fernsehen und der Presse überlassen, läuft so Gefahr, unter die Räder zu geraten. In der Einrichtung eines alternativen Informations- und Kommunikationsnetzes liegt daher das gegensteuernde, politische Potential der computergestützten Kommunikation.

Die *Agora* war in der ursprünglichen Demokratie Athens der Marktplatz, an dem sich die Bürger trafen, um sich Klatsch zu erzählen, zu streiten, einander kennenzulernen und einzuschätzen, aber auch Schwächen politischer Konzepte argumentativ auszuloten oder Gerüchte über jene zu hören, die Normen mißachtet und Verträge gebrochen hatten. In diesem Muster erkennt Rheingold das Vorbild für eine *Elektronische Agora.*[16] Skeptiker sehen gerade in der Öffentlichkeit des elektronischen Diskurses (also der Überwachbarkeit durch den Staat) die Gefahr eines von seinen Bürgern auch noch freiwillig genutzten *Panopticon*. Damit ist Jeremy Benthams gleichnamiger Entwurf für ein perfekt funktionierendes Gefängnis gemeint, aus dem Foucault das theoretische Fundament für die Maschinerie des heute verwirklichten, globalen Kommunikationsnetzes ableitet.[17] Den Kritikern entgegnet Rheingold:

> „Welches Szenario entspricht wohl mehr der Demokratie, welches mehr dem Totalitarismus: Eine Welt, in der wenige Menschen die Kommunikationstechnologien beherrschen, mit deren Hilfe die Meinungen von Millarden beeinflußt werden können, oder eine Welt, in der jeder Bürger sich jedem seiner Mitbürger mitteilen kann?"[18]

Nachfolgend verdeutlicht die Gegenüberstellung einiger beispielhafter *Cyberspace*-„Bewohner", auf welch unterschiedliche Weise computergestützte Kommunikation von Einzelnen oder Gruppen bereits heute genutzt wird.

---

[15] Vgl. Postman, Neil: Das Technopol. Die Macht der Technologien und der Entmündigung der Gesellschaft –Franfurt a.M.: S. Fischer 1992, S. 77 ff.

[16] Vgl. Rheingold, Howard: Virtuelle Gemeinschaft. Soziale Beziehungen im Zeitalter des Computers –Bonn: Addison-Wesley 1994, S. 27.

[17] Vgl. Foucault, Michel: Überwachen und Strafen. Die Geburt des Gefängnisses – Frankfurt a.M.: Suhrkamp 1976.

[18] Rheingold, Howard: Virtuelle Gemeinschaft. Soziale Beziehungen im Zeitalter des Computers –Bonn: Addison-Wesley 1994, S. 27.

4.1.1 Netizens

Als der *Infohighway* noch „ARPAnet" hieß (siehe Abschnitt 2.2.1 Internet), gab es anfangs nur zwei Arten von Teilnehmergruppen: Militärforscher und Programmierer. Diejenigen, die für den Betrieb des Netzes verantwortlich zeichneten, waren zugleich seine Anwender. Die zweite Welle von Teilnehmern gehörte dem kleinen und exklusiven Kreis an, der Zugang zu den ersten Bulletin Board Systemen und Online-Diensten fand. Zu ihnen zählten Bibliothekare, Herausgeber, freie Künstler und Designer und Journalisten. Dann öffnete sich das Internet auch Schulen und Universitäten aller Fachbereiche. Menschen aus unterschiedlichsten Bereichen lernten sich auf dem Wege elektronischer Kommunikation kennen und entdeckten dabei gemeinsame Interessen.

Heute setzt sich die Netzgemeinschaft aus einer unüberschaubaren Vielfalt von Teilnehmern zusammen, die häufig „Bürger des Netzes" (*Netizens*) genannt werden. Während es sich die Bürgerrechtsbewegung des *Cyberspace*, die Electronic Frontier Foundation (EFF), nach alter Westernmythologie zur langfristigen Aufgabe gemacht hat, das „elektronische Grenzland" für die gesamte Bevölkerung nutzbar zu machen, gehören die *Netizens* zu den ersten „Siedlern" des *Cyberspace*. Howard Rheingold drückt es so aus: „Die Jäger und Sammler des Informationszeitalters waren einsame Wölfe, bis sie das Netz fanden."[1]

• *Newbies*

Hunderttausende von neuen Teilnehmern strömen jedes Jahr auf die Fahrspuren des *Infohighways*. Die Probleme, die daraus resultieren, beobachten die „Eingeborenen" mit Sorge. Einige von ihnen bezeichnen die Neuankömmlinge mit dem Begriff *Newbie*[2] und verstehen darunter „ahnungslose Grünschnäbel". Denn häufig resultiert aus der Unkenntnis allgemein respektierter Regeln des Netzes eine gewisse Naivität, aber auch Rücksichtslosigkeit der *Newbies*, unter der die Substanz vieler Diskussionsrunden bereits gelitten hat.

Eine Strategie, sich gegenüber diesem unsozialen Auftreten zur Wehr zu setzen, bestand eine Zeitlang darin, das Fehlverhalten von *Newbies* mit einem Bombardement von scharf formulierten *eMails* zu bestrafen. Das sogenannte *Newbie Bashing* („Neulinge verprügeln") sollte diese Teilnehmer einschüchtern und aus dem Netz vertreiben.[3] Die vernünftigeren unter den *Cyberspace*-Veteranen erkannten jedoch, daß die Verteidigung der Netzkultur auf diesem Weg nicht gelingen kann. Seitdem werden die *Newbies* systematisch integriert.

---

[1] Rheingold, Howard: Virtuelle Gemeinschaft. Soziale Beziehungen im Zeitalter des Computers –Bonn: Addison-Wesley 1994, S. 75.

[2] Von engl.: new be; neu dabeisein.

[3] Vgl. Herz, J.C.: Surfing on the Internet. A Nethead's Adventures On-Line –Boston: Little, Brown And Company 1995, S. 172 f.

Neuankömmlinge erfahren weder eine besonders bevorzugte, noch besonders ablehnende Behandlung, sie werden vielmehr in die Pflicht genommen,
die Regeln von Beginn an zur Kenntnis zu nehmen und ihr Wissen an andere *Newbies* weiterzugeben. Im Rahmen jeder Anmeldung, sei es in einem
Bulletin Board System, einem Online-Dienst oder bei einem Internet-
Anbieter, wird der Teilnehmer zumeist aufgefordert, die *Netiquette* zu lesen
(siehe Abschnitt 4.2 Netzfolklore, *Netiquette*). Zugleich wird er über die Kon-
sequenzen in Kenntnis gesetzt, die Regelverletzungen zur Folge haben können. Weitere wichtige Hinweise geben verständlich formulierte Texte, in denen häufig gestellte Fragen beantwortet werden (siehe Abschnitt 4.2
Netzfolklore, *FAQs*).

- *Lurkers*

    Der „Larvenzustand" eines *Netizens* ist der eines *Lurkers*.[4] Bevor sich ein
Teilnehmer überwindet, eine Mitteilung in das unbekannte Nichts des *Cyberspace* zu versenden, wo sie von Millionen anderer Teilnehmer gelesen
werden kann, zieht er es vor, genau zu beobachten, wie sich die anderen
verhalten. Er liest Beiträge, beteiligt sich aber (zunächst) nicht an den Diskussionen der *elektronischen Foren*. In den *IRC*-Kanälen (siehe Abschnitt
4.1.2 *Net.Geeks, IRC*ers), wo sich die Teilnehmer oftmals über sehr intime
Themen unterhalten, tummeln sich viele dauerhafte *Lurkers*, die von den
Aktiven als Voyeure betrachtet werden.[5] Die Netzgemeinschaft erwartet von
ihnen, daß sie sich nach einem angemessenen Zeitraum wie alle anderen
am Meinungsaustausch beteiligen.

- Electronic Frontier Foundation (EFF)

    Gegründet wurde die EFF im Juli 1990 aus Anlaß der „Operation Sun De-
vil". Im Rahmen dieser landesweit durchgeführten Aktion hatte die amerikanische Bundespolizei in Zusammenarbeit mit 150 FBI-Beamten zu einem
Rundumschlag ausgeholt gegen eine Reihe von *Hackern*. Deren Wohnungen
wurden gestürmt und die Verdächtigen verhaftet, obwohl es im wesentlichen um ein Dokument ging, das einer der *Hacker*, Craig Neidorf, elektronisch veröffentlicht hatte. Eine Telefongesellschaft behauptete, Neidorf hätte
das Dokument bei einem Einbruch in ihr Netz entwendet, doch später stellte
sich heraus, daß der Text über eine Firma legal bezogen werden konnte -für
weniger als hundert Dollar. Weiterhin hielt die Polizei ein Computer-
Brettspiel für einen Ratgeber in Sachen Datendiebstahl und konfiszierte aus
diesem Grund eine komplette Geschäftsausstattung mitsamt den Rechnern
und Speichermedien.[6]

---

[4] to lurk (engl.): herumschleichen.

[5] Vgl. Herz, J.C.: Surfing on the Internet. A Nethead's Adventures On-Line –Boston: Little,
Brown And Company 1995, S. 315.

[6] Vgl. Rheingold, Howard: Virtuelle Gemeinschaft. Soziale Beziehungen im Zeitalter des
Computers –Bonn: Addison-Wesley 1994, S. 309.

Preserve, Protect, and Defend the Internet

Below is an important notice of a new petition drive. It is not the same as the initial anti-S.314 petition effort (for new on its final tally, see the bottom of this page), so signatures to that one do not carry over to this. Please read the information below and add your signature to this new drive.

Petition To Help Senator Leahy Fight The Exon Communications Decency Act

The Senate is expected to vote on the Communications Decency Act (CDA) within the next 3 - 4 weeks.

The CDA, in its current form, would severely restrict your rights to freedom of speech and freedom of expression online, and represents a grave threat to the very nature and existence of the Internet as we know it today.

Senator Patrick Leahy (D-VT) a strong civil liberties advocate and the Senate's most vocal critic of the CDA, has proposed an alternative bill (S. 714) to study the issue before Congress rushes to pass the Exon bill.

Leahy plans to offer his bill as a substitute for the CDA, but he needs to demonstrate to his Senate colleagues

Abb. 45: Eine Kampagne, an der die EFF beteiligt ist, beschäftigt sich mit der „Exon Bill", einer Gesetzesvorlage, von der die freie Meinungsäußerung im Netz bedroht ist. Die Netzteilnehmer werden aufgefordert, sich mit ihrer Unterschrift für den Gegenentwurf von Senator Leahy auszusprechen.

John Perry Barlow (prominentes Mitglied des BBS „The WELL") teilte mit Mitchell Kapor (Gründer der Software-Firma Lotus) die Auffassung, daß die Schärfe des Polizei-Einsatzes jede Verhältnismäßigkeit hatte vermissen lassen. Ohne Zögern stellten sie den Verhafteten die Anwaltskosten zur Verfügung. Doch auch zukünftig sollten sich Netzteilnehmer an eine Instanz wenden können, wenn sie rechtliche Unterstützung von kompetenter Seite benötigten. So entstand die Electronic Frontier Foundation, die seit Anfang an über einen festen Sitz im Internet verfügte. Als *Non-Governmental Organisation (NGO)* verfügt die EFF inzwischen über ein Jahresbudget von 2 Millionen Dollar, das sich aus Spenden und Mitgliedsbeiträgen zusammensetzt. Erklärtes Ziel ist es, dazu beizutragen, daß allen Menschen ein Zugriff auf die Dienste des *Infohighways* ermöglicht wird.

Nach der These, die Netzgemeinschaft müsse mit weiteren unrechtmäßigen Eingriffen der Behörden rechnen, sollten die Gesetzeshüter weiterhin auf unzureichende bzw. unzutreffende Informationen angewiesen sein, übernahm die Electronic Frontier Foundation außerdem die Aufgabe, Öffentlichkeit und Politik über die Besonderheiten des *Cyberspace* in Kenntnis zu setzen. Im Zusammenhang mit der *Clipper Chip*-Initiative der Clinton-Administration koordinierte die EFF eine Petition der Netzteilnehmer, die dazu beitrug, daß sich das Weiße Haus von den Plänen zurückzog. Die Regierung hatte erkannt, daß der *Clipper Chip* die Bürgerrechte gefährden würde.

Die EFF wird heute von den Beratern des Präsidenten zu Fragen der *Info-highway*-Politik regelmäßig konsultiert.[7] Auch mit Blick auf die drohende Einführung von Zensurmaßnahmen im Zuge der „Exon Bill" übernimmt die EFF die Aufgabe eines Mittlers zwischen der Politik und den *Netizens* (siehe Abschnitt 3.1.1 Staatliche Einflußnahme, Vereinigte Staaten). Dazu gehören außerdem „Unterschriften"-Aktionen und regelmäßige Berichterstattung im Netz (Abb. 45).

Abb. 46: Eine interaktive Galerie mit 30 Exponaten der Fotografin Nancy Ellison. Die virtuellen Besucher können sich in das Gästebuch eintragen und Kommentare abgeben.

• Künstler

Ob im *World Wide Web* (Abb. 46) oder in Bulletin Board Systemen, Kreative aller Couleur fühlen sich angezogen von der Gelegenheit, im weltweiten Netzwerk über (ihre) Kunst mit unzähligen Menschen kommunizieren und wichtige Kontakte knüpfen zu können. Ein besonders erfolgreiches Projekt ist das Bulletin Board System „The Thing", das 1991 in New York gegründet wurde. Zu den Initiatoren gehören Kuratoren, Geisteswissenschaftler, Journalisten und Künstler, die ein Medium schaffen wollten, um sich schneller, direkter und preiswerter als zuvor mit den Kollegen aus dem Ausland austauschen zu können. Der monatliche Solidarbeitrag für die Teilnahme liegt bei 5 DM.

Die angebotene Themenpalette ist sehr umfassend konzipiert: Im „Intershop" können sich die Teilnehmer mit prominenten Vertretern ihres Faches auseinandersetzen. Im „Bildersturm", einer virtuellen Galerie, liegen digitalisierte Fotografien und Gemälde zum Abruf bereit, die andere Teil-

---

[7] Vgl. Ohne Verfasser: About the Electronic Frontier Foundation, 8.11.1995. Elektronisch veröffentlicht.

nehmer als Arbeitsproben abgelegt haben. In den Foren „Papier" und „Poetry" wird über Literatur diskutiert. Ähnliche Diskurse finden zu Themen wie Musik, Kunst, Medien und Film statt. Als besonders hilfreich erweist sich das „The Thing"-Archiv, in dem alle Beiträge und Diskussionen elektronisch gespeichert werden. BBS-Ableger, die untereinander vernetzt sind, existieren mittlerweile in Städten wie London, Wien, Stockholm, Basel und Berlin.[8]

- Schüler

  Jugendliche gehören zu den aktivsten Teilnehmern des *Infohighways*, denn sie sind von den kommunikativen Möglichkeiten, die das Netz bietet, besondes schnell zu begeistern. Während Ältere zunächst mit der Technik zu kämpfen haben, sind es vor allem Schüler, die sich das nötige Wissen in verblüffender Geschwindigkeit aneignen. Insbesondere das amerikanische Bildungssystem hat frühzeitig erkannt, daß die Jugend auf das herannahende Informationszeitalter vorbereitet werden muß. Daher werden den Kindern und Jugendlichen unter pädagogischer Aufsicht rechtzeitig Möglichkeiten eröffnet, das neue Medium kennenzulernen, selbst wenn ihnen zu Hause kein Computer zur Verfügung steht.

  Sogenannte K12-Schulen in den USA bieten ihren Schülern bereits seit einigen Jahren neben Internetzugängen ein eigenes Bulletin Board System, das „K12Net BBS", mit dem die Partnerschulen landesweit in Verbindung stehen. Von hier aus werden auch gemeinsame Projekte mit ausländischen Bildungseinrichtungen gestartet. Dazu gehört der Austausch selbständig verfaßter „Lokalzeitungen", in denen sich die Teilnehmer als Reporter betätigen und so Verständnis für örtliche Probleme entwickeln können. Die kostengünstige elektronische Erstellung und Verbreitung ermöglicht überhaupt erst den breitangelegten Einsatz derartiger Unterrichtsinhalte. So konnten bereits 1993 allein in den Vereinigten Staaten 750.000 Jugendliche an ähnlichen Projekten teilnehmen.[9]

- Homosexuelle

  Nur einer von vielen virtuellen Treffpunkten für schwule, lesbische und bisexuelle Teilnehmer im Netz ist das „GayNet". Kostenlosen Zugang ermöglicht in Deutschland u.a. das BBS „Bärenhöhle Köln". Auf Wunsch ist die Verwendung eines Pseudonyms erlaubt. Zu den wichtigsten Aktivitäten gehört die Kontaktaufnahme per Konversation oder elektronischer „Annonce", die mit Bildern ergänzt werden kann. Als sehr hilfreich kann sich diese Art des Kennenlernens bei der Urlaubsplanung von Singles erweisen. Im Idealfall kann man sich am Reiseziellort mit einem Gesprächspartner aus dem Netz ganz real verabreden.

---

[8] Vgl. Moles Kaupp, Christina: Bilderstürme durchs Netz. In: Der Tagesspiegel 24.6.1995.

[9] Vgl. Ohne Verfasser: Revolution des Lernens. In: Der Spiegel –Hamburg: Spiegel-Verlag, 9/1994, S. 101.

Die in der Hauptsache männlichen Aktiven koordinieren über das Netz aber auch politische Aktionen und Kampagnen oder sammeln in offen zugänglichen Archiven lebensrettende Informationen zum Thema AIDS sowie wichtige Adressen. Ein solches Archiv ist das *Queer Resource Directory (QRD)*, an dem sich seit 1991 Homosexuellen-Organisationen aus aller Welt beteiligen.[10]

Im CompuServe-*CB Simulator* unterhalten sich *online* homosexuelle Teilnehmer (die älter als 18 Jahre sind) mit Gleichgesinnten aus aller Welt. Dafür sind zwei „Erwachsenen"-Kanäle mit reservierten Bereichen vorgesehen. Die Nutzungsgebühr ist zeitabhängig und daher teuer, doch dies mindert kaum die Beliebtheit dieser Kommunikationsform. Schließlich können sich hier auch Interessierte ein „Bild" von der Szene verschaffen und erste Kontakte knüpfen, auch wenn sie ihre Scheu vor realen Schwulen-Treffpunkten erst noch überwinden müssen.

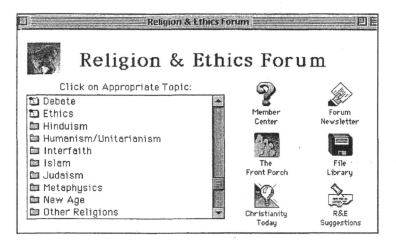

Abb. 47: Anhänger fast aller Glaubensrichtungen können im Online-Dienst AOL miteinander diskutieren.

• Religiöse

Super Church nennt der 23jährige Jess Weiss aus Boca Raton, Florida, seine selbsterfundene *Online*-Religion. Ihr Name ist inzwischen eingetragenes Warenzeichen. Etliche tausend Anhänger wählen sich täglich in die virtuelle Kirchengemeinde ein. Unter den Glaubensgeboten: „Kauf niemals ein Frettchen" oder „Wenn Du die Spur wechselst, benutze den Blinker".[11]

---

[10] Vgl. Wolf, Gary und Michael Stein: Aether Madness. An Offbeat Guide to the Online World –Berkeley: Peachpit Press 1995, S. 59.

[11] Vgl. Ohne Verfasser: Sektenspuk im Internet. In: Der Spiegel 31/1995. Elektronisch publiziert in Spiegel Forum, CompuServe.

Ernsthaftere Glaubensrichtungen überwiegen jedoch und werden von christlichen Konfessionen eindeutig dominiert. So predigt der New Yorker Erzbischof John O'Connor zur katholischen Cybergemeinschaft *online* über Moral und gibt praktische Gebetstips. Daneben lassen sich aber mehr als 700 weitere Überzeugungen entdecken, darunter die altiranische Lehre von Zarathustra, die Mormonen, Hare Krishna, aber auch alle Formen von Atheismus bis hin zum Satanskult. Der Online-Dienst AOL bietet allen Interessierten ein eigenes Forum (Abb. 47).

Zu den ungewöhnlicheren, christlichen Bulletin Board Systemen zählt „The Little Flock"[12] mit Gemeinden in Beaumont und Vidor, Texas. Die Teilnehmer tauschen auf diesem Wege sowohl Bibelverse, als auch Software aus, zugleich versuchen sie, ihre Verwirrung über die Verweltlichungstendenzen der modernen Gesellschaft in Worte zu fassen. Ihren entwaffnenden Provinzialismus, gepaart mit Mißtrauen gegenüber ethnischen Minderheiten, tragen sie dabei offen aus.[13]

Im *UseNet* spielen sich unter den Titeln soc.religion.christian oder soc.religion.christian.bible-study lebhafte Debatten ab zu Fragen wie „Sind Engel vollkommen?", „Die Doktrin der Dreieinigkeit", „Die Rolle der Frau in der Kirche" oder „Vorbestimmtheit des Schicksals versus Freier Wille". Interessant für alle, die mehr über die jüdische Kultur erfahren möchten, ist die „Qumram Cave", ein BBS in Oldenburg, das mit dem weltweiten „Reshet"-Netz verbunden ist.

Unter den Aktivsten im Internet sind allerdings auch die geschäftstüchtigen Scientologen. "Wir werden sämtliche Mittel des Internet benutzen, um Scientology international zu verbreiten", verkündet die Sekte in ihrer Selbstdarstellung.[14]

- Verstorbene
  Im „Friedhof" des *World Wide Web* (*Virtual Cemetary*) sind verstorbene Angehörige und Freunde der Netizens alphabetisch bzw. in Reihenfolge des Todesdatums aufgeführt. Die *Hypertext*-Traueranzeigen enthalten Abbildungen und Nachrufe, Kondolenzeinträge der Netzteilnehmer und manchmal sogar selbstverfaßte Gedichte der Toten. Sie stammen aus allen erdenklichen Bevölkerungsgruppen (Abb. 48). Prominente Autoren, Politiker, Wissenschaftler, Musiker und Schauspieler lassen sich ebenfalls entdecken. Querverweise führen häufig zu weiteren Informationen, die den Verstorbenen betreffen (Bibliografien, Filmografien usw.).

---

[12] eng.: die kleine Schafherde

[13] Vgl. Wolf, Gary und Michael Stein: Aether Madness. An Offbeat Guide to the Online World –Berkeley: Peachpit Press 1995, S. 127 f.

[14] Vgl. Ohne Verfasser: Sektenspuk im Internet. In: Der Spiegel 31/1995. Elektronisch publiziert in Spiegel Forum, CompuServe.

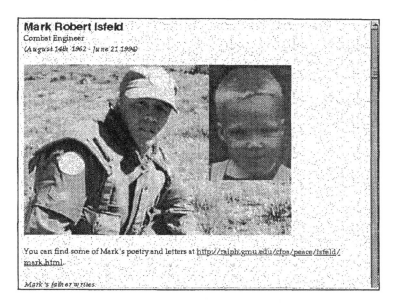

Mark Robert Isfeld
Combat Engineer
(August 14th 1962 - June 21 1994)

You can find some of Mark's poetry and letters at http://ralph.gmu.edu/cfpa/peace/isfeld/mark.html.

Mark's father writes:

Abb. 48: Ein virtueller Grabstein im *WWW*. Als Angehöriger der Friedenstruppen im ehemaligen Jugoslawien wurde Mark Robert Isfeld von einer Mine getötet.

- Neue Rechte

Bereits Mitte der achtziger Jahre haben Rassenfanatiker in den USA mit der Einrichtung eines eigenen Bulletin Board-Netzwerks begonnen. Auch das *UseNet* wird immer wieder von Rechtsextremen heimgesucht, deren Beiträge sich mit der „Auschwitz-Lüge" und „revisionistischen" Thesen[15] befassen. Deutsche Neonazis nutzen seit 1989 ebenfalls das neue Medium. Zunächst verbreiteten sie provokative Textbeiträge innerhalb bereits bestehender BBS-Netze, um Desinformation zu verbreiten und Verwirrung zu stiften. Die Teilnehmer des Umwelt- und Menschenrechtsnetzes /CL schützten sich vor den massiven Infiltrationsversuchen, indem sie auf die Texte in keiner Weise eingingen und stattdessen die zuständigen *Sysops* benachrichtigten (siehe Abschnitt 2.2.2 Bulletin Board Systeme).[16]

Nach dem Verbot fast aller rechtsextremen Gruppen in Deutschland hat die zersplitterte sogenannte „Neue Rechte" nun auch eigene BBS-Netze eingerichtet, um sich im *Cyberspace* zu reorganisieren. Damit treten die Bulle-

---

[15] „Revisionismus" ist eine scheinwissenschaftliche Bewertung der Hitlerzeit, derzufolge die nationalsozialistischen Verbrechen systematisch umgedeutet werden. Vgl. Heller, Paul. F., Anton Maegerle: NS-Mailboxen. Neue Rechte und Neue Medien. In: Medien Praktisch 2/1995, S. 22 f.

[16] Vgl. Hooffacker, Gabriele: Online. Telekommunikation von A bis Z –Reinbek: Rowohlt 1995, S. 125.

tin Board Systeme die Nachfolge rassistischer Computerspiele an, die nicht nur strafbar, sondern inzwischen auch aus der Mode geraten sind. Ein BBS ist demgegenüber wesentlich effektiver und flexibler einsetzbar. So gelang es rechtsextremen BBS-Betreibern zeitweise sogar, ihre Systeme an das europäische „FidoNet" anzuschließen. Sie hatten um Zugang gebeten mit der Begründung, zu einer in Deutschland verfolgten Minderheit zu gehören. Als klar wurde, welche Botschaften diese „Minderheit" verkündete, wurden die Anschlüsse von den „FidoNet"-Betreibern umgehend gekappt.

Virtueller Treffpunkt für deutsche Neonazis ist das „Thule"-Netzwerk, ein landesweiter Verbund aus zwölf Bulletin Board Systemen. Nach dem Vorbild der historischen Thulegesellschaft, die einen der Nährböden für den Nationalsozialismus bildete, wollen die Betreiber insbesondere Vertreter der *Infoelite* ansprechen, darunter Studenten, Ingenieure und Fachjournalisten. Derzeit gibt es allerdings nur zirka 100 aktive Teilnehmer.[17]

Dabei erfolgt der Beitritt ohne größere Schwierigkeiten. Bei der Anmeldung gibt der Interessent seine Adresse und Telefonnummer an, daraufhin wird seine Identität durch einen Anruf überprüft, und er erhält wenig später das Paßwort. Doch es gibt verschiedene Sicherheitsstufen, die den Befehlshierarchien des rechtsextremen Untergrunds entsprechen. Nur mittlere Kader und Anführer haben Zugang zu sensibleren Bereichen. Zu den Inhalten zählen aktuelle Artikel des Propagandablattes „Umbruch", deren Herausgeber dem Kader der verbotenen „Nationalistischen Front" angehören. NPD-Chef Günther Deckert ist mit Hetztiraden gegen Juden präsent. Weiterhin befinden sich organisatorische Anweisungen und Terminankündigungen für Aufmärsche und Aktionen, Literaturhinweise und Aufsätze über die Thule-Mythologie unter den Angeboten.[18]

Die Justiz greift immer wieder ins Leere. Im Herbst 1994 wurden drei Bulletin Board Systeme des „Thule"-Verbunds von der Staatsanwaltschaft beschlagnahmt. Es bestand der Verdacht auf Verbreitung von indizierten und gewaltverherrlichenden Computerspielen sowie von Bombenbau-Anleitungen. Doch die Ermittlungen treten auf der Stelle, denn nach der deutschen Rechtsprechung sind nicht die BBS-Betreiber für öffentliche Mitteilungen in ihrem System verantwortlich, sondern der jeweilige Verfasser. Und der verwendet natürlich ein Pseudonym.

Für den Austausch von *eMail* mit strafbarem Inhalt kann der Betreiber ebenfalls nicht zur Verantwortung gezogen werden, denn der *Sysop* darf aufgrund von Datenschutz-Bestimmungen private Post nicht lesen. Und selbst wenn er dies dürfte, er wäre nicht in der Lage dazu. Denn derartige Texte werden verschlüsselt verschickt. Häufig kommt das Verschlüsselungsprogramm *Pretty Good Privacy* (*PGP*) zum Einsatz, das aus technischen Gründen nicht „geknackt" werden kann. Nur der Teilnehmer, der den

---

[17] Vgl. Hooffacker, Gabriele: Online. Telekommunikation von A bis Z –Reinbek: Rowohlt 1995, S. 169.

[18] Vgl. Heller, Paul. F., Anton Maegerle: NS-Mailboxen. Neue Rechte und Neue Medien. In: Medien Praktisch 2/1995, S. 22 f.

„öffentlichen Schlüssel" dazu besitzt, kann Texte lesen, die der Absender mit seinem „privaten Schlüssel" unlesbar gemacht hat.[19]

Staats- und Verfassungsschützer haben wiederholt schärfere Gesetze gefordert. Diese würden jedoch das bisher geltende Prinzip der *freien Rede* in Mitleidenschaft ziehen. Sachkundige Netzteilnehmer weisen darauf hin, daß die Einführung von Zensurbestimmungen schon an den technischen Voraussetzungen des Netzes scheitern würde. Die bestehenden Gesetze wären ausreichend, sie müßten nur konsequent angewendet werden: „Mord, Totschlag und Volksverhetzung sind strafbar. Die Polizei darf bei diesen Delikten Telefone überwachen. Strafbar ist nach Paragraph 86 des Strafgesetzbuch auch bereits das Verwenden von Symbolen nationalsozialistischer Organisationen."[20]

Außerdem wendet bereits die Netzgemeinschaft selbst sämtliche ihr zur Verfügung stehenden Mittel an, um rechtsextreme Äußerungen zu unterbinden. Dabei beruft sie sich auf die allgemein respektierte *Netiquette* (siehe Abschnitt 4.2 Netzfolklore bzw. Anhang), nach der es Teilnehmern untersagt ist, religiöse oder soziale Minderheiten zu diskriminieren und zu Rassenhaß aufzurufen.

Im *Cyberspace* steht den Rechtsextremen eine aufmerksame Netzgemeinschaft gegenüber, denen sie quantitativ und von der verfügbaren Struktur her praktisch vollständig unterlegen sind. Zwar verleihen ihnen die Bulletin Board Systeme gegenüber den Justizbehörden (derzeit) einen technologischen Schlupfwinkel, doch unterwerfen sie sich damit zugleich den Gesetzen des Marktes. Die Inhalte des „Thule"-Netzwerks sind weit davon entfernt, sich mit den attraktiven Angeboten des *WWW* oder der Vielfalt anderer Bulletin Board Systeme messen zu können. Daher verwundert es nicht, daß sich der Zulauf in Grenzen hält.

- *Traders*

Seit es Bulletin Board Systeme gibt, existieren auch die sogenannten *Blackboards*. Zugang zu diesen dreifach mit Passwörtern abgesicherten BBS erhalten nur wenige Eingeweihte, die dem Betreiber nach Möglichkeit persönlich bekannt sind. Diese extremen Schutzmaßnahmen haben ihren Grund: Hier werden gegen gestaffeltes Entgelt Raubkopien kommerzieller Software verteilt, und zwar professionell über *ISDN* (auf Wunsch auch auf CD gepreßt). Dafür droht Gefängnisstrafe.

Die verschiedenen Software-Pools eines *Blackboards* werden von Spezialisten ihres Fachs mit Nachschub versorgt. Dazu gehören die *Traders* (meist synonym mit *Cracker*), deren Ehrgeiz darin besteht, im Wettbewerb mit den anderen möglichst viel kopiergeschützte Software zu „knacken" (*cracken*) und über die *Blackboards* zu verteilen. Ein *Trader* führt bei seinen Aktionen ein Pseudonym mit sich, z.B. *Scorpion*, manchmal auch einen Gruppenna-

---

[19] Vgl. Schröder, Burkhard: Einfach überrascht worden. In: Der Tagesspiegel 13.7.1995.

[20] Hooffacker, Gabriele: Online. Telekommunikation von A bis Z –Reinbek: Rowohlt 1995, S. 126.

men wie „Legion des Untergangs" (*Legion of Doom*) oder „Meister der Täuschung" (*Masters of Deception*). So läßt sich besser verbreiten, wer bzw. welche Gruppe die meisten *Cracks* geschafft hat. Die Software, die sie aus obskuren Quellen heranschaffen, ist selten älter als 24 Stunden.[21]

- Frauen
  Online sind mehr als 85 Prozent männlich.[22] Wenn sich die wenigen Teilnehmerinnen dieser von Männern dominierten Umgebung aussetzen, so gehört dazu Mut, denn nicht selten nutzen Provokateure die quantitative Überlegenheit ihres Geschlechts zu unfairen Angriffen oder Belästigungen. Nicht jeder Mensch verfügt über das Stehvermögen, gegen diese Übermacht dauerhaft anzukämpfen. Viele haben auch gar nicht die Zeit, sich mit solchen Ablenkungen zu befassen; sie wollen in Ruhe ihrer Arbeit nachgehen (oder ihren Spaß haben). Zu diesem Zweck haben sich Frauen in vielen Ländern eigene Bulletin Board Systeme geschaffen, in denen Männer nichts zu suchen haben. Eine Zugangsberechtigung erhalten interessierte Frauen erst nach einem persönlichen Telefongespräch.

  Für deutschsprachige Teilnehmerinnen existiert das überregionale BBS-Netz „/WOMAN" (Women Only Mail And News). In diesem Verbund aus fünf verschiedenen Systemen in Köln („Ada"), Düsseldorf („Connecta"), Heidelberg („Elektra"), Frankfurt („Femail") und Hamburg („Fenestra") werden Diskussionen und Informationen zu praktisch allen Themen angeboten, die Frauen interessieren. Erfahrungsberichte zur Weltfrauenkonferenz in Peking und ein Archiv mit elektronisch abrufbaren Frauenzeitschriften, die in Deutschland schwer erhältlich sind, gehören zu den Bestandteilen eines wertvollen Datenpools.

  Die Zielsetzung, Frauen aktiv in der Anwendung elektronischer Kommunikation zu unterstützen, wird mit der Einrichtung öffentlicher Terminals bereits ansatzweise verwirklicht. Im „Café Clever" in Düsseldorf finden auch Mädchen Zugang zu „/WOMAN", die sich keinen eigenen Computer leisten können.[23] Dies sind wichtige Initiativen, um Frauen, jung oder alt, bei ihren ersten Schritten in die Welt der computergestützten Kommunikation zu begleiten.

  Was für die restliche *Online*-Welt gilt, betrifft aber auch Bulletin Board Systeme für Frauen: Erst mit der Einführung einer wirklich intuitiven Bedienungsstruktur kann das „/WOMAN"-Netz auch breite Bevölkerungsschichten ansprechen. Das Manövrieren per Tastaturbefehl in gewöhnungsbedürftigen Verzeichnissen nach dem Muster /WOMAN/ AKTUELL/ WELTWEIT/ AFRIKA schreckt unnötig viele Anwenderinnen ab und dies zurecht (es gibt bereits bessere BBS-Lösungen, die durchweg mausgesteuert funktionieren).

[21] Vgl. Knopp, Gregor: Blackboards. Die dunkle Seite. In: DATA NEWS 8/1995, S. 84.

[22] Vgl. Wolf, Gary und Michael Stein: Aether Madness. An Offbeat Guide to the Online World –Berkeley: Peachpit Press 1995, S. 18.

[23] Vgl. Stampfel, Sabine: /WOMAN. Women Only Mail And News. Das Frauen-Mailbox-Netz. In: Data News 8/1995, S. 81.

Weiterhin bliebe die Vielfalt innerhalb der computergestützten Kommunikation dauerhaft eingeschränkt, sollten Frauen nützliche Angebote wie das „/WOMAN"-Netz als selbstgewähltes *Cyberghetto* mißverstehen und die Auseinandersetzung mit anderen Bereichen, in denen Männer präsent sind, gänzlich meiden, ohne die speziellen Möglichkeiten der *Online*-Konversation genügend auszuschöpfen. Anders als in der Kommunikation von Angesicht zu Angesicht erlaubt nämlich der Dialog im *Cyberspace* in der Regel die Verwendung uneindeutiger Pseudonyme wie „Pong" o.ä. und damit die Ausklammerung der Geschlechterfrage. Im Netz sind wir alle körperlos, faßt J. C. Herz ihre *Online*-Erfahrungen zusammen.[24]

Aus einem Faustkampf mögen Männer als Sieger hervorgehen, und auch in mündlichen Diskussionen wissen rücksichtslos dominante Männer, wie man Frauen schikaniert. Bei der computergestützten Kommunikation kann sich jedoch die Tastatur als großer Gleichmacher herausstellen. Hier zählt nicht, mit welchem dröhnenden Baß jemand Einwände niederschmettert, hier gibt es keine abfälligen oder drohenden Blicke. Hier zählt die Schärfe des geschriebenen Wortes, das Argument, mit dem eine Frau ihrem männlichen Gesprächspartner beibringt, wie Respekt buchstabiert wird.

• Chaos Computer Club e.V.

Das Interesse an eigenhändig zusammengeschraubten *Akustikkopplern* und selbstentwickelten *DFÜ*-Programmen brachte Anfang der achtziger Jahre linke Aktivisten und *Cyberpunks* mit Mitgliedern der Jungen Union zusammen. Gegenseitige Achtung hielt die regelmäßig ausbrechenden Kontroversen in Grenzen.

Heute gehören dem CCC etwa 300 sporadisch zahlende Mitglieder an. Die Zentrale liegt in Hamburg, daneben existieren Vertretungen in Berlin und Bielefeld. In der Vereinssatzung definiert sich der CCC als „eine galaktische Gemeinschaft von Lebewesen, die sich unabhängig von Alter, Geschlecht und Rasse sowie gesellschaftlicher Stellung grenzüberschreitend für Informationsfreiheit einsetzt und sich mit den Auswirkungen von Technologien auf die Gesellschaft sowie das einzelne Lebewesen beschäftigt und das Wissen um diese Entwicklung fördert."[25] Die schillernde Computer-Interessengemeinschaft verlangt seit ihrer Gründung nach einem Menschenrecht auf weltweite ungehinderte Kommunikation, eine Forderung, die erst jetzt mit den Begriffen *Infoelite* und *Infoproletariat* auch in das Bewußtsein der Öffentlichkeit dringt.

Die Zielsetzungen der CCC-Mitglieder gehen offenbar weit über das *Hakker*-Klischee des pickeligen Teenagers hinaus, der sich von Kaffee, Pizza und Erdnußflips ernährt. Für die Bundestagsfraktion der Grünen verfaßte der CCC bereits Mitte der 80er Jahre ein Gutachten, demzufolge Computer als Strukturverstärker zu betrachten sind: „In hierarchischen, zentralistischen

---

[24] Vgl. Herz, J.C.: Surfing on the Internet. A Nethead's Adventures On-Line –Boston: Little, Brown And Company 1995, S. 54.

[25] Vgl. Sontheimer, Michael: Chaos als Programm. In: Spiegel Special Nr. 3. Abenteuer Computer –Hamburg: Spiegel-Verlag, 3/1995, S. 40.

Herrschaftsstrukturen eingesetzt, fördern sie die Machtansammlung der Zentrale. Umgekehrt können sie in basisdemokratisch und dezentral aufgebauten Netzen segensreich wirken."[26]

Doch hinter solchen Theorien und der Sorge um die grenzenlose Informationsfreiheit, steht in der Hauptsache jenes inoffizielle Motiv, das die Mehrzahl der Mitglieder am meisten fesselt: Spaß am *Hacken* und der Nervenkitzel, Sicherheitslücken zu durchbrechen. Ausgerechnet im Orwell-Jahr knackten CCC-Aktivisten das Btx-Kenn- und Paßwort der Hamburger Sparkasse und wählten sich unter deren Identität eine ganze Nacht lang in einen kostenpflichtigen CCC-eigenen Btx-Dienst ein. Bevor irgend jemand etwas bemerkte, waren der Sparkasse Kosten von mehr als 130.000 DM entstanden. Der Chaos Computer Club verzichtete auf die Gebühren, aber der Ruf des noch jungen Online-Dienstes war von einem Tag auf den anderen ramponiert.[27] Die Reaktion ließ nicht auf sich warten. Der ehemalige CCC-Vorsitzende Steffen Wernéry, heute erfolgreicher Medienunternehmer, erinnert sich:

> „Als das *Hacken* „in" war, hat die Telekom bei den jungen Leuten Hausdurchsuchungen veranlaßt, weil die sich keine postzugelassenen Modems leisten konnten. Die Kreativität, mit der die *Hacker* auch ihr technisches Gerät selber bastelten, wurde verboten. Mit dem Ergebnis, daß man sich heute Telekommunikationsprodukte vorwiegend im Ausland kaufen muß. Da ist ein volkswirtschaftlicher Schaden entstanden, den man gar nicht mehr beziffern kann."[28]

Wernéry verklärt jedoch den Blick auf die Grenze zwischen Aufdeckung von Sicherheitsmängeln und lupenreiner Kriminalität, denn vielen *Hackern* ist diese Grenze unbekannt.[29] Eines Nachts im Jahre 1987 lasen Mitglieder des CCC auf ihrem Bildschirm „Welcome to the NASA Headquarters Vax Installation" und zogen aus dem fernen Rechner 200 Seiten Text, darunter Unfallberichte von Raketentests, auf ihre Festplatte.

Dies geschah im Widerspruch zur selbstauferlegten *Hackerethik* des Chaos Computer Club, in der es unter anderem heißt: „Hände weg von Militärrechnern." Der Vorstand informierte zwar daraufhin das Bundesamt für Verfassungsschutz, doch der Image-Schaden war irreparabel. Die Ermittlungen des Bundeskriminalamtes verliefen mangels computertechnischen Know-Hows im Sande.[30]

---

[26] Hooffacker, Gabriele: Online. Telekommunikation von A bis Z –Reinbek: Rowohlt 1995, S. 91.

[27] Vgl. Sontheimer, Michael: Chaos als Programm. In: Spiegel Special Nr. 3. Abenteuer Computer –Hamburg: Spiegel-Verlag, 3/1995, S. 41.

[28] Wernery, Steffen: Computer in die Schulen! In: Die Woche 17.3.1994, S. 2.

[29] Am 1. August 1986 trat das Zweite Gesetz zur Bekämpfung der Wirtschaftskriminalität in Kraft, mit dem das Ausspähen und Manipulieren von Daten auf fremden Computern unter Strafe gestellt wird.

[30] Vgl. Sontheimer, Michael: Chaos als Programm. In: Spiegel Special Nr. 3. Abenteuer Computer –Hamburg: Spiegel-Verlag, 3/1995, S. 42.

Weitaus ernster waren die Folgen des sogenannten *KGB Hacks*, der 1986 im Verkauf von militärisch verwertbaren Quellcodes gegen 30.000 DM aus der Hand eines sowjetischen Majors gipfelte. Die *Hacker*-Gruppe setzte sich aus CCC-Mitgliedern zusammen, die das Geld für ihre astronomischen Telefonrechnungen und für Kokain benötigten. Ihr Coup flog auf, als der amerikanische Sicherheitsexperte Clifford Stoll in seinem Rechenzentrum einen *Hacker* namens „Hunter" entdeckte, der offensichtlich nach Geheiminformationen stöberte.[31] Mit einem Köder, dem Datenpaket *SDI NET*, gelang es Stoll, „Hunter" solange im System zu halten, bis seine Identität ermittelt war. Zwei aus der Gruppe kassierten Gefängnisstrafen, nachdem ein Mitglied, der psychisch labile „Hagbard" alias Karl Koch, vor den Verfassungsschutzbehörden ausgesagt hatte. „Hagbard" beging anschließend Selbstmord.[32]

- *UseNet*

Ende der siebziger Jahre wurde von den Studenten Tom Truscott, James Ellis und Steve Bellovin das Gruppenkonferenzsystem *UseNet News* entwikkelt, damit die Anwender (*User*) in öffentlichen Konversationsrunden elektronische Nachrichten miteinander austauschen konnten, selbst wenn sie ohne eigenen Internet-Anschluß auskommen mußten –zu jener Zeit noch sehr wahrscheinlich. 1980 verteilten Truscott, Ellis und Bellovin während der Usenix-Konferenz[33] ihre Software an alle Anwesenden, damals noch auf großen Magnetbändern. Indem sie *UseNet News* als frei kopierbares Medium an die Öffentlichkeit übertrugen (*Public Domain*), war es neuen Computergemeinschaften möglich, sich ohne Zahlung von Lizenzgebühren am elektronischen Dialog zu beteiligen.[34] Die drei Studenten gingen ursprünglich davon aus, nur lokale Gemeinschaften würden ihre Software verwenden. *UseNet* entwickelte sich jedoch schnell zu einem weltweit angewandten Verfahren für zeitversetzte Konversation unter Ausnutzung des Internet.

Die Teilnehmer des *UseNet* einigten sich von Beginn an auf eine hierarchische Struktur, innerhalb derer sich Themen in aller Freizügigkeit entwickeln konnten. Diskussionsrunden (*Newsgroups*) wie „Political Correctness – Blinder Eifer?" oder „Die grauenhaftesten Popmusiker der Gegenwart" müssen einer der acht recht locker definierten Grobklassifikationen zugeordnet werden: *news* (Neuigkeiten über *UseNet*), *soc* (gesellschaftliche und kulturelle Themen), *talk* (Debatten ohne vorbestimmtes Thema), *misc* (Vermischtes wie

---

[31] Vgl. Stoll, Clifford: Stalking the Wily Hacker. In: Communications of the ACM 31:5 5/1988, S. 484-497. Diesen Artikel baute Stoll später zu einem Buch aus (der erste Bestseller zum Thema Internet): Vgl. Stoll, Clifford: The Cockoo's Egg –New York, N.Y.: Doubleday 1989.

[32] Vgl. Hooffacker, Gabriele: Online. Telekommunikation von A bis Z –Reinbek: Rowohlt 1995, S. 90.

[33] Sie war für diejenigen Anwender eingerichtet worden, die ihr Wissen über *UNIX* teilen wollten.

[34] Vgl. Rheingold, Howard: Virtuelle Gemeinschaft. Soziale Beziehungen im Zeitalter des Computers –Bonn: Addison-Wesley 1994, S. 150.

Arbeitsplatzsuche, Aktientips etc.), *sci* (überwiegend Naturwissenschaft), *comp* (Computer), *rec* (Freizeitaktivitäten und Hobbies) und *alt* (alle möglichen und unmöglichen Themen).

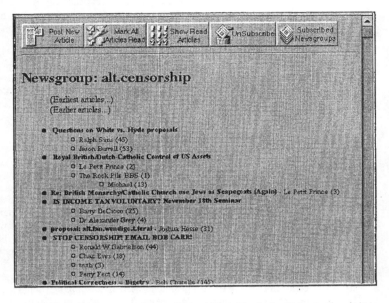

Abb. 49: Die *UseNet-Newsgroup* alt.censorship beschäftigt sich mit allen Fragen der Zensur, nicht nur mit der „Exon Bill".

Möchte sich ein Teilnehmer an einer bestehenden Diskussion mit dem Thema „Zensur" beteiligen, so schickt er seinen Beitrag an die *Newsgroup* alt.censorship (Abb. 49). Dies geschieht, indem er die Nachricht an einen von mittlerweile Millionen von Rechnern sendet, auf dem *Newsgroups* angeboten und verwaltet werden (*Newsserver*). Dieser Server nimmt Kontakt auf mit einem anderen Rechner, der ebenfalls *Newsgroups* anbietet (darunter alt.censorship), und beide gleichen ihre neueingetroffenen Mitteilungen untereinander ab. Jede Nachricht trägt eine eindeutige Identifikationsnummer, deshalb kann ein Computer gleichlautende Beiträge „ignorieren", die er bereits erhalten hat. Auf diese Weise tauschen *Newsserver* weltweit die auf ihnen abgelegten *UseNet*-Nachrichten aus. Inzwischen sind fast alle dieser *Newsserver* mit dem Internet verbunden, die Verbreitung von *UseNet* erfolgt also im wesentlichen via Internet.[35]

Ein neuer Diskussionsansatz innerhalb einer *Newsgroup* wird mit einer hervorgehobenen Überschrift als „roter Faden" (*Thread*) gekennzeichnet, in

---

[35] Dieser Umstand findet sich bereits im Internet-Navigationsprogramm *Netscape* berücksichtigt, mit dem das gesamte *UseNet*-Spektrum genutzt werden kann.

der Abbildung beispielsweise: „Questions on White vs. Hyde proposals". So können andere Teilnehmer, die später dazustoßen, die Aufzeichnung einer bestimmten Diskussionsrunde bis zum Ausgangspunkt zurückverfolgen und auswerten, um sich dann vielleicht mit ergänzenden Anmerkungen zu beteiligen. Da nicht nur der *Thread*, sondern auch unterhalb davon jeder Einzelbeitrag eine eigene Überschrift trägt (in der abgebildeten Übersicht steht stellvertretend nur der Absendername) besteht die Möglichkeit, ganz gezielt auf eine Mitteilung zu reagieren. In diesem Fall enthält die Überschrift das Kürzel „Re:", um zu kennzeichnen, daß es sich um eine Antwort handelt.[36]

Dabei ist es üblich, den Text, auf den man antwortet, auszugsweise zu wiederholen, damit andere die Zusammenhänge erkennen und sich an der Debatte beteiligen können. Sendet man nun die Reaktion auf einen der Beiträge direkt an die Diskussionsgruppe, so findet der Meinungsaustausch „in aller „Öffentlichkeit" statt. Zur Wahl steht aber auch, nur dem Absender des Beitrags eine Antwort per *eMail* zu senden, um sich unter Ausklammerung der anderen privat auszutauschen. Schließlich kann man auch einen neuen *Thread* einrichten, um mit einer eigenen Diskussion zu einem anderen Teilaspekt der *Newsgroup* zu beginnen.

Nicht alle der inzwischen über 10.000 *Newsgroups*[37] sind auf jedem der *Newsserver* vertreten. Die Auswahl trifft –meist in Abstimmung mit seinen Teilnehmern– der Systemverwalter vor Ort. Auf Nachbarsystemen sind die von ihm möglicherweise ausgefilterten *Newsgroups* vertreten, und so findet sich immer ein Weg, auch an diese Beiträge heranzukommen. Und für den Fall, daß ein Teilnehmer selbst in diesem riesigen Angebot nichts findet, das seinen Interessen entspricht, sagen wir „A Capella-Musik in Deutschland", gibt es ebenfalls eine Lösung: Er gründet eine neue *Newsgroup*.

Selbstverständlich sind dabei Regeln zu beachten, andernfalls würde ein Chaos von ähnlich gearteten Themen entstehen. Zur korrekten Einrichtung einer neuen *Newsgroup* gehört eine Diskussion mit allen interessierten *Use-Net*-Mitgliedern, eine zu vereinbarende Satzung und eine namentliche Abstimmung per *eMail*, bei der die Zahl der Befürworter die Zahl der Gegner um hundert übersteigen und eine Zwei-Drittel-Mehrheit zustandekommen muß. Erst danach gilt die *Newsgroup* „alt.music.germany.a-cappella" als gegründet. Sie kann wahlweise von ihrem Gründer moderiert oder der Anarchie freier Gedankenblitze überlassen werden.[38] Bei der nun –hoffentlich-entstehenden Konversation (es gibt auch „gähnend leere" *Newsgroups*), die je nach Nutzungsfrequenz des Themenbereichs noch Tage danach von allen mitverfolgt werden kann, verstehen viele Autoren ihre Nachrichten zugleich als eine Form von flüchtiger Publikation und als geschriebenen Meinungsaustausch mit eingebautem Selbstdarstellungseffekt. Natürlich gilt dies be-

---

[36] *Re:* steht für Reply (engl.: Antwort)

[37] Vgl. Wolf, Gary und Michael Stein: Aether Madness. An Offbeat Guide to the Online World –Berkeley: Peachpit Press 1995, S. 10.

[38] Vgl. Engst, Adam C.: Internet Starter Kit for Macintosh –Indianapolis: Hayden Books 1994, S. 80 ff.

sonders für die Gründung eigener Diskussionsgruppen, doch die damit verbundene Mühe schreckt die meisten ab.

UseNet enthält durchaus Merkmale eines Massenmediums, denn jede *Newsgroup* und jeder Beitrag erreicht theoretisch Millionen von Teilnehmern. Doch anders als in den klassischen Massenmedien legt niemand fest, welche Informationen an das Publikum weiterzugeben sind und welche nicht. Weiterhin kann jeder Leser unmittelbar seinen eigenen Beitrag einbringen oder sogar selbst zum „Verleger" werden.

Selbstverständlich zieht das Klima der *freien Rede* ohne zentrale Steuerung auch Teilnehmer an, die strafbare Inhalte im *UseNet* verbreiten wollen. Darauf reagieren die *UseNet*-Teilnehmer jedoch ausgesprochen wachsam. Sie benachrichtigen ggf. den Verwalter ihres *Newsservers*, der solche Mitteilungen (und den Absender) von seinem *Server* entfernt und darüber hinaus die Verwalter von Nachbarsystemen informiert. *Whistleblowing*[39] nennen die *Netizens* dieses bewährte Alarmsystem. Demgegenüber wird die Verbreitung codierter Softporno-Bilder oder aus Physikbüchern abgeschriebener Bomben-Bastelanleitungen häufig als „Spaß" betrachtet. Die Kritiker begnügen sich meist mit dem Hinweis, dabei handele es sich um Verschwendung von Leitungskapazität (*Waste of Bandwidth*).[40]

Naturgemäß favorisieren Berichte der auflagenabhängigen Presse bzw. des quotenorientierten Fernsehens „spektakuläre" Sex- und Bomben-Beiträge des *UseNet*, während (komplexe) positive Aspekte weitgehend im Dunkeln bleiben. In der bestenfalls halbinformierten Öffentlichkeit tritt so an die Stelle erhellender Debatten über das Für und Wider von *UseNet* und anderen elektronischen Kommunikationsformen vielfach Angst und damit verbunden Ablehnung. Der schnell erhobene Ruf nach zentral gesteuerter Zensur vernachlässigt jedoch das ungleich größere Angebot aus wertvollen Informationen und Diskussionen zwischen Angehörigen verschiedener Kulturen, die das Recht zur freien Rede voraussetzen.

Ein bezeichnender Vorfall ereignete sich, als der Autor des TIME-Aufmachers „Cyberporn" seine eigenen Aussagen in einem Nachfolgeartikel revidieren mußte, weil die massenhaft protestierenden Internet-Teilnehmer ihm nachweisen konnten, daß sein Bericht den pornografischen Gehalt im *UseNet* maßlos überschätzt hatte. Er beruhte auf den Erkenntnissen einer unwissenschaftlich durchgeführten Studie des Carnegie Mellon Instituts. Pornografische Abbildungen erreichen nach genauerer Betrachtung einen Anteil von nicht einmal 0,5 Prozent aller Beiträge.[41]

---

[39] engl.: Verpfeifen

[40] Vgl. Herz, J.C.: Surfing on the Internet. A Nethead's Adventures On-Line –Boston: Little, Brown And Company 1995, S. 309.

[41] Die Studie hatte beispielsweise den Anteil von Sexbildern, die über professionelle *Bulletin Board Systeme* ausschließlich an zahlende Erwachsene verteilt werden, auf das Nachrichtenaufkommen im weltweiten *UseNet* hochgerechnet und kam dabei auf die unglaubliche Porno-Quote von 83,5%. Vgl. Elmer-Dewitt, Philip: On a Screen Near You: Cyberporn (Cover Story). In: TIME Vol. 146, No.1, 3. Juli 1995, S. 38 ff. bzw. Elmer-Dewitt, Philip: Fire Storm on the Computer Nets. In: TIME Vol. 146, No.4, 24. Juli 1995, S. 40.

Der Schwerpunkt von *UseNet* liegt auf einem anderen Gebiet. Dazu gehört, daß sich die Teilnehmer zeitversetzt und schriftlich miteinander austauschen, das heißt: Niemand fällt dem anderen ins Wort. Anders als bei einem Briefwechsel, auf den diese Eigenschaft ebenfalls zutrifft, können nicht nur zwei, sondern beliebig viele miteinander kommunizieren. Die Struktur von *UseNet* versetzt jeden in die Lage, seine Diskussionsbeiträge in Ruhe zu überdenken und erst dann in den Meinungsaustausch einzubringen. Dadurch ist es dem Teilnehmer möglich, sich seinem ganz persönlichen Tempo entsprechend zu beteiligen.

UseNet fördert so auf technologische Weise die Verbreitung einer häufig vernachlässigten Diskussionskultur, in der man den anderen nicht nur seinen Gedanken zuende bringen läßt, sondern sich auch wieder die Zeit nehmen kann, die Argumente des anderen aufzunehmen (zwischen den Zeilen zu lesen), ihn richtig zu zitieren und weniger spontan und ausführlich, als vielmehr durchdacht und präzise zu antworten. Diese Form des sequentiellen Miteinander-Denkens schwächt zugleich die Online-Dominanz derjenigen ab, die bei einem mündlichen Schlagabtausch wegen ihres Rangs oder aggressiven Auftretens schnell die Oberhand gewinnen. Menschen, die sonst wenig oder gar nichts sagen, tragen demgegenüber in *elektronischen Foren* außerordentlich viel bei.[42]

Auch wenn sich bereits unzählige *UseNet*-Diskussionsrunden nach dem beschriebenen Muster abgespielt haben, nutzen bei weitem nicht alle Teilnehmer die theoretischen Voraussetzungen zu einer toleranteren Form der Auseinandersetzung. Aggressiv Veranlagte werden zwar durch die Technik des *UseNet* erfolgreich daran gehindert, andere in ihren Ausführungen zu unterbrechen, doch das hält sie nicht davon ab, mittels gezielter Hetze ursprünglich sachliche Debatten zu torpedieren. Andere verwechseln Diskussion mit Monolog und versenden seitenlange Texte, ohne im geringsten auf die anderen Beiträge einzugehen. (siehe Abschnitt 4.2 Netzfolklore, *Flame* bzw. *Spam*).

Offensichtlich müssen noch viele Teilnehmer die nicht unerhebliche Lernkurve zur optimalen Nutzung des *UseNet* absolvieren. Dennoch enthält bereits das gegenwärtige *UseNet*-Diskussionsklima genügend positive Ansätze, von denen zu wünschen wäre, einige von ihnen würden auch auf die Streitarenen der realen Welt abfärben. Wie stark *UseNet* leider umgekehrt durch die Wirklichkeit beeinflußt wird, zeigt das Beispiel der *Newsgroup* soc.culture.yugoslavia, von der sich bereits kurz vor Ausbruch des bewaffneten Konflikts im ehemaligen Jugoslawien die Gruppen soc.culture.croatia und soc.culture.bosna-herzgvna abspalteten.

---

[42] Vgl. Kiesler, Sara, Jane Siegel und Timothy McGuire: Social Psychological Aspects of Computer-Mediated Communication. In: American Psychologist 39, Nr. 10 (Oct. 1984), S. 1123-1134.

4.1.2 Net.Geeks

Während das Netz von den meisten Teilnehmern hauptsächlich als nützliches Werkzeug angesehen wird, mit dem man Meinungen austauschen oder recherchieren kann, stellen viele der sogenannten *Net.Geeks[1]* durchaus in Frage, was wichtiger ist: ihr Leben im *Cyberspace* oder das Leben außerhalb davon. Die Beschreibung dieser Netzgemeinschaft am Beispiel von zwei speziellen Ausprägungen verdeutlicht, welch ungeheure und zum Teil gefährliche Anziehungskraft der *Infohighway* ausüben kann.

- *IRCers*

  Internet Relay Chat (IRC) bedeutet „per Internet verbreitete Plauderei". Das gleichnamige Verfahren wurde 1988 von dem Finnen Jarkko Oikarinen entwickelt.[2] Überall im *Cyberspace* versammelt sich seitdem die Gemeinschaft der *IRC*ers. Der Grund für die wachsende Popularität liegt auf der Hand: *IRC* ermöglicht zum normalen Ortstarif eine Live-„Konferenz", bei der man rund um die Uhr per Computertastatur und Modem mit Menschen aus aller Welt ins „Gespräch" kommen kann, und zwar entweder zu zweit oder in größeren Teilnehmergruppen. Zeitliche Verzögerungen bei der Kommunikation, die beim Austausch von *eMail* oder *UseNet*-Beiträgen nicht zu vermeiden sind, entfallen hier zugunsten einer spontanen „Unterhaltung". Im Unterschied zur Videokonferenz bleiben die Beteiligten allerdings voreinander verborgen.

  Anders als bei einem Gespräch in physischer Präsenz kommunizieren die *IRC*ers unter Aussparung von Mimik, Gestik, Kleidung, Hautfarbe und anderen Kontextelementen –aber ebenfalls gleichzeitig. Bei einem Telefonat kann die Stimmlage wechseln. Die Sprache der *IRC*ers ist hingegen reduziert auf das von fast allen Begleitinformationen befreite Schriftzeichen. Nicht einmal der Duktus verrät etwa Gemütszustand oder Alter; Handschrift wird durch nüchterne Computerschrift ersetzt. Lediglich die für eine Antwort benötigte Zeit können *IRC*ers als Gradmesser für die Schlagfertigkeit des anderen heranziehen. Zugleich erfährt das geschriebene Wort mit seiner Fülle an Ausdrucksmöglichkeiten eine beachtliche Aufwertung.

  Mit Rücksicht auf den spontanen Charakter der Konversation werden die Inhalte in Portionen von einzelnen Zeilen „abgefeuert". Fehlende Ausdrucksmöglichkeiten über das Wort hinaus versuchen die *IRC*ers durch kommentierende Symbole und Abkürzungen auszugleichen. Umständliche Umschreibungen würden nur die Telefonkosten in die Höhe treiben, denn die *IRC*ers sind ständig *online*. Inzwischen existieren seitenlange Verzeichnisse der gebräuchlichen und weniger gebräuchlichen *Emoticons* und *Acronyms*, derer sich –nicht nur– die *IRC*ers bedienen (mehr dazu in Abschnitt 4.2 Netzfolklore und im Anhang). Durch das hektische und fehlerbehaftete Tippen häufen sich jedoch zusammenhanglose Satzfetzen. Oft blei-

---

[1] geek (engl.): Narr (vom deutschen „Geck" abgeleitet)

[2] Vgl. Engst, Adam C.: Internet Starter Kit for Macintosh –Indianapolis: Hayden Books 1994, S. 98 f.

ben die Diskussionen oberflächlich und -wenn nicht regelmäßig neue und interessante Teilnehmer dazustoßen- von eintönigen Leerlauf-Phasen geprägt (nach dem Muster: „Sagt doch mal jemand was Vernünftiges!"). Unverhofft entwickeln sich aber immer wieder tiefgründige und sehr persönliche Gespräche, sobald ein anregendes Thema gefunden ist.

Zwar ist die Lebendigkeit des unmittelbaren Schlagabtauschs der *IRC*ers kaum an anderer Stelle des Netzes zu finden. In den zeitversetzten Beiträgen des *UseNet* beispielsweise wirkt sich jedoch die längere Bedenkzeit tendenziell positiv auf die Inhalte aus. Außerdem speichern viele Bulletin Board Systeme interessante Textbeiträge und sorgen so für ein allen zugängliches kollektives Gedächtnis. Der Diskurs der *IRC*ers ist hingegen auf den Augenblick beschränkt. Die wenigsten sehen einen Sinn darin, die endlosen Kolonnen aus Einzeilern irgendwo aufzuheben.

Lang andauernde Gesprächsrunden sind keine Seltenheit (manche *IRC*ers prahlen damit, bereits 24 Stunden oder gar mehrere Tage hintereinander *online* zu sein) und deuten auf die immanente Suchtgefahr. Eine Selbsthilfegruppe im *UseNet* (alt.irc.recovery) bietet *IRC*-Süchtigen und Leuten, die den Ausstieg geschafft haben, die Möglichkeit zum Erfahrungsaustausch.[3] Die horrenden Telefongebühren, mit denen einige Teilnehmer nach tagelangem Internet-Geplauder konfrontiert werden, haben schon zu Ehekrisen und Pfändungen geführt. Daher umgehen viele *IRC*ers die finanziellen Belastungen, indem sie die *Online*-Gespräche, wenn möglich, an ihrem Universitätsrechner oder Arbeitsplatzcomputer durchführen. Einige haben auf ihrem Bildschirm eine Ecke für den *IRC*-Dialog reserviert, um sich während der Arbeit laufend in die Konversation einklinken zu können.

Wenn das *IRC*en nicht von einem Computer aus erfolgt, der selbst Teil des Internet ist, kann man diesen ersatzweise von einem anderen Rechner aus „fernsteuern" (also auch per Modem von zu Hause aus) und so an den Diskussionen teilnehmen. Der Fernzugriff erfolgt über die frei erhältliche Software *Telnet* oder über ähnliche *Client*-Programme. Deren Bedienung ist aber in jedem Fall nur etwas für Fortgeschrittene. Daher erfreuen sich die neuerdings auch im benutzerfreundlicheren *World Wide Web* verfügbaren *IRC*-Bereiche steigender Beliebtheit. Kommerzielle Anbieter wenden sich ebenfalls mit komfortablen Lösungen an alle anderen Anwender. Unter der allgemeineren Bezeichnung *Multi-User Chat* ist das Live-Geplauder seitdem nicht nur im Internet verbreitet, sondern gegen Gebühr auch in Online-Diensten[4] und selbst in etlichen Bulletin Board Systemen.[5]

Multi-User Chat ist ähnlich wie *IRC* in mehrere Kanäle aufgeteilt, in denen die Gespräche parallel ablaufen. In einigen unterhalten sich zehn Teilnehmer gleichzeitig -das führt schnell zu Antwortverzögerungen oder Miß-

---

[3] Vgl. Rheingold, Howard: Virtuelle Gemeinschaft. Soziale Beziehungen im Zeitalter des Computers -Bonn: Addison-Wesley 1994, S. 221.

[4] CompuServe offeriert diesen Dienst unter der Bezeichnung *CB Simulator*.

[5] Auf das *Chatten* spezialisiert hat sich in Deutschland zum Beispiel „CyberCity Köln", wo man für 27,60 DM monatlich maximal 3 Stunden am Tag *Online*-Gespräche mit anderen Teilnehmern führen kann. Schüler und Studenten zahlen die Hälfte.

verständnissen–, andere Kanäle bleiben leer, bis sich zwei oder drei dorthin zurückziehen, um eine Weile unter sich zu bleiben. Sobald man einen Kanal anwählt, kann man auf seinem Computer-Monitor die dort ablaufende Kommunikation mitlesen. Nicht immer bleibt man also wirklich „unter sich".[6] Ebenso sehen die anderen jeden Buchstaben, den man von jetzt an per Tastatur eingibt, unmittelbar danach auf ihren Bildschirmen. Das sieht dann zum Beispiel so aus:

Skates: Tall Guy was pretty colorful.

darling: (and a dman fine speller too)

Orson : I have to get a pot of coffee going....BRB

Skates: Dman right.

darling: hyeh

Skates: We lost the Tall person. Pity.

Tall Guy: Not really ... just monitoring.

darling: i am not a gifted typist at my best - and this is not my best.

Skates: Ah, welcome back TallGuy. You're gifted in other ways, darling.

~§PÖÖK¥~: LOL

Tall Guy: Thanks for remembering me. ;-)

darling: listening to Beethoven 9 here

Skates: <-- listening to Mojo Nixon, the Beethoven of the 80s.[7]

---

[6] Online-Dienste wie AOL bieten allerdings auch *Private Rooms* an, in denen sich (nicht mehr als zwei) Teilnehmer unbelauscht unterhalten können. Und es gibt kostenpflichtige *Closed User Groups* (*CUG*) bzw. *Geschlossene Benutzergruppen* (*GBG*), zu denen nur autorisierte Teilnehmer zugelassen sind.

[7] Aufzeichnung vom 9.6.1995 aus dem *CB Simulator*, Kanal 25, in „CompuServe". Übersetzung: „Tall Guy war ein ganz schön bunter Vogel." - „(und außerdem ein verdmamt guter Buchstabierer)" - „Ich muß mir 'nen Kaffee machen. Bin gleich wieder da. (BRB = Be right back)" - „Verdmamt richtig." - „heh" - „Wir haben den Großen verloren. Schade." - „Nicht wirklich ... Ich schau nur zu." - „auch in Bestform bin ich kein begabter Tipper -und ich bin gerade nicht in Bestform." - „Ah, willkommen TallGuy. Du bist auf anderem Gebiet begabt, darling." - „Prust!!! (LOL = Laughing out loud)" - „Danke, daß ihr euch an mich erinnert. ;-) (Zwinkern)" - „höre mir gerade Beethoven 9 an" - „und ich höre Mojo Nixon, der Beethoven der 80er."

An diesem Ausschnitt ist deutlich zu erkennen, daß jeder *Chatter* ein Pseudonym (*Nickname*) verwendet, zum Beispiel „Tall Guy". Damit können ihn die anderen identifizieren und ansprechen. Die Anmeldung zweier Personen unter einem gleichlautenden *Nickname* innerhalb eines Kanals wird automatisch von der Software ausgeschlossen (im Internet heißt sie *Nickserv*). Selbst für den Fall seiner Abwesenheit kann sich ein regelmäßiger Teilnehmer sein Pseudonym durch *Nickserv* reservieren lassen, um zu verhindern, daß ein anderer versehentlich den gleichen Namen wählt (oder absichtlich mißbraucht) und es zu Verwechslungen kommt. *Skates* zum Beispiel ist so ein reservierter Name. Die Sternchen am Anfang und Ende verraten es. *~§PÖÖK¥~* möchte offenbar mit der ungewöhnlichen Buchstabenabfolge[8] besonders auffallen, auch wenn er / sie (?) zu diesem Teil der Unterhaltung nur wenig beiträgt.

In der Teilnehmer-Übersicht, auf die jeder permanent zugreifen kann, steht neben dem *Nickname* auch der „wirkliche" Name, unter dem die Anmeldung ursprünglich erfolgte (*User-ID*). Allerdings ist auf die Gültigkeit dieser Namen keinerlei Verlaß, denn viele Teilnehmer führen andere mit falschem Namen (*Fake*) in die Irre. Manch einer glaubt, eine berühmte Schauspielerin habe sich in einen Kanal eingeschaltet, während er sich in Wahrheit nur mit einem feixenden Teenager unterhält. Jene Ungewißheit darüber, wer sich im nächsten Moment am permanenten Geplauder beteiligt, empfinden viele *IRC*ers als besonders aufregend, egal ob derjenige tatsächlich ein Star ist oder nicht (es gibt aber durchaus *echte* Berühmtheiten, die zugeben, manchmal anonym an *IRC*-Gesprächen teilnehmen, um „ungeschminkte" Meinungen einzuholen).

Die *IRC*ers setzen die technologisch ermöglichte Anonymität auf eine Weise ein, die es ihnen erlaubt, mit „künstlicher, aber stabiler Identität"[9] zu kommunizieren. Mittels Pseudonym kann sich jeder den anderen gegenüber auf neue Weise darstellen: ein New Yorker Taxifahrer gibt sich als Lufthansa-Stewardess aus oder umgekehrt, ohne daß Aussehen oder Stimme das Rollenspiel entlarven können. Welche Maskierung auch immer gewählt wird, die anderen Teilnehmer wissen einerseits nicht, um wen es sich wirklich handelt, sie können aber davon ausgehen, daß die Person, die hinter *~§PÖÖK¥~* steht, auch in den Konversationen der folgenden Wochen und Monaten zumindest noch dieselbe ist. Die Anonymität künstlicher Identitäten verleitet allerdings auch zu spielerischem Wechsel zwischen multiplen Persönlichkeiten, das heißt der gleichzeitigen Annahme mehrerer Pseudonyme bzw. Rollen. Niemand kann sagen, wieviele der *IRC*ers von dieser Möglichkeit Gebrauch machen. Einige geben an, ständig zwischen zehn oder mehr selbsterschaffenen Charakteren zu wechseln.

Um zu vermeiden, daß man sich und seine Neigungen anderen immer wieder vorstellen muß, können die *IRC*ers allen anderen Teilnehmern Kurzprofile zur Verfügung stellen, in denen sie ihr Alter, Geschlecht, Interessen

---

[8] Hinter dem Zeichengewirr verbirgt sich das Wort „SPOOKY" (engl.: gespenstisch).

[9] Rheingold, Howard: Virtuelle Gemeinschaft. Soziale Beziehungen im Zeitalter des Computers –Bonn: Addison-Wesley 1994, S. 219.

usw. verraten. Andererseits entspricht dort wie auch in den Gesprächen vieles nicht der Realität. Deshalb werden am Ende von interessanten Begegnungen gern Telefonnummern ausgetauscht, um so vielleicht mehr über den anderen herausfinden zu können. Neben *IRC*er-Profilen existieren auch Verzeichnisse, in denen man passend zum Pseudonym ein Foto finden kann, es sei denn, einzelne Teilnehmer legen Wert auf Wahrung ihrer Anonymität.[10] Die meisten Abbildungen gehören zur Kategorie „Aus dem Familienalbum" und dienen häufig dem Zweck, sich bei den regelmäßig organisierten Treffen (*Relay Party*) wiederzuerkennen; nicht wenige zukünftige Ehepartner finden so zueinander.[11] Netzbeziehungen (*Net.Relationship* oder *Net.Romance*) haben es jedoch häufig schwer, sich im wirklichen Leben zu bewähren.

Auch Zuhälter haben das Potential dieser Kommunikationsform erkannt und lassen angebliche „einsame Herzen" mit *IRC*ern Kontakt aufnehmen, die dann auf laszive Fotografien in den Bildverzeichnissen verwiesen werden. Offene Prostitution ist in den USA strafbar, daher werden in Online-Diensten wie „America Online" Nacktbilder von den verantwortlichen *Sysops* sofort gelöscht. Pornografie führt zur Kündigung der Mitgliedschaft; in schwerwiegenden Fällen wird die Identität des Betreffenden von den Online-Dienst-Betreibern an die Justizbehörden weitergegeben.[12]

Einige *IRC*ers haben offensichtlich erhebliche Defizite in sozialem Umgang und glauben an schnelle körperlich-sexuelle Abenteuer, die sich aus dem elektronischen Flirt ergeben könnten. Andere betrachten das *IRC*en lediglich als Experimentierfeld und versuchen, das Spektrum erotischer Formulierkunst bzw. sexueller Phantasien auszuloten, die manch einen im persönlichen Gespräch stammeln und erröten ließen. In diesem anonymen Medium über tabubeladene Themen unbefangen reden zu können, findet unter den *IRC*ern großen Anklang und ist unter dem Begriff *Net.Sleazing* bekannt.

Beliebt ist dabei auch das Spiel mit und der Wechsel zwischen allen Formen von Geschlechterrollen (männlich, weiblich, Neutrum, schwul, lesbisch, bisexuell usw.). Eine Teilnehmerin kann sich ohne weiteres in einen Kanal wie #gaysex einschleichen und ausprobieren, wie es ist, in der Rolle eines Homosexuellen von anderen Männern *online* „verführt" zu werden. Die Autorin J. C. Herz unternahm diesen Versuch und wählte dazu das Pseudonym „Kit". Es folgt ein Ausschnitt aus ihren Aufzeichnungen, der erkennen läßt, daß ihre Maskerade von den anderen Teilnehmern nicht durchschaut wurde (spitze Klammern leiten Gesprächsbeiträge ein; ein * kennzeichnet simulierte „Aktionen" und Emotionen der Teilnehmer):

---

[10] Im *UseNet* existiert für Interessierte eine spezielle „Bildergalerie": die *Newsgroup* de.alt.binary.pictures.relay-party.

[11] Vgl. Anthony Jr., G.: Encountering Friends through Cyber-Chat. In: Philadelphia Inquirer 11.2.1994.

[12] Vgl. Jones, Leslie: AOL FAQ 2.6, 9/1995 elektronisch publiziert

<Kit> Greetings from South Beach.

<Strand> kit, is that in Australia?

<Kit> No, Miami Beach Florida. Sex capital of the Eastern Seaboard. [...]

<Kit> Models galore

* dolf loves supermodels

<Kit> You can't throw a stone without hitting a geourgeous guy.

* DSV throws a stone. „I'm going to try and bag a geourgeous guy for myself!" [...]

* Kit throws a stone at dolf [...]

* dolf sticks his tongue out at Kit [...]

* Kit sticks his tongue out at dolf

*** Kiy has joined channel #gaysex [...]

<Kiy> Hi Kit, what similar nicks we have1 [...]

<Kit> The terrible two

* Billy2* Hey Kit.

<Kiy> YES! The terrible two, kinda like Wonder Twins eh? [...]

* Kiy says Take me! Take Me Kit!!!!

*SFBoy would love a hot shower with someone

<Kit> So hop in the shower, wonder twin. [...]

* Kiy kisses Kit, deep, wet, passionately

*** Bang has left channel #gaysex

* Kit drops the soap [...]

* Kiy gently enters Kit and bites his ear [...]

* Kit moans

* Fat-Elvis is enjoying watching Kit and Kiy[13]

---

[13] Vgl. Herz, J.C.: Surfing on the Internet. A Nethead's Adventures On-Line –Boston: Little, Brown And Company 1995, S. 155-161. Übersetzung: „Grüße aus South Beach" – „Kit, ist das in Australien?"– „Nein, Miami Beach Florida. Sex-Hauptstadt der Ostküste. Jede Menge Models." –dolf liebt Supermodels.– „Man kann keinen Stein werfen, ohne damit einen aufregenden Typ zu treffen." –DSV wirft einen Stein. „Ich versuch' mal, mir selbst so einen aufregenden Typen zu angeln."– Kit wirft einen Stein in Richtung dolf. –dolf streckt Kit seine Zunge entgegen.– Kit streckt dolf seine Zunge entgegen. *–Kiy beteiligt sich an Kanal–>*

In Online-Diensten finden solche und ähnliche „Begegnungen" nur in den dafür vorgesehenen „Adult"-Bereichen statt, zu denen Minderjährige keinen Zugang haben. Umgekehrt gibt es auch Kanäle für Teenager, in denen Ältere nichts zu suchen haben. *IRC*ers, die sich durch Hilfsbereitschaft und Engagement hervorgetan haben, sind mit der Aufgabe des „Kanal-Wächters" (*Chanop*) betraut, der die Vorgänge in seinem Bereich beobachtet und Unbefugte oder Provokateure per Tastendruck „hinauswerfen" kann. Von diesem Recht wird aber nicht leichtfertig Gebrauch gemacht, denn die Gemeinschaft der *IRC*ers reagiert heftig, wenn der *Chanop* nicht jede seiner Entscheidungen vor den anderen stichhaltig begründet –eine ungeschriebene Regel, die daher freiwillig eingehalten wird.

Die technologischen Rahmenbedingungen, die es den *IRC*ern ermöglichen, sich ganz auf die Kraft des geschriebenen Wortes zu konzentrieren, mögen viele sonst zurückhaltende Menschen ermutigen, ihren Standpunkt zu finden und zu vertreten. Auf der anderen Seite kann sich das Fehlen konventioneller Normen auch enthemmend auswirken und unsoziales Verhalten herausfordern.[14] Geübte *IRC*ers lehnen es ab, sich auf Provokationen oder Beschimpfungen einzulassen und fahren in ihrer Diskussion fort.

Für die Sozialforschung eröffnet die Subkultur der *IRC*ers ein reiches Betätigungsfeld. „Komplexe Rituale sind entwickelt worden, um die *IRC*-Gemeinde zusammenzuhalten und den Umgang mit den verschiedenen Befugnissen zu regulieren."[15] In der Hand verantwortungsbewußter *Chanops* liegt etwa die Bestrafung einzelner Teilnehmer, besonders nach mißbräuchlicher Nutzung eines fremden Pseudonyms (das größte Tabu). Dies hat nicht selten den Ausschluß aus der Gemeinschaft zur Folge. Zu den positiven Kontrollmechanismen der *IRC*-Kultur gehört andererseits die Belohnung, das heißt die Möglichkeit, nach vollzogener „Sühne" wieder aufgenommen zu werden, z.B. durch Ablegen eines glaubwürdigen Geständnisses in einem der öffentlichen *UseNet*- Foren, in denen *IRC*er-Themen diskutiert werden.[16] Im Vordergrund steht jedoch der Wunsch eines jeden *IRC*ers, durch die Anerkennung der anderen Netzteilnehmer einen hohen sozialen Status zu er-

---

#gaysex. „Hi Kit, wie sich doch unsere Nicknames ähneln." – „Die schrecklichen Zwei." – "Hey Kit."– „JA! Die schrecklichen Zwei, so 'ne Art Wunder-Zwillinge, oder?" Kiy sagt „Nimm mich! Nimm mich Kit!!!!" – SFBoy würde jetzt gern jemanden unter die heiße Dusche mitnehmen.– „Komm unter die Dusche, Wunder-Zwilling." –Kiy küßt Kit heftig, feucht, leidenschaftlich.– *–Bang hat den Kanal #gaysex verlassen–* Kit läßt die Seife fallen. –Kiy dringt sanft in Kit ein und knabbert an seinem Ohr.– Kit stöhnt. –Fat-Elvis genießt es, Kit und Kiy zu beobachten.

[14] Vgl. Kiesler, Sara, Jane Siegel und Timothy McGuire: Social Psychological Aspects of Computer-Mediated Communication. In: American Psychologist 39, Nr. 10 (Oct. 1984), S. 1123-1134.

[15] Rheingold, Howard: Virtuelle Gemeinschaft. Soziale Beziehungen im Zeitalter des Computers –Bonn: Addison-Wesley 1994, S. 225.

[16] Vgl. Reid, Elisabeth: Electropolis –Communications and Community on Internet Relay Chat (Honor's Thesis für das Department of History, University of Melbourne). Elektronisch publiziert 1991.

langen, der sich nach der Fähigkeit bemißt, mit Worten Kontext herzustellen und so zum Erhalt der virtuellen Gemeinschaft beizutragen.[17]

- *MUD*ers

    Die Abkürzung *MUD* steht für *Multi-User Dungeon*[18] und bedeutet „Burgverlies für mehrere Anwender". Hinter dieser etwas seltsamen Beschreibung verbergen sich virtuelle Welten aller Art –nicht nur Burgverliese–, die man mittels Tastaturbefehlen „erlebt". Auf den ersten Blick ähnelt die Handhabung dem *IRC*en, denn auch im *MUD* findet die Konversation zwischen gleichzeitig „anwesenden" Teilnehmern live bzw. *online* statt, das heißt durch einen unmittelbaren Austausch spontan getippter Textzeilen. *IRC*-gemäß greift der Anwender über ein *Client*-Programm wie *Telnet* per Fernsteuerung auf einen entfernten Rechner zu, wobei jede Anweisung eine prompte Reaktion zur Folge hat.

    Im Gegensatz zu *IRC* kann man aber nicht nur kommunizieren, sondern zusätzlich aus Wörtern und Programmiersprachen eine gemeinsame Spielumgebung erzeugen. Die *IRC*ers betreiben Konversation innerhalb von abstrakten „Kanälen", die *MUD*ers interagieren innerhalb einer „Architektur". Sie besteht aus phantasievollen Textbeschreibungen von Gebäuden, unterirdischen Gängen, merkwürdigen Gebilden, Landschaften, Personen und automatisierten Bewegungsabläufen, die alle in einer zentralen Datenbank abgelegt sind.

    Begeben sich zum Beispiel mehrere *MUD*ers zugleich in die „Bar der Spiegel-Taverne" (mit dem Befehl „go looking glass tavern bar"), dann liefert die Datenbank ihnen allen eine passende Beschreibung des Inneren mitsamt der anwesenden Gäste auf den Bildschirm. Wenn man möchte, erhält man mit dem Befehl „look Vincent" eine Selbstdarstellung, die sich einer der Teilnehmer für seinen Charakter Vincent ausgedacht hat.

    Vielleicht agiert „hinter dem Tresen" ein automatisches Programm als Barkeeper (*Bot Barman*), begrüßt jeden mit seinem Pseudonym und erkundigt sich nach dem Getränkewunsch. Entschließt sich Vincent zu einem Whisky, so tippt der Teilnehmer den Befehl „Vincent, emote orders a whisky", und schon können die anderen auf ihrem Bildschirm lesen: „Vincent orders a whisky" (*emote* ist für die Datenbank der Auslöser einer für alle sichtbaren „Aktion"). Danach fällt es kaum noch schwer, eine Jukebox anzuwerfen oder alle zu einer virtuellen Pokerpartie einzuladen.[19]

---

[17] Die Rolle der *Communication Leaders* und *Social Expert Leaders* im *Cyberspace* sowie die Bedeutung der vielfältigen *Online*-Identitäten beschreibt die Untersuchung von Myers, David: Anonymity is Part of the Magic. Individual Manipulation of Computer-Mediated Communication Contexts. In: Qualitative Sociology, vol. 10, no.3, Fall 1987, S. 251-266.

[18] Der Name bezieht sich auf das beliebte Rollen-Brettspiel *Dungeons & Dragons*, das als Vorbild der elektronischen *MUD*s gilt. Alternativ wird *MUD* auch als *Multi-User Dimension* beschrieben.

[19] Auszüge von *MUD*-Erkundungen finden sich in Herz, J.C.: Surfing on the Internet. A Nethead's Adventures On-Line –Boston: Little, Brown And Company 1995, S. 180 ff.

Für den Schöpfer einer solchen Welt (von den Teilnehmern respektvoll *MUD God[20]* genannt) besteht der Reiz in einem Universum, das er mit hohem programmiertechnischen Aufwand von eigener Hand erschaffen hat, um von anderen Teilnehmern erforscht und detailliert ausgestaltet zu werden. Vereinzelt ernennt er Gäste, die sich durch Einsatzwillen und Kreativität auszeichnen, zu „Zauberern" (*Wizzes* oder *Tinkers*) und weiht sie in die tieferen Geheimnisse seines *MUD* ein.

Dazu gehört das Erfinden von „magischen Objekten": eine lila Bergkette beispielsweise, auf der eine schneebedeckte Kuh erscheint, sobald jemand das Wort „Schokolade" verwendet oder ein Fliegender Teppich, der den Eigentümer an verborgene Orte des *MUD* teleportieren kann. Die *Wizzes* lehren ihrerseits Neuankömmlingen den Gebrauch der weltschöpfenden Sprache (*MUDspeke*) und dürfen in Grenzen belohnen bzw. bestrafen.[21]

Die erste *Online*-Spielumgebung für Netzteilnehmer, *MUD1*, gründeten Roy Trubshaw und Richard Bartle, Studenten der Universität von Essex, bereits zwischen 1979 und 1980.[22] Diese typische *Hack-and-Slash*-Welt[23] orientierte sich an J.R.R. Tolkiens „Herr der Ringe"-Trilogie, ein besonders unter Teenagern äußerst populärer Fantasy-Roman. Nach dem buchstäblich schlagenden Erfolg von *MUD1* wurden neben weiteren Abenteuer-Arenen natürlich auch solche geschaffen, in denen man Beziehungs-Phantasien in Textform ausleben kann (*TinyMUDs*).

Die Einführung neuer Techniken versetzte schließlich alle Spieler in die Lage, neben ihrer *Online*-Persönlichkeit auch virtuelle Räume zu „konstruieren". So entstanden bald aus wenigen Vorbildern 170 unterschiedliche Spiele auf der Basis von 19 verschiedenen Programmiersprachen.[24] Multi-User-Simulationsumgebungen (*MUSEs*) wurden selbst für Forschungszwecke eingesetzt. Dazu gehört das 1993 am MediaLab, Massachusettes, initiierte *MediaMOO*, eine ernsthaft angelegte Ergänzung wissenschaftlicher Kongresse. Pavel Curtis entwickelte am Palo Alto Research Center (PARC) das experimentelle *LamdaMOO*, in dem sich mehrere

---

[20] Die Bezeichnung *God* ist auch in anderem Zusammenhang gebräuchlich. *Net.Gods* sind Herausgeber wichtiger *Mailing Lists* oder Betreiber von bedeutenden Bulletin Board Systemen. *Net.Saints* wiederum sind *Net.Gods*, die sich durch außergewöhnliche Hilfsbereitschaft einen Namen gemacht haben. Virtuelle Aktivisten mit Einfluß in der Netzgemeinschaft stellen eine Variante dar: Sie werden *Net.Heavy* genannt.

[21] Vgl. Rheingold, Howard: Virtuelle Gemeinschaft. Soziale Beziehungen im Zeitalter des Computers –Bonn: Addison-Wesley 1994, S. 190 ff.

[22] Vgl. ebenda, S. 189

[23] Eine Fantasy-Umgebung, in der Programmierkunst und virtuelles Abschlachten zwischen Rittern, Zwergen, Dämonen usw. (*slash* engl.: aufschlitzen) gefragt sind.

[24] Stand: Juli 1992. *MUD* und seine unzähligen Varianten wie *MUSE*, *MOO* oder *MUSH* werden seitdem auch unter dem Oberbegriff *MU** zusammengefaßt. Vgl. Rheingold, Howard: Virtuelle Gemeinschaft. Soziale Beziehungen im Zeitalter des Computers –Bonn: Addison-Wesley 1994, S. 183.

tausend Anwender kreativ betätigen.[25] Ein weiteres PARC-Projekt namens *Jupiter* ist gedacht als multimediale Werkstätte für die Entwickler virtueller Arbeitsplätze. Daneben gibt es vielfältige Ansätze auf der ganzen Welt, McLuhans *Globales Dorf* durch Gründung virtueller Siedlungen auf das Internet zu übertragen (Abb. 50).

Abb. 50: „The Sprawl" ist die Umsetzung von William Gibsons „Neuromancer"-Welt auf die Oberfläche des *World Wide Web*.

Diese Ausprägungen gehören zum Genre der *sozialen MUDs*. Sie unterscheiden sich von den traditionellen *Abenteuer-MUDs* durch den Verzicht auf Punktesysteme und Machtstrukturen, die durch Brutalität und Cleverness bestimmt sind. Die Spiel- und Lernumgebung *MicroMUSE* und seine virtuelle Universität von „Cyberion City" schufen Barry Kort und Stan Lim in Anlehnung an die Überlegungen des Entwicklungspsychologen Jean Piaget, deren Anhänger der Überzeugung sind, „daß Kinder mehr Wissensinhalte in einem kürzeren Zeitabschnitt begreifen, wenn sie ihnen als eine Welt präsentiert werden, die sie entdecken können, und nicht als Pensum, das auswendig gelernt werden muß."[26]

---

[25] Vgl. Quittner, Josh: Johnny Manhattan Meets the Furry Muckers. In: Wired 4/1993. Elektronisch veröffentlicht.

[26] Vgl. Rheingold, Howard: Virtuelle Gemeinschaft. Soziale Beziehungen im Zeitalter des Computers –Bonn: Addison-Wesley 1994, S. 201.

Die Freiheit eines jeden Besuchers, in stundenlanger Arbeit Phantasiege-
stalten mit „Leben" zu erfüllen und über Monate und Jahre hinweg am Bau
der künstlichen Welt mitzuwirken, weckt speziell bei Jugendlichen großes
Interesse. Darunter sind viele, die am Anfang des Studiums stehen. Nir-
gendwo im *Cyberspace* ist das Suchtpotential höher einzustufen als hier,
denn „auf Menschen, deren reales Leben von Eltern, Professoren und Chefs
kontrolliert werden, üben Welten eine große Anziehungskraft aus, in denen
Lebensmeisterung und die Bewunderung der Mitglieder der *Peergroup* jedem
zuteil wird, der über Phantasie und intellektuelle Neugier verfügt."[27] Zwischen pathologischem Eskapismus und gestalterischer Virtuosität entscheidet jedoch letztlich die Art des Einflusses, den die Beschäftigung mit *MUDs*
auf die soziale Kompetenz des einzelnen ausübt.

Die steigenden Ausgaben für technische Anschaffungen in Forschung
und Lehre sind Steuerzahlern schwer zu erklären, wenn zugleich die Datenbanken populärer *MUDs* –oft auf Universitätsrechnern abgelegt– riesige
Proportionen annehmen und das Geplauder der Teilnehmer regelmäßig die
Datenleitungen der Institute blockiert. „Islandia", ein *TinyMUD* der Universität Berkeley expandierte auf dreitausend Mitspieler, so daß die Datenbank
Beschreibungen zu fast 15.000 Räumen verwalten mußte. Nicht wenige Sy-
stem-Administratoren fürchten um die Stabilität ihrer Netze und betrachten
*IRC*ers und *MUD*ers als Hauptverursacher von Überbeanspruchungen der
Computer und Kommunikationsressourcen. Aus diesem Grund sind *MUDs*
bereits von Universitäten wie Amherst und vom ganzen australischen Kontinent verbannt worden.[28]

Dabei sind *MUDs* bisher noch fast ausschließlich textorientiert. Bereits
seit längerem wird jedoch an der Einbindung von grafischen Animationen,
Ton und sogar Video geforscht.[29] Diese Entwicklung geht zurück bis Anfang
der achtziger Jahre, als die Firma Lucasfilm Games im Auftrag des Online-
Dienstes Quantum Link Communications[30] ein grafisch orientiertes Plauder-
system namens *Habitat* zu entwerfen begann, das von den damals noch
weit verbreiteten *C64*-Computern der Teilnehmer genutzt werden konnte.
Im Unterschied zu *IRC* und *MUD* waren hier bereits nonverbale Ausdrucksformen möglich: Der Anwender steuerte mittels Joystick ein Fabelwesen
namens *Avatar*, das sich stellvertretend auf seinem eigenen und den Bildschirmen der anderen bewegen und die Textdialoge mit einfacher Gestik
und Mimik unterstreichen konnte. Aus *Habitat* ging 1989 der Club Caribe
hervor, in dem sich nach zwei Jahren Laufzeit 15.000 Mitspieler tummel-

---

[27] Rheingold, Howard: Virtuelle Gemeinschaft. Soziale Beziehungen im Zeitalter des Computers –Bonn: Addison-Wesley 1994, S. 193.

[28] Vgl. ebenda, S. 14.

[29] Die Konzeption multimedialer Dramaturgie und Gestaltungsmuster wird näher beleuchtet
in Pape, Sven: Multimedia. Potentiale interaktiver Erzählstrukturen. Diplomarbeit Hochschule der Künste Berlin, FB 5, 29.12.1995.

[30] Dieses Unternehmen verschmolz 1993 mit dem Online-Dienst AOL.

ten.[31] Der japanische Elektronik-Riese Fujitsu erwarb schließlich das *Habitat*-Verfahren und steht im Begriff, das multimedial überarbeitete System unter der Bezeichnung *Worlds Away* in Japan und im amerikanischen Online-Dienst CompuServe neu einzuführen (Abb. 51).

Abb. 51: In der *MUD*-Umgebung „Worlds Away" sucht sich der Anwender für die Figur, die ihn auf den Bildschirmen der anderen Netzteilnehmer repräsentiert, einen eigenen Kopf und Rumpf aus. Mittels Tastensteuerung kann er die künstliche Person zwischen den verschiedenen Räumen frei bewegen und sogar mimische und gestische Ausdrucksformen einsetzen.

Die Ansichten der *MUD*ers über den Nutzen von multimedialen Elementen bzw. die daraus folgende Ablösung der wortgestützten Phantasie sind geteilt, doch wird sich der Trend zur Visualisierung wohl kaum aufhalten lassen. Eines Tages könnten *MUD*s sogar mit einem Netz zukünftiger *Virtual Reality*-Systemen[32] verbunden sein, in die man mit allen Sinnesorganen und dem ganzen Körper „eintauchen" kann. Welche Auswirkungen diese Entwicklungen auf unsere Gesellschaft haben werden, darüber läßt sich nur spekulieren.[33]

---

[31] Vgl. Rheingold, Howard: Virtuelle Gemeinschaft. Soziale Beziehungen im Zeitalter des Computers –Bonn: Addison-Wesley 1994, S. 234-238.

[32] Vgl. Rheingold, Howard: Virtual Reality –London: Mandarin 1992, S. 286 ff.

[33] Eine pessimistische Vision dieser Zukunft entwickelt William Gibson in seiner „Neuromancer"-Romantrilogie.

4.2 Netzfolklore

Soziale Beziehungen im *Cyberspace* sind häufig von einer gewissen Flüchtigkeit geprägt, deren Ursprung nicht zuletzt in der räumlichen Distanz zwischen den Netzteilnehmern liegt. Sie läßt sich auch in der computergestützten Kommunikation nicht immer vollends abbauen. Erst nach einer längeren Phase des Kennenlernens entwickeln sich zwischen den Beteiligten unausgesprochene Verhaltensmuster, aus denen im elektronischen Dialog eine Form von Verbundenheit entstehen kann.

Um die technologisch bedingten Grenzen zu durchbrechen, denen Umgangsformen und kommunikative Ausdrucksmöglichkeiten unterworfen sind, schufen die *Netizens* eine Reihe von zuverlässig wiederkehrenden Elementen und Verhaltensmaßstäben. Allmählich entstand dadurch in den Köpfen der Teilnehmer eine Vorstellung, wie sie in Abstimmung mit den anderen den *Infohighway* optimal nutzen und um neue Anwendungen bereichern können. An der daraus entstandenen *Netzfolklore* orientieren sich inzwischen die meisten Teilnehmer. Demgegenüber verhalten sich nicht wenige *Netizens* bewußt unsozial, um Aufmerksamkeit zu erregen. Dieser Abschnitt nennt Beispiele für beide Ausprägungen.

- Gegenseitige Unterstützung
 Information Overload wird uns die Informationsgesellschaft in weit grösserem Umfang als bereits jetzt schon bescheren. Die Überbeanspruchung durch Mitteilungen aller Art, seien es Nachrichten, Werbespots, Kurznotizen oder Börsenkurse, hat häufig zur Folge, daß wirklich wichtige Informationen nicht mehr aufgefunden bzw. wahrgenommen werden können. Insbesondere das Internet bietet eine derartige Fülle an Angeboten, daß in manchen Fällen nicht einmal eine gezielte Suchabfrage eine überschaubare Zahl von Dokumenten hervorbringt.

 Zu den ungeschriebenen Regeln des *Cyberspace* gehört es daher, andere *Netizens* (nicht nur) bei der Recherche zu unterstützen. Dies geschieht auf mehreren Wegen. Zum einen legen die Teilnehmer informative Dokumente an einem Ort ab, wo sie von anderen, die an diesem Thema Interesse haben, sofort gefunden werden können (z.B. in Archiven mit speziellen Schwerpunkten).

 Weiterhin lassen sie einem Teilnehmer, der Antworten zu einem bestimmten Problem sucht, Hinweise zukommen, wo Hilfen aufzuspüren sind, oder sie tragen selbst zur Lösung bei. Dieses Verhalten basiert auf einer Kombination aus Selbstlosigkeit und Eigennutz, denn in den meisten Fällen wird ihnen umgekehrt diese Hilfsbereitschaft gleichermaßen entgegengebracht. *Netizens*, die regelmäßig nützliche Antworten geben und sich durch Hilfsbereitschaft auszeichnen, gewinnen im Netz an Prestige.

- *Netiquette*

Die Netzgemeinschaft hat sich immer mit der Gefahr ihres Auseinander-
brechens befassen müssen, ausgelöst durch egozentrisches Verhalten einzelner. Als Gegenmaßnahme haben die Teilnehmer in gemeinsamen Beratungen eine Zusammenstellung der wichtigsten Verhaltensregeln im
Cyberspace erarbeitet: eine Etikette für das Netz (*Netiquette*).

Danach sind vor allem Belästigungen und Beleidigungen zu unterlassen.
Auch das Versenden ein und desselben Beitrags in mehrere Diskussionsgruppen (*Cross Posting*) zählt zu unsozialem Verhalten, denn dadurch wird
die Netzkapazität und die Übersichtlichkeit in den Themenkreisen unnötig in
Mitleidenschaft gezogen. Persönlich adressierte *eMail* von anderen Teilnehmern darf nicht in *elektronischen Foren* veröffentlicht werden.

Schließlich wird von den Teilnehmern erwartet, daß sie die bereitgestell-
ten Handhabungs-Hinweise lesen (siehe *FAQs*). So können sie sich zunächst
mit den Gepflogenheiten und Zielsetzungen der anderen *Netizens* vertraut
machen, bevor sie sich an einer Diskussionsrunde oder anderen Bereichen
beteiligen (der Abdruck einer *Netiquette* befindet sich im Anhang).

- *Anonymous FTP*

In Anerkennung einer frühen *Hacker*-Ethik stellen auch heute noch viele
Netzanbieter und -teilnehmer einander selbstentwickelte Software und
wertvolle Informationen zum Herunterladen auf ihrem Rechner zur Verfügung, ohne daß Gebühren anfallen oder die übliche Benutzerkennung für
den *Server*-Zugriff vorliegen muß. Stattdessen kann der Teilnehmer das
Wort *Anonymous* eingeben.[1] *FTP* (*File Transfer Protocol*) kennzeichnet ein
Verfahren der Datenfernübertragung.

- *FAQs*

Mit jedem neu hinzukommenden Netzteilnehmer wächst die Wahrscheinlichkeit, daß die immer gleichen Fragen über die richtige Bedienung bestimmter Funktionen, das Auffinden von Informationen usw. gestellt werden. Dies würde auf Dauer die Qualität der Diskussionen im Netz
verwässern. Diejenigen Nutzer, die schon etwas routinierter sind, helfen
grundsätzlich gern, doch bei dem gegenwärtigen Ausmaß von Neuzugängen
müssen sie kapitulieren.

Daher verweisen sie bei einer typischen Anfrage („Wie verschicke ich
eMail an das Weiße Haus?") gern auf elektronisch veröffentlichte Listen,
sogenannte *FAQs*, in denen die am häufigsten gestellten Fragen (*Frequently
Asked Questions*) beantwortet werden. Diese Listen behandeln alle nur erdenklichen Themen, die im Umgang mit dem *Cyberspace* eine Rolle spielen
könnten, nicht selten auch solche, die in der „realen Welt" von Bedeutung
sein können. *FAQs* geben darüber hinaus Hinweise zu den Gebräuchen und
Themen in bestimmten Diskussionsforen. Erfahrene Netzbenutzer haben

---

[1] Vgl. Wolf, Gary und Michael Stein: Aether Madness. An Offbeat Guide to the Online World
–Berkeley: Peachpit Press 1995, S. 198.

sich ehrenamtlich die Mühe gemacht, die Fragen zu sammeln, zu beantworten und in Form von Auflistungen zusammenzustellen, die dann zum Beispiel in der betreffenden *Newsgroup* des *Usenet* zu finden sind. Sie werden regelmäßig aktualisiert[2] (eine typische *FAQ* befindet sich im Anhang).

- *Emoticons, Acronyms, ASCII Art*
  Zu den Einschränkungen, mit denen sich Anwender von computergestützter Kommunikation abfinden müssen, gehört der eng bemessene Zeitrahmen während der *Online*-Sitzung. Hohe zeittaktabhängige Gebühren zwingen die Teilnehmer zu einer knappen Ausdrucksweise, wenn sie *online* Texte formulieren. Dies gilt besonders für die Live-Unterhaltungen in den *IRC*-Kanälen (siehe Abschnitt 4.1.2 *IRC*ers).

  Häufig wiederkehrende, aber auch besonders zeichenintensive Redewendungen, werden daher nur in Form von Abkürzungen (*Acronyms*) getippt, um während der Schreibphase Zeit zu sparen. Inzwischen setzen die *Netizens* Unmengen verschiedener Akronyme ein, durch die es Neueinsteiger nicht gerade leicht haben, einen schnellen Überblick zu gewinnen. Eine beliebte Abkürzung ist beispielsweise CUL8R, auszusprechen „See You Later", also „Bis bald" (eine Liste mit Akronymen befindet sich im Anhang).

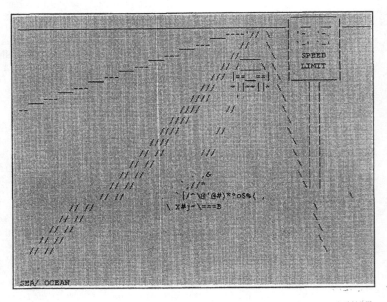

Abb. 52: In dieser ASCII-Grafik stehen Sonderzeichen für ein totgefahrenes Tier.

---

[2] Vgl. Herz, J.C.: Surfing on the Internet. A Nethead's Adventures On-Line –Boston: Little, Brown And Company 1995, S. 306.

Ein weiteres Problem besteht im Mangel an non-verbaler Ausdrucksvielfalt. Einfallsreiche Netzteilnehmer haben sich daher Gedanken gemacht, wie diese Beschränkungen aufzuheben sind. Unter Verwendung sämtlicher verfügbarer Sonderzeichen, Zahlen und Groß- bzw. Kleinbuchstaben bildeten sie Zeichengruppen in allen Variationen, mit denen die *Netizens* seitdem ihre Textbeiträge kommentieren.

Vorausgesetzt man betrachtet die Symbole mit nach links geneigtem Kopf, lassen sich Comic-ähnliche Strichfiguren nach dem Vorbild des *Smiley*-Gesichts herauslesen, die jeweils einen bestimmten Gemütszustand wiedergeben. Diese Zeichen werden *Emoticons* (Kombination aus Emotion und Ikon) oder *Smileys* genannt. Wenn beispielsweise auf einen Text das *Emoticon* ;-) folgt, so ist der Inhalt nicht ganz ernst gemeint, denn das Strichgesicht „zwinkert" mit dem linken Auge (der Anhang enthält eine Aufstellung gebräuchlicher *Emoticons*).

Ebenfalls populär sind besonders umfangreiche Zusammenstellungen von *ASCII*-Zeichen. Sie sollen nicht mehr nur Texte kommentieren, sondern ergeben komplexere Strichzeichnungen, die für sich stehen (Abb. 52). Die *ASCII*- „Kunstwerke" (*ASCII Art*) werden häufig als Illustration beigefügt, um *eMail* mit einer individuellen „Unterschrift" (*Signature*) des Absenders zu versehen. Ein bekanntes Motiv ist die „Kuh, die psychedelische Pilze gefressen hat":

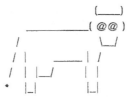

• *Home Pages, Résumés, Member Profiles*

Viele Teilnehmer des *Infohighways* fühlen sich angezogen von den immensen Möglichkeiten, mit Menschen aus aller Welt Verbindung aufzunehmen. Daher setzen sie alle denkbaren Techniken ein, um die Kontaktaufnahme zu erleichtern. Ein Verfahren, das vor allem Bulletin Board Systeme und Online-Dienste anbieten, ist das Kurzportrait auf einer virtuellen „Visitenkarte" (Abb. 13). Das sogenannte *Résumé*[3] (in Online-Diensten auch: *Member Profile*) kann von jedem Interessenten abgerufen werden und enthält –häufig in Verbindung mit der persönlichen *eMail*-Adresse- möglichst originell formulierte Aussagen zur Person, ähnlich den folgenden:

„Ich bin ein 19 Jahre alter College-Student auf der Suche nach sich selbst. Ich liebe es, ohne Socken in einem Löwenzahnfeld zu sitzen. Ich verbrachte zuviel Zeit damit, mit meinem Computer zu spielen. Als Hauptfach habe ich Betriebswirtschaft und werde daher fünf Jahre oder mehr hier sein. Ich

---

[3] *Résumé* wird im amerikanischen Sprachgebrauch als tabellarischer Lebenslauf aufgefaßt.

versuche, den Sinn des Lebens zu entdecken... hilfreiche Ratschläge sind willkommen. Ich wünschte, Pinguine hätten Flügel, die funktionieren (Seufz), über Lösungen wird nachgedacht..."[4]

Vergleichbare Selbstdarstellungen, ergänzt durch Fotografien und Grafiken, lassen sich auch im *World Wide Web* entdecken. Dort nehmen sie allerdings die Ausmaße einer Zeitschriftenseite ein. Die *HomePage* ist das virtuelle „Domizil" des Netzteilnehmers (Abb. 53). Von hier aus führen *Hyperlinks* zu Bereichen des *Infohighways*, die der Inhaber persönlich empfiehlt und in einer Liste zusammengestellt hat (*HotList*). Dies können weitere *HomePages* von Freunden sein oder Zonen im *WWW*, die sich durch einen speziellen Service auszeichnen.

Abb. 53: „Justin's Links from the Undergound" ist eine populäre *Home Page* für Teilnehmer, die sich für besonders eigenwillige Seiten des *World Wide Web* interessieren.

• *Flame*

Den im Netz vorherrschenden Mangel an subtilen Gefühlsäußerungen gleichen selbst *Emoticons* nur in Maßen aus. Daher kommt es, besonders im Rahmen von kontroversen Diskussionen, immer wieder zu Mißverständnissen, in deren Folge eine ursprünglich sachliche Auseinandersetzung in einer verbalen Schlammschlacht (*Flame War*[5]) enden kann. Dabei setzen die Kontrahenten im Widerspruch zur *Netiquette* persönliche Beleidigungen als letztes Mittel ein, um den Gegenspieler mit Worten zu „rösten". Diese Form

---

[4] aus: Blair Newman Memorial Newuser Report '92. In: Rheingold, Howard: Virtuelle Gemeinschaft. Soziale Beziehungen im Zeitalter des Computers –Bonn: Addison-Wesley 1994, S. 73.

[5] to flame up (engl.): in Wut geraten

der Konfrontation kann allerdings aufgrund der technologischen Grenzen, denen die computergestützte Kommunikation ausgesetzt ist, nicht anders als unentschieden ausgehen. Daher ziehen sich die Konfliktparteien zumeist nach einem kurzen Schlagabtausch zurück.

Daneben existieren im *Cyberspace* aber auch Teilnehmer, die sich auf geschickte Weise der Macht der Wörter bedienen, um absichtlich *Flame Wars* zu entfachen. In manchen Fällen verbünden sich mehrere von ihnen und hinterlassen bevorzugt in religiösen oder ethnischen Diskussionsrunden Chaos und Empörung, wodurch zeitweise alle vorherigen Gesprächsthemen zum Erliegen kommen können. Dieses Phänomen ist besonders häufig im *UseNet* zu beobachten.[6] Dort existieren sogar einige Foren (alt.flame und alt.flame.hall-of-flame), in denen es um nichts anderes geht, als „unter der Gürtellinie" zu argumentieren und dabei besonders „originelle" Beleidigungsformen zu entwickeln (Abb. 54). Einige Netzteilnehmer sehen darin offensichtlich einen gewissen Unterhaltungswert.

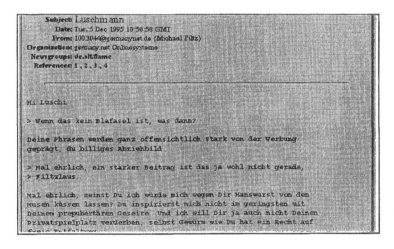

Abb. 54: Die *Newsgroup* de.alt.flame ist ein deutschsprachiges Forum für verbale Tiefschläge.

- *Killfile*

    Menschen mit Geltungssucht provoziert die Anonymität, die ihnen der *Infohighway* gewährt, zu unsozialem Benehmen wie *Flame*. Die Aufmerksamkeit eines riesigen Publikums ist ihnen gewiß. Dem „Opfer" solcher Verbalattacken verbleibt die Möglichkeit, lästige Zeitgenossen mit Hilfe eines

---

[6] Vgl. Wolf, Gary und Michael Stein: Aether Madness. An Offbeat Guide to the Online World -Berkeley: Peachpit Press 1995, S. 217.

Bozo[7]-Filters auf elektronischem Wege aus seinem Gesichtsfeld zu verbannen. Dazu speichert er den Namen der Provokateure in einer speziellen Datei (*Killfile*) auf der Festplatte seines Rechners.

Nach der Verbindungsaufnahme mit dem Netz filtert ein automatisches Löschprogramm (*CancelBot*[8]) sämtliche Mitteilungen von Personen, die in der Datei aufgeführt sind, aus dem Nachrichtenverkehr. Aus Sicht aller anderen verbleiben sie zwar weiterhin im Netz, doch der *Killfile*-Anwender nimmt sie nicht mehr wahr. Der mißbräuchliche Einsatz von derartigen Programmen ist leider nicht auszuschließen. Besonders „bösartige" Gattungen von *CancelBots* sind als *Computerviren* bekannt geworden.

• *Spam*

Unergiebig lange oder sinnlose Texte stehen im Widerspruch zu den Regeln der *Netiquette*. Diese verschwenderische Nutzung von Übertragungskapazität ist in der Netzgemeinschaft unter dem Begriff *Spam*[9] bekannt und tritt in verschiedenen Formen auf. Die vielleicht harmloseste Ausprägung besteht in exzessivem Zitieren vorhergegangener Teilnehmer-Beiträge, ohne in einem angemessenen Verhältnis eigene Gedanken beizusteuern. Im allgemeinen wird auch wiederholt auftretendes Geschwafel mit Desinteresse gestraft. Diese Unsitte wird *Blathering* genannt („Unsinn schwatzen").

Zu den schwerwiegenderen Fällen von *Spam* gehört die Verbreitung elektronischer Kettenbriefe. Ein Tabu ist auch das mutwillige Einstreuen seitenlanger Telefonbuchauszüge oder dekorativer Zeichenabfolgen (*Banner*) in die Live-Diskussionen der *IRC*-Kanäle. Durch solches Verhalten wird der Ablauf der Gespräche unnötig blockiert. In extremen Fällen werden alle *IRC*-Teilnehmer vom System getrennt.

Auf besonders heftigen Widerstand stoßen aber elektronische Mitteilungen, die unaufgefordert an Teilnehmer geschickt oder in elektronischen Foren verbreitet werden und dabei ausschließlich Werbezwecken dienen. Mit einem gleichlautenden Text überflutete 1993 die amerikanische Anwaltskanzlei Canter and Siegel alle erreichbaren *UseNet- Newsgroups* und Bulletin Board Systeme, obwohl sich das Angebot eigentlich nur an Teilnehmer richtete, die an einer Einwanderungsbescheinigung interessiert waren. Für den automatischen Massenversand dieser Mitteilung hatte die Kanzlei ein spezielles Programm schreiben lassen.

Dies war ein eklatanter Verstoß gegen die *Netiquette*, daher ließ die Reaktion der Netzgemeinschaft nicht auf sich warten. Der mit dem Internet

---

[7] Eine Person, der mit aufringlicher Geschwätzigkeit oder persönlichen Beleidigungen gegen die *Netiquette* verstößt. Vgl. Herz, J.C.: Surfing on the Internet. A Nethead's Adventures On-Line –Boston: Little, Brown And Company 1995, S. 309.

[8] Kombination aus *to cancel* (engl.) löschen und *Bot* (engl.) Kurzform für Roboter.

[9] Dieses Kunstwort verwendete die britische Komikergruppe *Monty Python* in einem ihrer TV-Sketche. Im Dialog wird *Spam* inflationär eingesetzt, wodurch die Unterhaltung ins Absurde eskaliert. Vgl. Wilmut, Roger (Hg.): Monty Python's Flying Circus, Vol. 2 –London: Mandarin 1992, S. 27.

verbundene Zentralrechner der Kanzlei brach mehrfach unter der elektronischen „Last" der eintreffenden Protest-Mitteilungen zusammen und mußte nach drei Tagen aus dem Netz genommen werden.[10] Dessenungeachtet hat seitdem das Auftreten von elektronischer *Junk Mail*[11] eher zu- als abgenommen.

4.3 Zusammenfassung

Gemeinschaften im *Cyberspace* entstehen auf der Grundlage computergestützter Kommunikation. Sie ermöglicht einen gleichzeitigen oder zeitversetzten Gedankenaustausch zwischen Teilnehmern und Gruppierungen unterschiedlichster Herkunft. Mit ihrer Hilfe können die *Netizens* Kontakte aufbauen und pflegen, die wegen geographischer Distanzen oder auch Hemmungen auf „herkömmlichem Wege" nicht entstanden wären. Teilnehmern, die in mündlich geführten Diskussionen selten zu Wort kommen, stehen durch *eMail* und *UseNet* Techniken zur Verfügung, mit denen sie ihre Gedanken in Ruhe formulieren können. Außerdem lassen sich Argumente in schriftlicher Form häufig besser aufnehmen und verarbeiten.

Der Nutzen virtueller Gemeinschaften liegt in einem gemeinsam erschaffenen Pool aus Sachkenntnis sowie einem Zusammengehörigkeitsgefühl quer über Landesgrenzen hinweg. Während große Teile der Bevölkerung Antworten auf gesellschaftliche Fragen nur noch in den Massenmedien suchen, ist die computergestützte Kommunikation eine bedeutsame Alternative. Ein Netzteilnehmer kann Informationen und Meinungen sowohl massenhaft verbreiten bzw. austauschen, als auch konsumieren. Allerdings geschieht dies auf der Grundlage eines effektiv überwachbaren Netzwerkes; die Gefahr eines freiwillig genutzten *Panopticons* ist nicht von der Hand zu weisen.

Technologische Beschränkungen, die sich durch den Einsatz des Computers während der Kommunikation ergeben, hatten eine Fülle von netztypischen Verhaltensmustern zur Folge. Zu den bekanntesten Ausdrucksformen und Stilmitteln der Netzfolklore gehört der Einsatz von *Emoticons* und *Acronyms* während der *Online*-Kommunikation. Sie sollen dabei helfen, die Defizite gegenüber einer Unterhaltung von Angesicht zu Angesicht weitgehend auszugleichen. Mit Unterstützung dieser Symbole können die *Netizens* zum Teil sehr intime „Gespräche" führen, aus denen sich nicht selten persönliche Beziehungen (*Net.Relations*) herausbilden.

Net.Geeks halten sich mindestens genauso gern im Netz auf wie im Leben außerhalb davon. Die von ihnen genutzten *MUDs* und *IRC*-Kanäle sind die Anwendungen mit dem größten Suchtpotential. Durch ungezügelten Einsatz der neuen Kommunikationstechniken kann sich der *Infohighway* zu einem weiteren eskapistischen Medium entwickeln, in dem endlose *Online*-

---

[10] Vgl. Elmer-Dewitt, Philip: Battle for the Soul of the Internet. In: Time Magazine 25.7.1994, S. 47.

[11] junk (engl.): Ramsch, Trödel

Debatten an die Stelle von TV-Serien treten, die zwischen Darstellern und Publikum nicht mehr unterscheiden. Auf der anderen Seite eröffnen *soziale MUDs* interessante Perspektiven für Forschung und Bildung. Zukünftig werden *MUD*-Welten nicht mehr ausschließlich auf Basis von Texten existieren, sondern multimediale Elemente enthalten. Phantasie und Kreativität wird sich nicht wie bisher im imaginären Bereich, sondern in Gegenständlichkeit ausdrücken.

Von den meisten *Netizens* befolgt wird die *Netiquette,* ein soziales Koordinierungsmodell im Netz. Sie enthält eine Zusammenstellung wichtiger Verhaltensregeln im *Cyberspace.* Damit kann jedoch nicht verhindert werden, daß einzelne Teilnehmer *Flame Wars* anzetteln oder Gruppierungen wie etwa Rechtsextreme das Medium für gesellschaftsfeindliche Zwecke mißbrauchen. Gegen die Gesamtheit der *Netizens* kann sich diese Minderheit nicht durchsetzen. Aufgrund drohender Zensurmaßnahmen und Kommerzialisierungs-Tendenzen stehen der Netzgemeinschaft aber die größten Herausforderungen noch bevor. Bei deren Bewältigung werden Organisationen wie die „Electronic Frontier Foundation" weiter an Bedeutung gewinnen.

5 Mögliche Auswirkungen

Welche negativen bzw. positiven Entwicklungen der *Infohighway* für die Zukunft bereithält, läßt sich nicht mit Sicherheit vorhersagen. Zuviele seiner Anwendungen befinden sich noch in einem experimentellen Stadium oder werden von einer technisch versierten Minderheit genutzt. Mit Blick auf die weltweiten Aktivitäten ist aber deutlich geworden, daß sich der Wandel zum Informationszeitalter nicht aufhalten, sondern nur gemeinsam gestalten läßt.

Daher müssen bereits jetzt mögliche Vor- und Nachteile für die Bereiche Wissenschaft und Forschung, Wirtschaft, Ökologie sowie Gesellschaft und Kultur eingeschätzt und sorgfältig gegeneinander abgewogen werden, selbst wenn sich vereinzelt Fehlprognosen ergeben mögen. Nur so können rechtzeitig Strategien erarbeitet werden, mit denen sich schädliche Auswirkungen des *Infohighways* verhindern und zugleich nützliche Ergebnisse verstärken lassen. Dieses Kapitel faßt die wichtigsten Aspekte in einer Gegenüberstellung zusammen.

5.1 Chancen

5.1.1 Wissenschaftlich-technologische Aspekte

• Behauptung im globalen Wettbewerb
Leistungsfähige und zuverlässige Datenübertragungsverfahren sowie leicht zu bedienende Endgeräte und Software gehören zu den technologischen Herausforderungen, denen Forschung und Wissenschaft gegenüberstehen, wenn es um den weiteren Ausbau des *Infohighways* geht. Diejenigen Nationen, die sich auf diesen Gebieten einen Wissensvorsprung erarbeiten, verfügen über eine der wesentlichen Voraussetzungen, um auch in einer am Produkt Information orientierten Weltwirtschaft wettbewerbsfähig zu bleiben.

• Interdisziplinärer Diskurs
Weit voneinander entfernt arbeitende Wissenschaftler, Techniker und Spezialisten aller Art können im Netz die Ergebnisse ihrer Forschungsansätze untereinander austauschen und überprüfen lassen, bevor sie die gewonnenen Erkenntnisse veröffentlichen bzw. in die Praxis umsetzen lassen. Durch die Einbeziehung von Experten mit komplementären Kenntnissen kann ein kontinuierlicher Austausch von Beobachtung, Experiment, Theoriebildung und Diskussion entstehen, der auf anderen Wegen nur sehr mühevoll zu verwirklichen wäre.

Gerade Wissenschaftler aus ärmeren Ländern können auf diesem Wege Innovationen einem großen Fachpublikum vorstellen, ohne auf Kongreßbesuche und die damit verbundenen, aufwendigen Reisen angewiesen zu sein. Ihre Forschungsergebnisse können unter Umgehung hoher Druckkosten als elektronisch publizierte Kleinstauflage im Netz verbreitet werden.

5.1.2 Ökonomische Aspekte

- Wachstumsmotor
  In vielen Ländern ist die konjunkturelle Entwicklung ins Stocken geraten, zugleich bedroht hohe Arbeitslosigkeit den sozialen Frieden. Daher verbinden die Regierungen mit ihren Plänen zur Förderung des Informationssektors vor allem die Hoffnung auf Impulse für die Privatwirtschaft und neue Berufsfelder. In Europa wird die Steigerung des Umsatzes mit multimedialen Anwendungen von 1,5 Milliarden Dollar im Jahr 1994 auf 40 Milliarden Dollar im Jahr 2000 geschätzt. In Deutschland sollen bis dahin im Umfeld des *Infohighways* zirka 1 Million neue Arbeitsplätze entstehen.[1]

- Erhöhte Effizienz in Wirtschaft und Verwaltung
  Weltweit vernetzte Datenbanken können zu einer umfassenden und schnellen Beschaffung bzw. Bereitstellung von Informationen aller Art beitragen. Daraus ergeben sich Vorteile sowohl für Unternehmen, als auch für die öffentliche Hand. Zugleich kann beispielsweise durch *eMail* die interne Kommunikation zwischen Abteilungen oder Niederlassungen quer durch die Hierarchien verbessert werden. Aber auch die externe Kommunikation mit Bürgern bzw. Konsumenten läßt sich durch Einsatz von Diensten des *Infohighways* effizient und zugleich kundenorientierter gestalten.
  Stellenangebote des Arbeitsamts ließen sich von zu Hause aus abrufen. Rund um die Uhr könnten Steuererklärungen unter Einsatz von multimedialen Hilfestellungen und Datenfernübertragung erfolgen. Die Bürgerberatung könnte um elektronische Dienste ergänzt werden, um Wartezeiten in den Sprechstunden zu vermeiden.
  Unternehmen der Privatwirtschaft müßten Kataloge nicht mehr aufwendig in Druck geben, wenn sich Preise ändern oder Angebote hinzukommen. In elektronischer Form sind Produktverzeichnisse kostengünstig zu erstellen und permanent aktualisierbar. Kunden aus aller Welt können jederzeit Abfragen oder Bestellungen tätigen. Bei entsprechender Vernetzung mit den Fertigungsabteilungen ist eine wirtschaftlichere *Just-in-Time*-Produktion realisierbar, die dabei helfen würde, Überschuß und Lagerhaltungskosten zu reduzieren.
  Als Schlüsselanwendung für verbesserte Produktivität in der Wirtschaft gilt die *Telearbeit*. Dadurch kann nicht nur teurer Büroraum und die Versicherungsgebühr für An- und Abfahrt der Mitarbeiter eingespart werden. Durch Videokonferenzen lassen sich außerdem kosten- und zeitintensive Dienstreisen vermeiden. Speziell höherqualifizierte Kräfte oder Außendienstmitarbeiter könnten ortsunabhängig und nach eigenbestimmter Tageseinteilung ihre Arbeitskraft bereitstellen.
  In der Automobilbranche muß die Zeitspanne von der Entwurfsphase bis zur Herstellung eines neuen Fahrzeugs auf ein Minimum reduziert werden, daher wird dort bereits Teamarbeit im Netz praktiziert. Rund um den Globus

---

[1] Vgl. Glotz, Peter, Jörg Tauss u.a.: Informationsgesellschaft. Medien und Informationstechnik (Eckwerte-Papier der SPD-Bundestagsfraktion) –Bonn, 19.7.1995. Elektronisch publiziert.

verteilt sind mehrere Gruppen zeitversetzt an der Entwicklung beteiligt und reichen die Arbeitsergebnisse per Breitbandnetz-Verbindung an die Kollegen weiter. Durch Einsatz von Videokameras und Mikrophonen, die sich über den Bildschirmen befinden, können die Teammitglieder auf visuellem und akustischem Wege miteinander kommunizieren.

• Optimierung der medizinischen Versorgung

Auf dem Gebiet der *Telemedizin* geht es sowohl um beträchtliche Einsparungen durch Wegfall von Krankentransporten, als auch um Leistungsverbesserungen, die mit Unterstützung des *Infohighways* möglich werden. Für eine effektive Diagnose, Betreuung und Patientenverwaltung stellt die *Telemedizin* im wesentlichen Videokonferenzen und Datenübertragung zur Verfügung, die sich auf verschiedenen Ebenen nutzen lassen: im Bereich eines und zwischen mehreren Krankenhäusern, zwischen externen Spezialisten und Krankenhäusern, Fach- und Hausärzten sowie zwischen Hausarzt und Patient.[2]

So läßt sich die Diagnosequalität durch Fernkonsultation von Spezialisten einerseits verbessern, zum anderen können Kosten vermieden werden, da diese nicht anreisen müssen, sondern nur per Videokonferenz anwesend sind. Insbesondere in entfernten Regionen wird auf diesem Wege eine umfassendere medizinische Versorgung ermöglicht –auch im Rahmen von schwierigen Eingriffen. Einen pflegebedürftigen Patienten könnte der Hausarzt per Videokonferenz betreuen, um sich vor einer Visite nach dem Befinden zu erkunden. Weiterhin würden die Mediziner in die Lage versetzt, per Datennetz mit Apotheken zu kommunizieren oder Laborbefunde und Röntgenbilder schneller als bisher auszutauschen.[3]

5.1.3 Ökologische Aspekte

• Geringeres Verkehrsaufkommen

Der *Infohighway* trägt dazu bei, daß Entfernungen zwischen Arbeitsplätzen, Dienstleistungsunternehmen, Krankenhäusern, Bildungseinrichtungen und Privathaushalten keine Rolle mehr spielen. Durch Anwendungen wie Videokonferenz, Datenübertragung, *eMail* und *On-Demand*-Dienste sind weniger Menschen auf Autofahrten oder Dienstreisen per Flugzeug angewiesen.

Auch auf anderen Gebieten kann sich der *Infohighway* als nützlich erweisen. So können Leerfahrten von LKW-Flotten durch funkgesteuerte Koordination vermieden werden. Darüber hinaus sollen Verkehrsleitsysteme das Entstehen von umweltschädlichen Staus vermeiden helfen. Zu einer optimalen Auslastung von öffentlichen Verkehrsmitteln tragen netzgestützte *Park & Ride*-Informationsdienste bei.

---

[2] Vgl. Booz, Allen & Hamilton (Hg.): Zukunft Multimedia. Grundlagen, Märkte und Perspektiven in Deutschland –Franfurt a.M.: IMK 1995, S. 32.

[3] Vgl. Kunz, Martin: Hustensaft online. In: Focus 10.7.1995, S. 121.

- Sinkender Papierverbrauch

  Der weltweite Baumbestand ist nicht nur durch Luftverschmutzung gefährdet, sondern auch durch hohen Papierverbrauch, den unter anderem die Millionen-Auflagen umfangreicher Kataloge und Telefonbücher verursachen. Diese werden noch dazu in kurzen Intervallen durch neue Exemplare ersetzt. Elektronisch abrufbare Telefon- und Produktverzeichnisse stellen eine umweltfreundliche Alternative dar. Der zunehmende Gebrauch von *eMail* hat bereits dazu beigetragen, daß weniger Faxmitteilungen verschickt werden, bei denen Papiersorten zum Einsatz kommen, die Giftstoffe enthalten und nicht für Recycling geeignet sind.

5.1.4 Gesellschaftlich-kulturelle Aspekte

- Verbesserte Servicequalität im Privatbereich

  Ob *Homebanking, Homeshopping, Video-On-Demand, Telearbeit* oder *Telelearning*: Elektronische Dienste ermöglichen den Teilnehmern eine flexiblere Gestaltung von Arbeitszeit und Freizeit. Lange Warteschlangen vor Kassen und Schaltern, verschlossene Türen von Banken oder Geschäften, der morgendliche Stau bei der Fahrt zur Arbeit oder überfüllte Lehrgänge beeinträchtigen nicht länger den Tagesablauf.

  Von zu Hause aus können die Teilnehmer des *Infohighways* rund um die Uhr Einkäufe tätigen, Bankgeschäfte erledigen, Filme, Spiele und Lerneinheiten abrufen oder ihrer Arbeit nachgehen. Letzteres stellt vor allem für alleinstehende Mütter und Väter eine interessante Verdienstmöglichkeit dar, denn sie erlaubt ihnen, in der Nähe ihrer Kinder zu bleiben. Per Videokonferenz erhalten auch ältere oder pflegebedürftige Menschen, die sich nicht aus dem Haus begeben können, eine Gelegenheit, Verbindung mit der Aussenwelt aufzunehmen. Erblindete oder Taubstumme sind durch Einsatz der Computertastatur in der Lage, mit anderen Menschen zu kommunizieren.

- Unterwanderung zentralistischer Strukturen

  Vor allem in den Entwicklungsländern und in Osteuropa ist die computergestützte Kommunikation eine nützliche Alternative gegenüber kostspieligen und störanfälligen Telefongesprächen. Das Modem wählt automatisch, bis die Leitung steht, notfalls hundertmal. Lange Faxsendungen oder Telefonate können damit entfallen. Der Versand ganzer Textsammlungen, die notfalls verschlüsselt werden können, dauert nur wenige Minuten und ist abhörsicher.

  Dies ist entscheidend für den Nachrichtenaustausch der Chiapas-Rebellen oder für Befreiungsgruppen wie „Salvador Radio Venceremos" in Lateinamerika, denn in El Salvador werden Post und Telefon überwacht. Zensiert wurden demgegenüber Fernsehen und Presse während der Putschversuche gegen Gorbatschow und Jelzin, doch konnten sich Russen, die per Modem

Kontakt mit dem Computernetz „GlasNet" aufnahmen, über die aktuellen Standorte der Panzer gegenseitig informieren.[4]

Mit Hilfe computergestützter Kommunikation lassen sich Sicherheitsmaßnahmen dirigistischer Machthaber unterhöhlen, wie auch die Aktivitäten der Bürgerrechtsbewegung jenseits der deutsch-deutschen Grenze belegen. „Bereits Monate bevor die Mauer fiel, im August 1989, spielten sie die ersten Aufrufe der DDR-Opposition über Hannover ins CL-Netz ein. „Zentrale_Greif" nannte sich die Greifswalder Gruppe nach einem Spitznamen der Staatssicherheit.[5] Im selben Jahr, während der Demonstrationen auf dem Tiananmen-Platz, bauten taiwanesische Studenten, die über telefonischen Kontakt zu ihren chinesischen Kommilitonen verfügten, ein alternatives Korrespondentennetz auf.[6]

Abb. 55: Diese Seite gehörte während der Brent Spar-Ereignisse zu den populärsten im *WWW*.

• Aus Empfängern werden Sender
    Gegenüber den Massenmedien, die nur Rezipienten kennen, bieten vor allem Internet und Bulletin Board Systeme auf dem Hin- und Rückkanal

---

[4] Vgl. Thurn, Valentin: SOS per Computer. In: Die Woche 2. Dezember 1993, S. 44.

[5] Vgl. Hooffacker, Gabriele: Online. Telekommunikation von A bis Z –Reinbek: Rowohlt 1995, S. 40.

[6] Vgl. Rheingold, Howard: Virtuelle Gemeinschaft. Soziale Beziehungen im Zeitalter des Computers –Bonn: Addison-Wesley 1994, S. 163.

gleichberechtigte Kapazitäten für die Verbreitung von Informationen. Häufig veröffentlichen die *Netizens* Meldungen „aus erster Hand", die von herkömmlichen Nachrichtenquellen überhaupt nicht oder mit erheblicher Verzögerung berücksichtigt werden. Allerdings stehen in den Beiträgen der Netzgemeinschaft journalistische Sorgfalt oder die sogenannte „Objektivität" nicht im Vordergrund. Mit anderen Worten: Die Interpretation bleibt ganz den Teilnehmern überlassen.

Als während des Golfkriegs die Massenmedien unter erheblichen Einfluß des U.S.-Verteidigungsministeriums gerieten, konnten sich die *IRC*ers (siehe Abschnitt 4.1.2 *Netizens, Net.Geeks*) im direkten Austausch mit Betroffenen informieren. Noch eine Woche, nachdem Rundfunk- und Fernsehverbindungen unterbrochen worden waren, sendeten kuwaitische Studenten ihre hektisch getippten Augenzeugenberichte über das Netz.

Nachrichten aus der „Peripherie" können mittels Verbreitung über das Netz die öffentliche Meinungsbildung in Konkurrenz zu staatlichen und kommerziellen Informationsanbietern beeinflussen. Insofern ist der *Infohighway* auch ein ideales Medium für Initiativen „von unten". Für örtlich und weltweit organisierte Friedens- und Umweltgruppen ist der Einsatz von Diensten des *Infohighways* inzwischen unerläßlich geworden. Auf einer eigenen *HomePage* im *World Wide Web* berichteten Greenpeace-Aktivisten kontinuierlich von den Ereignissen rund um die „Brent Spar"-Plattform und betrieben damit eine wirtschaftlich tragfähige und dabei äußerst effektive Öffentlichkeitsarbeit (Abb. 55).

- „Gläserne" Behörden
  Der *Infohighway* bietet den Ämtern die Gelegenheit, durch elektronische Veröffentlichungen und Dienstleistungen mehr Bürgernähe zu demonstrieren. Dazu gehört die Bereitstellung von Verwaltungsmitteilungen, Angaben über Mandatsträger, Sitzungsprotokolle, Informationen zu Planungsvorhaben sowie eine beschleunigte und verbesserte Öffentlichkeitsarbeit insbesondere nach Umweltkatastrophen. Durch einen unmittelbaren und gezielten Zugriff auf derartige Informationsquellen können die Bürger ihre Kompetenz zu Sachfragen verbessern und damit ihre Befähigung und Motivation zu politischer Argumentation. Eine gut informierte Bevölkerung setzt sich viel eher für öffentliche Belange ein, dies gilt speziell für den kommunalen Bereich.

- Eigenständig erarbeitetes, vernetztes Wissen
  Schulklassen, Universitätsangehörige und Berufstätige aus allen Kontinenten können über den *Infohighway* Kontakt aufnehmen und miteinander bzw. voneinander lernen. Das sogenannte *Telelearning* stellt ihnen allen neben der ausschlaggebenden Möglichkeit zur Kommunikation auch reichhaltige Wissens-Ressourcen zur Verfügung. Dazu zählen Kataloge der größten Bibliotheken und Datenbanken mit Informationen zu den verschiedensten Themengebieten. Interaktive Lernprogramme, die im Netz abrufbar sind, können Auszubildende und Berufstätige bei Umschulungs- bzw. Weiterbildungsmaßnahmen unterstützen (*Just-in-Time-Learning*).

Zu den vielen weltweiten Initiativen zählt das „International Education and Research Network" (I*EARN). Daran beteiligen sich mehr als 200 Schulen in 18 Ländern im Rahmen eines Gemeinschaftsprojekt zur Erforschung des Zustands unseres Planeten. Weiterhin führte das Goethe-Institut in San Francisco zehn Schulen in Nordkalifornien und zehn weitere in Niedersachsen über das Internet zusammen, um per deutsch- und englischsprachiger *eMail* Meinungen und Wissen untereinander auszutauschen.[7]

Die weitgehend gebräuchliche Beschränkung auf textbasierte Kommunikation versucht das ehrgeizige „Comenius"-Projekt in Berlin zu durchbrechen. Technisch ausgestattet von der Telekom-Tochter DeTeBerkom, stellt der Pilotversuch seinen Anwendern die ganze Palette multimedialer Ausdrucksformen zur Verfügung: Videoeinbindung, Videokonferenz, Animation und dreidimensionale Navigation im Netz. Mit der Datenbank der Landesbildstelle, die Bild-, Ton- und Textdokumente für den Unterricht und zum freien Experimentieren zur Verfügung stellt, sind fünf Berliner Schulen verbunden.[8]

Im Mittelpunkt des Interesses steht auch hier die Ablösung des Frontalunterrichts durch pädagogisch begleitete, fächer- und schulübergreifende Teamarbeit, in der Eigeninitiative und Kreativität der Schüler unter Berücksichtigung des Lehrplans gedeihen können. Gleichzeitig wird ein hohes Maß an *Medienkompetenz* vermittelt. Für die halbwegs intuitive Anwendbarkeit aus Sicht der Lehrer, Schüler und Eltern (auch sie werden in den Dialog einbezogen) zeichnet das Ponton Media Art Lab verantwortlich (siehe Abschnitt 2.2.4 Interaktives Fernsehen, Piazza Virtuale). Mit Unterstützung der Kultusministerkonferenz hat darüber hinaus das Institut für Film und Bild in Wissenschaft und Unterricht (FWU) die Federführung des Projekts und die Bereitstellung von Inhalten übernommen.[9]

Die qualifizierte Zusammensetzung der Projektpartner deutet darauf hin, daß inzwischen auch die deutschen Bildungsinstitutionen erkannt haben, welche herausragende Rolle die Beherrschbarkeit von neuen Medienangeboten in Zukunft spielen wird. Dennoch bleibt das „Comenius"-Projekt zunächst auf Berlin und eine zweijährige Laufzeit bis 1996 beschränkt. Letztlich hängt die Einführung des *virtuellen Klassenzimmers* in anderen Teilen Deutschlands nicht nur von der Bereitstellung ausreichender Mittel (durch Bund, Länder und Privatwirtschaft) ab, sondern auch von der Befähigung und Aufgeschlossenheit der Pädagogen, Multimedia in den Unterricht aufzunehmen.

---

[7] Vgl. Ohne Verfasser: Revolution des Lernens. In: Der Spiegel –Hamburg: Spiegel-Verlag, 9/1994, S. 101.

[8] Das sind im einzelnen: Gesamtschule Jules Verne in Hellersdorf, Schiller-Oberschule in Charlottenburg, 17. Grundschule in Prenzlauer Berg sowie Bettina-von-Arnim-Schule und Atrium-Jugendkunstschule in Reinickendorf.

[9] Vgl. Sperlich, Tom: Die Multimedia-Penne. In: Die Zeit 10.2.1995.

5.2 Risiken

5.2.1 Wissenschaftlich-technologische Aspekte

• Zusammenbruch der Netze
Im Internet verursacht der Teilnehmerzuwachs schon jetzt immer wieder Engpässe und Fehlfunktionen. Sollte das Wachstum weiter anhalten, so werden nach Expertenaussagen bis zum Jahr 2000 fünfmal soviele Menschen die Dienste des Internet in Anspruch nehmen. Dabei ist zu berücksichtigen, daß es sich bei den Internet-Anwendern nur um eine weitgehend technisch versierte Minderheit der Weltbevölkerung handelt.

Sobald auch der Massenmarkt zu den Teilnehmern des *Infohighways* zählt, werden die Belastungen, denen das Netz ausgesetzt sein wird, exponentiell wachsen. Insbesondere das Interaktive Fernsehen stellt mit seinem hohen Anteil an multimedialen Elementen und komplexen Abruf- bzw. Abrechnungsmechanismen hohe Anforderungen an die Kapazität. Es wird sich zeigen müssen, ob genügend Vorsorge gegen einen Systemkollaps getroffen wurde, denn dieser würde möglicherweise auch hochsensible Anwendungen wie *Homebanking* oder *Telemedizin* in Mitleidenschaft ziehen.

5.2.2 Ökonomische Aspekte

• Verschuldung der Konsumenten
Virtuelle Einkaufszentren mit einem gigantischen Warensortiment werden viele Teilnehmer überwältigen. Wer meint, augenblicklich und intuitiv Produktinformationen gezielt herausfischen zu können, wird nicht selten enttäuscht werden. Aus der Verwirrung über die unterwegs aufgenommenen Begleitangebote wächst die Neigung des Konsumenten, mit einem leicht ausgeführten Druck auf die Maustaste bzw. Fernbedienung Spontankäufe zu tätigen.

Die schnelle Bestell-Abwicklung per Kreditkarte verschleiert zugleich den Blick auf die Kosten, und die Großzügigkeit der Geldinstitute bei der Gewährung von Dispositionskrediten erhöht die Gefahr, daß sich die *On-Demand-* und *Homeshopping*-Haushalte hoffnungslos verschulden.[1]

• Konzentrationstendenzen
Mit der zunehmenden Öffnung internationaler Märkte und als Folge des harten Wettbewerbs besonders auf dem Gebiet der Medien- und Kommunikationsbranche steigt die Gefahr der Konzentration. Im Zusammenhang mit dem *Infohighway* können diese Tendenzen Meinungsmacht zur Folge haben. Daher kann vor ungezügelten Deregulierungsmaßnahmen nur gewarnt werden. Das Beispiel News Corporation demonstriert, welche Einbußen in der Meinungsvielfalt aus dieser Politik hervorgehen können (siehe Abschnitt 3.1.4 Staatliche Einflußnahme, Großbritannien).

---

[1] Vgl. Ohne Verfasser: Mit der Kreditkarte in den Ruin. In: Der Tagesspiegel 3.12.1995.

- Geldwäsche

    Mit Einführung der elektronischen Währung *ecash* durch die Firma Digi-cash in Amsterdam würde Kapitalflucht und Geldwäsche in Milliardenhöhe zu einem Kinderspiel. An die Stelle des Geldkoffers tritt das Modem. Die digitale Währung basiert auf einem Verschlüsselungsverfahren des amerikanischen Mathematikers David Chaum. Dabei werden digitale Codes in beliebig großen Einheiten erstellt, die Bargeld entsprechen. Im Gegensatz zu Kreditkartentransaktionen hinterläßt der Kunde keinerlei Spuren, da es sich um ein sogenanntes *Debitsystem* handelt.

    Zunächst wird „echtes" Geld in einer „Wechselstube" in Code-Einheiten umgetauscht, die sich sekundenschnell per Datennetz übertragen lassen. Am Ankunftsort müssen die Codes wiederum in Bargeld zurückgetauscht werden. Auch Produkte aller Art lassen sich mit dieser Währung diskret bezahlen (Waffen, Pornographie usw.). Noch ist *ecash* nicht in großem Umfang verbreitet, da auf internationaler Ebene Partner gefunden werden müssen, die als Betreiber von Wechselstuben in Frage kommen, und diese Suche gestaltet sich schwierig.[2]

5.2.3 Ökologische Aspekte

- Anstieg des Lieferverkehrs

    Nach dem Bestellvorgang per *Homeshopping* wird die Ware individuell zugestellt, durch Boten oder Postversand. Sie wird nicht mehr wie bisher in großen Kontingenten gebündelt an einen Zwischenhändler geliefert. Demzufolge entsteht ein größeres Verkehrsaufkommen im Zusammenhang mit LKW-Transporten und Frachtflügen. Eine zukünftige Reduzierung von Geschäftsreisen durch Videokonferenzen würde in Kombination mit dem verstärkten Lieferverkehr durch *Homeshopping* bestenfalls unveränderte Verkehrsverhältnisse ergeben.

- Umweltschäden durch Informationstechnologie

    Der Einsatz von Computern, von denen die weitere Entwicklung des *Infohighways* abhängt, belastet die Umwelt in hohem Maße. Schon bei der Herstellung eines Rechners werden 5.000 kWh an Strom verbraucht. Dies entspricht dem Verbrauch eines Durchschnittshaushaltes in neun Monaten. Daneben werden 33.000 Liter Wasser verschmutzt, und es entstehen 320 Kilogramm Abfall, davon 20 Kilogramm Sondermüll. Schließlich werden 56 Millionen Kubikmeter Luft belastet und drei Tonnen Kohlendioxid in die Atmosphäre entlassen.[3]

    Aufgrund der relativ geringen Nutzungsdauer (in der Regel werden Personal Computer nach drei bis vier Jahren ersetzt) entstehen außerdem riesige Müllberge mit zum Teil giftigem Elektronikschrott. Die Computerindustrie

---

[2] Vgl. Zumbusch, Sascha: Weiche oder harte Währung. In: Der Tagesspiegel 3.8.1995.

[3] Vgl. Eyrich, Christoph: Wie pc ist Ihr PC? In: Der Tagesspiegel 3.8.1995.

hat bislang keine wirksamen Anstrengungen unternommen, ihre Produkte umweltgerecht zu gestalten.

5.2.4 Gesellschaftlich-kulturelle Aspekte

* „Gläserner" Bürger

    Der *Infohighway* bietet eine Fülle von Möglichkeiten, Mißbrauch mit persönlichen Daten von Teilnehmern zu betreiben. Schuld daran sind weiterhin fehlende oder lückenhafte Schutzmaßnahmen. Gegen Angriffe krimineller *Hacker* sind weder Internet, noch Bulletin Board Systeme oder Online-Dienste ausreichend geschützt.

    In computergestützten Diensten und selbst beim Interaktiven Fernsehen hinterläßt der Anwender zudem einen „Datenschatten", der genau analysiert werden kann und beispielsweise persönliche Präferenzen und Verhaltensmuster offenbart. Daran hätte vor allem die Privatwirtschaft ein Interesse, um Werbung gezielter einsetzen zu können.

    Speziell im Bereich der *Telearbeit*, *Telemedizin*, bei elektronischen Diensten der öffentlichen Hand und beim *Homebanking* werden hochsensible Daten übertragen. Sollten sie in die falschen Hände geraten, wäre der mögliche Schaden nicht zu bemessen. Gefahren liegen nicht zuletzt in der unzulässigen Überwachung durch Verfassungsschutz und andere Behörden. Mit der zunehmenden Nutzung des *Infohighways* steht ihnen ein Datenfundus von bisher ungekanntem Ausmaß zur Verfügung.

* Herausbildung von *Infoproletariat* und *Infoelite*

    Es ist deutlich geworden, daß der Zugriff auf digitale Dienste bestimmte technische Kenntnisse (Computerbedienung, Lesen und Schreiben, häufig die englische Sprache) voraussetzt und mit finanziellem Aufwand (Hardware, Software, Gebühren, Telefonkosten) verbunden ist. Dieses hohe Maß an Voraussetzungen schließt auch auf längere Sicht weite Teile der Menschheit von der Nutzung der Dienste aus.

    Dazu gehören sozial ohnehin schon benachteiligte und die meisten älteren Personen. Auf internationaler Ebene ist vor allem die Bevölkerung der Entwicklungsländer betroffen. Werden nicht geeignete Gegenmaßen getroffen, sind alle diese Menschen in einer zunehmend auf dem „Rohstoff" Information basierenden Weltwirtschaft[4] zu *Infoproletariern* degradiert. Insbesondere Besserverdienende und medientechnologisch erfahrene Anwender (Angehörige der *Infoelite*) können sich demgegenüber einen Informationsvorteil erkaufen, der wiederum in einen wirtschaftlichen Vorteil umgemünzt

---

[4] Der Zukunftsforscher Alvin Toffler stuft die fortschrittlichsten der heutigen Industrienationen als zukünftige Sphären der Dritten Welle ein, in denen Informationen, Ideen und immaterielle Dienstleistungen zu den wirtschaftlich ausschlaggebenden Erzeugnissen zählen. Vgl. Interview mit Alvin Toffler: Das Ende der Romantik. In: Spiegel Special Nr. 3. Abenteuer Computer –Hamburg: Spiegel-Verlag, 3/1995, S. 59.

werden kann. Die Schere zwischen den sozialen Klassen würde damit bald noch weiter auseinanderklaffen.

Diese Benachteiligung kann die demokratischen Strukturen spätestens dann ernsthaft gefährden, wenn staatliche Informationen und Serviceleistungen zunehmend bzw. exklusiv über den *Infohighway* zur Verfügung gestellt werden, noch bevor in der Frage der informationellen Grundversorgung auf allen politischen Ebenen Übereinstimmung herrscht.

• Medialer Kolonialismus

Selbst das weltweite Internet verbreitet in erster Linie Inhalte westlicher Kulturprägung (zumeist aus den USA) und erfordert aus technologischen Gründen den Einsatz von lateinischen Schriftzeichen. Auch der weitere Ausbau zum *Infohighway* wird in diesen Bereichen kaum andere Voraussetzungen schaffen. Derweil werden immer mehr Länder aus anderen Kulturkreisen vom Sog der Informationsgesellschaft erfaßt.

Die Regierungen in den arabischen, afrikanischen und asiatischen Nationen stehen diesen Entwicklungen zum Teil mit großer Besorgnis gegenüber. Sie befürchten zurecht, daß sie der kulturellen Übermacht wenig entgegensetzen können. Nicht akzeptabel ist vor allem aus Sicht vieler strenggläubiger Bevölkerungsgruppen die oftmals freizügige Sprache in den Diskussionsforen und die netzgestützte Verbreitung von Nacktbildern. Doch die Entwicklung wird langfristig nicht aufzuhalten sein. Viele ortstypischen Traditionen und Einstellungen werden den westlichen Einflüssen zum Opfer fallen. Umgekehrt dürften aber auch einige Kulturen auf die westliche Sichtweise abfärben.

• Quantität statt Qualität

Unter einem wachsenden „Berg" von Klatsch und Falschmeldungen, Werbung und Unterhaltungsangeboten lassen sich im Netz fundierte Informationen, durchdachte Argumente oder wirklich wichtige Neuigkeiten nur noch mit geübtem Auge bzw. nach gezielter Suche entdecken. Erfahrene *Netizens* sprechen auch im Zusammenhang mit der Flut neuer *Infohighway*-Teilnehmer vom Niedergang des *Signal to Noise Ratio*, dem Verhältnis zwischen nennenswertem „Signal"-Austausch und inhaltsleerem „Rauschen".

Es besteht die Gefahr, daß sich für die Bevölkerung daraus eine Art Beschäftigungstherapie ergibt, die den kritischen Blick gegenüber Staat und Gesellschaft eintrüben kann. Um eine „Verseuchung" der Öffentlichkeit mit unwichtigem „Informationsmüll"[5] zu verhindern, fordern Medientheoretiker bereits eine „Kommunikationsökologie".

• *Virtualisierung*

Computervermittelte Kommunikation erfordert nur ein begrenztes Spektrum menschlicher Fähigkeiten und läßt zugleich andere verkümmern. Den

---

[5] Vgl. Ohne Verfasser: Computernetz Internet fehlt die Müllabfuhr. In: Der Tagesspiegel 30.3.1995

direkten zwischenmenschlichen Austausch kennzeichnen Zufälligkeiten und subtile Wahrnehmungen, die ihrerseits zu sozialer Kompetenz verhelfen. Dauerhafte Isolierung von der natürlichen Umwelt kann dazu führen, daß ein Netzteilnehmer ein Jahr lang eine Liebesbeziehung im Internet ohne jeden Sprach- und Blickkontakt pflegt. Nicht wenige Netzsüchtige (siehe Abschnitt 4.1.2 *Net.Geeks*) betrachten ihr wirkliches Leben –ihre Existenz in der *Offline-World*– als leider notwendige Unterbrechung ihres *Online*-Daseins und beklagen dennoch ihre Einsamkeit in der „realen Welt".[6]

Gegenüber derartigen Extrembeispielen hat sich jedoch die pauschale *Substitutionshypothese*, nach der zunehmende Netznutzung zu weniger persönlichen Kontakten führt, als empirisch unhaltbar erwiesen. Wer besonders viele Netzkontakte pflegte, hatte ganz im Gegenteil sogar mehr persönliche Beziehungen. Einer aktuellen Studie zufolge nimmt die Kommunikation im Internet eher „die Funktion eines alltäglichen Kommunikationsmediums, ähnlich dem Telefon ein."[7] Allerdings kann die ständige Erreichbarkeit, die mit dem Einsatz von *eMail* weiter verstärkt wird, Streß verursachen.

Da mit Hilfe eines Computers non-verbale Verständigungs-Codes nur ansatzweise simuliert werden können, besteht weiterhin die Gefahr, daß sich das menschliche Verhalten technikgerecht verändert. Der Verfasser einer *eMail* wird im elektronisch erzeugten Buchstabengewitter vielleicht nicht mehr wahrgenommen, und es entsteht der Eindruck, man würde nicht mit einem anderen Menschen, sondern mit einem anderen Computer kommunizieren. Auswirkungen dieses *Mechanomorphismus*[8], der Zuschreibung maschineller Eigenschaften auf den Kommunikationspartner, konnten bisher allerdings nur bei Berufstätigen festgestellt werden, die *eMail* hauptsächlich zum Austausch von sachlichen und eher unpersönlichen Mitteilungen einsetzen.[9]

- Nutzungsbedingte Erkrankungen
  Der dauerhafte Gebrauch von Computertastatur, Maus und anderen Bedienelementen des *Infohighways* kann zu einem verbreiteten Auftreten des RSI-Syndroms führen (Repetitive Strain Injury). Dabei handelt es sich um eine chronische Schädigung der Muskelfasern aufgrund dauerhafter Belastung. Zu den Symptomen gehören Schwellungen und heftige Schmerzanfälle in den Gelenken, die zu Berufsunfähigkeit führen können. Auch mit

---

[6] Vgl. Herz, J.C.: Surfing on the Internet. A Nethead's Adventures On-Line –Boston: Little, Brown And Company 1995, S. 246ff. und 317f.

[7] Vgl. Döring, Nicola: Isolation und Einsamkeit bei Netznutzern? Öffentliche Diskussion und empirische Daten. Elektronisch veröffentlichte Studie, TU Berlin, Institut für Psychologie, FB 11, 14.2.1995.

[8] Vgl. Caporael, L.R.: Anthropomorphism and mechanomorphism. Two faces of the human machine. In: Computers in Human Behavior, vol. 2, 1986, S. 215f.

[9] Vgl. Shamp, Scott A.: Mechanomorphism in Perception of Computer Communication Partners. In: Computer in Human Behavior, vol. 7, no. 3, 1991, S. 147-161.

dem verstärkten Auftreten von „Elektrosmog", der vor allem bei der drahtlosen Datenübertragung entsteht, sind gesundheitliche Risiken verbunden.[10]

• Verlust des *Common Sense*
    In traditionellen Gemeinschaften suchen wir intellektuell und emotional begründete Freundschaften oder einfach nur Gesprächspartner aus der zufälligen Masse von Schulkameraden, Kommilitonen, Kollegen, Nachbarn usw., mit der Absicht, jemanden zu finden, der unsere Wertvorstellungen und Interessen teilt. Das bedeutet zugleich, mit einer ungleich größeren Zahl von Mitmenschen in Kontakt zu treten, die diesem Muster ganz und gar nicht entsprechen. Wir nehmen bei dieser Gelegenheit eine große Vielfalt an Meinungen wahr, mit der wir unsere eigenen Anschauungen permanent vergleichen. Der aus dieser Summe von Einsichten allmählich gewachsene kleinste gemeinsame Nenner unserer Gesellschaft, der *Common Sense* oder „gesunde Menschenverstand", hindert immerhin die Mehrheit daran, aufeinander einzuschlagen. Denn er lehrt uns, die Meinung des anderen zumindest zu respektieren.

    Infolge des *Information Overloads* läßt sich jedoch eine fortschreitende Ausdifferenzierung der Gesellschaft in atomisierte Interessengruppen feststellen, die man als Fluchtreflex in die Nische deuten kann. Die Zunahme von *Special-Interest*-Zeitschriftentiteln und Spartenkanälen gehören zu den Anzeichen. Durch diesen Rückzug aus den großen ein kleinere Gemeinschaften droht schon jetzt der Dialog zwischen den unterschiedlichen Interessenvertretern einzufrieren. Wenn wir nicht aufpassen, können die Bestandteile des *Information Highway* dieser Entwicklung weiter Vorschub leisten, insbesondere das Interaktive Fernsehen mit seinen alles andere als konsensfördernden *On-Demand*-Angeboten.

    Sicherlich kommunizieren in den virtuellen Gemeinschaften des Internet, der Bulletin Board Systeme und Online-Dienste Menschen verschiedenster Anschauungen, bauen hier und da Vorurteile ab und entdecken Gemeinsamkeiten, doch muß weltweite Kommunikation nicht unbedingt zu weltweiter Verständigung führen.[11] Anders als in der traditionellen Gemeinschaft, wo man Gleichgesinnte in der zufälligen Masse finden muß, werden soziale Beziehungen in virtuellen Gemeinschaften rationalisiert, indem man *Net.-Relations* einfach in der passenden Interessengruppe sucht. Bereits jetzt ist der *Cyberspace* in Tausende hochspezialisierte Themenkreise zersplittert, über deren Horizont sich viele nie hinausbegeben.

---

[10] Vgl. Hooffacker, Gabriele: Online. Telekommunikation von A bis Z –Reinbek: Rowohlt 1995, S. 60 f. und 149.

[11] Vgl. Postman, Neil: Mehr Daten –mehr Dumme. In: GEO Extra, Das 21. Jahrhundert. Faszination Zukunft. 1/1995, S. 69.

5.3 Offene Fragen

5.3.1 Technologische Aspekte

• Bedienerfreundlichkeit

Das Nachdenken über die zugrundeliegende Technik muß den Teilnehmern des *Infohighways* in weit stärkerem Maße als bisher abgenommen werden, damit sich die Gedanken stärker auf die Qualität der dargebotenen Inhalte richten können. Leider werden Bedienoberflächen häufig von Programmierern entwickelt, die zwar Algorithmen und Prozesse beherrschen, nicht jedoch die Techniken einer nutzerorientierten Dialoggestaltung.

Auch auf dem Gebiet der Hardware herrscht vielfach noch technologisches Chaos. Regierungen und Branchenvertreter sind sich einig: Der *Infohighway* kann von der Bevölkerungsmehrheit erst dann akzeptiert werden, wenn Standards gefunden sind. Doch deren Umsetzung in die Praxis ist bislang noch nicht erfolgt.

5.3.2 Ökonomische Aspekte

• Finanzierung des *Infohighways*

Zwar steht für die Regierungen, die am Aufbau der Informationsinfrastruktur beteiligt sind, ohne Zweifel fest, daß die Privatwirtschaft die Kosten übernehmen soll, doch ist noch lange nicht geklärt, ob die Unternehmen sich tatsächlich in dem angestrebten Maße engagieren werden. Die Investitionen sind genauso hoch wie das Risiko, jemals Einnahmen zu erwirtschaften.

Sicher ist ebenso wenig, wie die Nutzung vor allem der öffentlichen Dienste zukünftig bezahlt werden soll. Im Moment sind noch alle Angebote, die im Internet abgerufen werden können, kostenlos erhältlich. Viele Bildungseinrichtungen greifen auf diesen Wissenspool zu. Wie abgerechnet wird, wenn die Firmen, die den *Infohighway* errichtet haben, Gebühren verlangen, und wie sich diese Veränderung auf dessen Popularität auswirken wird, ist noch völlig offen.[1]

• Strukturwandel in der Wirtschaft

Durch die leichtere Zugänglichkeit bzw. Verbreitung von Informationen und aufgrund veränderter Aufgabenstellungen sinkt in einigen Bereichen der Wirtschaft die Bedeutung ökonomischer Größenvorteile bei der Gründung eines Unternehmens. In dieser Situation werden mit hoher Wahrscheinlichkeit viele kleine und mittlere Unternehmen entstehen, die sich auf elektronisch gestützte Dienstleistungen spezialisieren. Im Rahmen von Großaufträgen könnten sich einige von ihnen zu einer Kooperation im Netz entschließen und auf diesem Wege sogenannte *Virtual Corporations* grün-

---

[1] Deutsch, Peter: Paying for Internet Goods and Services. In: Matrix News, Vol. 2, No. 12, 12/1993.

den.[2] Dies würde die bestehende Unternehmenslandschaft grundlegend verändern und zugleich die Kartellbehörden vor neue Herausforderungen stellen.

• Arbeitsmarktvolumen
Erst in vielen Jahren werden wir wissen, ob der *Infohighway* mehr Arbeitsplätze geschaffen oder vernichtet hat. Sicherlich lassen sich neue Berufsbilder erkennen, und die vielen interaktiven Inhalte muß ja auch jemand erschaffen, anbieten und abrechnen. Auf der anderen Seite ist durch den massiven Einsatz von *Homebanking* und *Homeshopping* im Banken- und Handelsgewerbe mit einem einschneidenden Personalabbau zu rechnen. Auch im medizinischen und öffentlichen Bereich werden sich durch Einführung elektronischer Dienste Rationalisierungseffekte ergeben. Ebenfalls durch *Online*-Angebote bedroht sind Arbeitsplätze der Touristik- und Versicherungsbranchen.

Nicht zu vernachlässigen sind die internationalen Auswirkungen auf den Arbeitsmarkt. Da der *Infohighway* keine Landesgrenzen kennt, werden schon jetzt viele Tätigkeiten in Niedriglohnländer exportiert. So erledigen Telearbeiterinnen in Mittelamerika im Auftrag der Fluggesellschaft American Airlines die Dateneingabe für Buchungen, während Hilfsprogrammierer in einfachen Hütten am Stadtrand von Bombay Zahlenkolonnen für kalifornische Softwarefirmen eintippen.[3]

5.3.3 Gesellschaftlich-kulturelle Aspekte

• Akzeptanz
Bei allen Diensten des *Infohighways* handelt es sich um Anwendungen eines *Kritische-Masse-Systems*.[4] Während ihrer Einführung nimmt der Konsument nur einen geringen oder gar keinen Zusatznutzen gegenüber herkömmlichen Medien wahr. Zum Teil bestehen erhebliche Vorbehalte, da die neuen Angebote eine Unvertrautheit gegenüber gewohnten Bedienungsvorgängen ausstrahlen.

Wie sich gezeigt hat, können sich für den einzelnen Anwender durchaus eine ganze Reihe von Vorteilen ergeben, sei es durch den Zugriff auf Angebote des *Infohighways* bzw. durch eine Beteiligung an den Inhalten. Der Nutzen läßt sich aber nicht immer durch Worte vermitteln. Elektronisch gestützte Dienste stellen „Erfahrungsgüter" dar, die erst durch längeren Ge-

---

[2] Vgl. Booz, Allen & Hamilton (Hg.): Zukunft Multimedia. Grundlagen, Märkte und Perspektiven in Deutschland –Franfurt a.M.: IMK 1995, S. 117.

[3] Vgl. Ohne Verfasser: PC-Pendler. Inseln der Seligen. In: Der Spiegel. 11/1994, S. 243 f.

[4] Vgl. Kürble, Peter: Determinanten der Nachfrage nach multimedialen Pay-TV Diensten in Deutschland. Diskussionsbeitrag Nr. 148 –Bad Honnef: Wissenschaftliches Institut für Kommunikationsdienste Mai 1995, S. 7 ff.

brauch durch eine wachsende Zahl von technisch interessierten Teilnehmern an Popularität gewinnen –oder vom Markt verschwinden.

Telemedizin, Telelearning, Telearbeit, Homeshopping und *Video-On-Demand* setzen voraus, daß sich die Bevölkerung im Krankheitsfall, während der Ausbildung, am Arbeitsplatz, beim Einkaufen und vor dem Fernsehgerät an grundlegend neue Handhabungen und Umgangsformen gewöhnt. Da diese Angebote einen unmittelbaren Eingriff in das tägliche Leben zur Folge haben, in einigen Bereichen nicht ohne Risiken sind und auch noch einiges an Gebühren verschlingen, stellt sich die Frage, wie lange es dauern wird, bis die Bevölkerung tatsächlich Dienste des *Infohighways* regelmäßig in Anspruch nimmt.

• Juristische Aspekte

Welchen Handlungsspielraum hat der Gesetzgeber, um der unzulässigen Analyse und Weitergabe persönlicher Daten entgegenzutreten? Dürfen Daten eines *Telemedizin*-Patienten zentral gespeichert werden? Wer erhält Einblick? Welche Regelungen des Kartell- und Vertragsrechts gelten für *Virtual Corporations*? Wie können elektronisch erzeugte Inhalte urheberrechtlich wirksam geschützt werden? Welche elektronischen Angebote gelten als Rundfunk, und wie sind die medienrechtlichen Auflagen beschaffen? Sollen / können Beiträge von Netzteilnehmern, deren Inhalte nicht jugendfrei oder strafbar sind, in Zukunft zensiert werden, oder gibt es Alternativen? Wie können Gewerkschaften und Arbeitgeber gemeinsam verhindern, daß *Telearbeit* weiterhin mit sozialer Isolation und Verlust an Arbeits- und Sozialrechten in Verbindung gebracht wird? Diese Aufzählung ungeklärter Fragen ließe sich beliebig fortsetzen. Rechtsexperten dürften sich auch in Zukunft über mangelnde Arbeit nicht beklagen.

6 Zusammenfassung und Ausblick

Mit dem fortschreitenden Ausbau des *Infohighways* werden die Branchen Computer und Telekommunikation, Unterhaltungselektronik und Medien sowie Handel, Banken und Touristik langfristig zu einem gemeinsamen und zunehmend globalen Markt verschmelzen. In den kommenden Jahren sind dadurch in immer mehr Bereichen der Wirtschaft, aber auch der Gesellschaft gravierende Veränderungen zu erwarten. Nach Meinung der führenden Industrienationen werden Informationen zur wirtschaftlich ausschlaggebenden Ressource der Zukunft.

Alle Mitwirkenden der *Multimedia*-Branche streben nach einer zügigen Verwirklichung der sogenannten *Digitalen Konvergenz:*[1] ein System, das jede Art von ehemals analogen Text-, Ton-, Grafik- und Bewegtbildinformationen in digitaler und demnächst vollständig dreidimensionaler Form vereint und für die Weiterverarbeitung bzw. Vermarktung zur Verfügung stellt. Distributionsmedium ist ein digitales Netz, das jedem potentiellen Kunden einen Kanal zur Verfügung stellt, durch den die Gesamtheit der menschlichen Sinneswahrnehmungen –gegen Gebühr– geschleust werden kann. Angebote zur Zweiweg-Komunikation (fester Bestandteil von Internet, Bulletin Board Systemen und den meisten Online-Diensten) stehen nicht im Vordergrund der Planungen.

Derzeit verfügen die am Aufbau der Informationsinfrastruktur beteiligten Unternehmen jeweils nur über Teilkenntnisse auf dem Sektor der Technologien und inhaltlichen Angebote bzw. deren Vermarktung. Viele von ihnen können die immensen Investitionsaufwendungen, die der *Infohighway* erfordert, nicht aus eigener Kraft aufbringen. Gleichzeitig sind hohe geschäftliche Risiken zu konstatieren. Es gilt als keineswegs gesichert, daß die Bevölkerung in den Industrienationen in absehbarer Zeit bereit ist, die digitalen Angebote zu nutzen, da vor allem im Bereich des Interaktiven Fernsehens attraktive und innovative Inhalte bisher kaum zu entdecken sind.

Diese Hürden wollen nur wenige Unternehmen im Alleingang überwinden, daher sind regelmäßig neue Firmenzusammenschlüsse und *Joint-Ventures* zu beobachten. Neben der *Digitalen* haben sie es nun auf eine *Technologische Konvergenz* abgesehen, die nicht nur jede Form von Inhalt, sondern auch alle erforderlichen Übertragungswege sowie Ein- und Ausgabegeräte miteinander vereint (aus *Multimedia* wird *Omnimedia*). Angesichts der vielfältigen Akzeptanzprobleme und technologischen Grenzen läßt sich aber die These von der bevorstehenden *Negroponte-Implosion,*[2] nach der die Menschheit nur noch *einen* Apparat für Softwareanwendungen, bild-

---

[1] Vgl. Otte, Peter: The Information Superhighway. Beyond the Internet –Indianapolis: Que 1994, S. 215.

[2] Der Begriff ist benannt nach Nicholas Negroponte, dem Leiter des Media Lab am Massachussetes Institute of Technology (MIT), der vehement die Ansicht vertritt, Computer würden sich, da von vornherein interaktiv konzipiert, als allumfassendes Endgerät der Zukunft durchsetzen. Vgl. Bass, Thomas A.: Being Nicholas. In: Wired 11/1995, S. 202.

schirmfüllende Fernsehprogramme, Telefondienste und Datenfernübertragung einsetzt, so bald nicht verwirklichen.

Stattdessen wird es sehr wahrscheinlich zu einer *Kleeblatt-Konvergenz* kommen, das heißt zu einem Zusammenwachsen der vier *Infohighway*-„Auffahrten" zu einem miteinander verbundenen „Rampen"-System nach dem Vorbild eines Autobahn-Kreuzes. Erreichbar ist auf diesem Wege ein gemeinsames, vielfältiges Netz, das mit verschiedenen Endgeräten genutzt werden kann. Indizien für diese Entwicklung lassen sich bereits heute auf allen „Fahrspuren" entdecken:

Im Internet und in Online-Diensten sind TV-Sender präsent und sammeln Erfahrungen auf dem Gebiet interaktiver Angebote, Online-Dienste öffnen ihren Mitgliedern Übergänge zum Internet, oder sie verlagern sogar ihre gesamten Aktivitäten ins *World Wide Web*. Bulletin Board Systeme bieten ihren Teilnehmern Internet-taugliche *eMail*-Adressen und *UseNet*-Dienste, einige von ihnen sind bereits via Internet anwählbar. *Set-Top-Box*-Hersteller werben mit der Bereitstellung von Internet und Online-Diensten per Kabelkanal.

Festzuhalten bleibt aber, daß sich auf allen Fahrspuren des *Infohighways* die Nutzung der Dienste schwierig gestaltet. Auch weiterhin werden überwiegend technologisch aufgeschlossene bzw. erfahrene Menschen Zugang zu den Angeboten finden. Außerdem fallen in der Regel hohe Gebühren an. Einkommensschwächere Bevölkerungsgruppen werden vor allem durch Interaktives Fernsehen und Online-Dienste finanziell überfordert.

Internet bzw. Bulletin Board Systeme leisten mit ihrer dezentralen und demokratischen Struktur insgesamt einen wichtigen Beitrag für eine positive Entwicklung der Informationsgesellschaft. Noch dazu sind sie vergleichsweise preiswert. Dafür sind sie aber, zumindest gegenwärtig, besonders kompliziert zu bedienen. Von einer elektronischen *Denkmaschine* (Abschnitt 2.2.1 Internet), die nach Douglas Engelbarts Theorie tatsächlich *jeden* zu ihrer Benutzung befähigt und dabei den menschlichen Intellekt erweitert, sind wir in der Praxis also noch weit entfernt.

Beim weiteren Ausbau der Informationsinfrastruktur ist die Rolle und der Einfluß von Regierungen und Privatindustrie, aber auch der Teilnehmer, ein entscheidender Faktor. Bevölkerungsmitglieder, denen die notwendigen finanziellen Mittel und technischen Voraussetzungen zur Verfügung stehen, sind aufgefordert, sich durch kritische Beiträge und konstruktive Beteiligung für den Aufbau einer Informationsgesellschaft einzusetzen, die alle Menschen einschließt, damit nicht die meisten von ihnen demnächst als „Verkehrstote" des *Infohighways* zu beklagen sind.

Neben der Vereinbarung internationaler Richtlinien ist das regulative Umfeld in den einzelnen Staaten von hoher Bedeutung. Auch in Deutschland darf der *Infohighway* nicht weiterhin im rechtsfreien Raum entstehen. Angemessene Regelungen zum Schutze des geistigen Eigentums und der Verbraucher sowie deren Privatsphäre müssen geschaffen werden. Hinzu kommen Rechtsgrundlagen für die sozial verträgliche Gestaltung von *Telearbeit*. Sicherzustellen sind aber vor allem Meinungsvielfalt und die Gewährleistung einer Grundversorgung (*Universal Access*), in der alle zukünftigen Angebote, von denen die Teilhabe am öffentlichen Leben berührt wird, eingeschlossen sind. Die Freiheit der Meinungsäußerung darf nicht leichtfertig staatlichen Zensurmaßnahmen geopfert werden, wenn Methoden zur Verfügung stehen, mit denen die Netzteilnehmer in eigener Verantwortung Minderjährige vor bedenklichen Inhalten schützen können.

Längst überfällig ist die Einrichtung einer bundesweit zuständigen Medien- und Telekommunikations-Aufsichtsbehörde, ähnlich der amerikanischen FCC. Sie sollte nicht nur reagierend eingreifen, wenn sich bereits unzulässige Kartelle gebildet haben, sondern darüber hinaus die Entwicklung und Verbreitung von Angeboten fördern, die der Gemeinschaft dienlich sind. Dazu gehört auch die Wahrung der Bestands- und Entwicklungsgarantie für das öffentlich-rechtliche System, das Anspruch hat auf eine Beteiligung an technischen und inhaltlichen Innovationen. In einem am Umsatz orientierten Medienmarkt sind sie ein unentbehrliches, publizistisches Gegengewicht. Keinesfalls dürfen sich die Gesetzesreformen in Deregulierungsbemühungen erschöpfen, wie es sich der Verband Privater Rundfunk und Telekommunikation e.V. (VPRT) vorstellt.[3] Stattdessen sollten Angebote des *Infohighways* nach dem Grad beurteilt werden, in der sie Einfluß auf die öffentliche Meinungsbildung ausüben („Negativliste").

Demgegenüber ist auf dem Gebiet der Telekommunikations-Monopole in der Tat eine Öffnung der Märkte notwendig. Von einer wettbewerbsorientierten Telekommunikations-Infrastruktur sind die Fahrspuren des *Infohighways* und deren inhaltliche Vielfalt abhängig. Durch konkurrenzbedingt vergünstigte Preise für Datenübertragungen erhalten mehr Anbieter, aber auch größere Bevölkerungsgruppen Zugang zu den Netzen. Gleichzeitig muß der Entwicklung weltweiter Oligopole durch Telekommunikations-Gesellschaften und Medienkonzerne, die damit Preisabsprachen und Meinungskonzentration begünstigen, entgegengewirkt werden. Zu diesem Zwecke ist eine Medien- und Telekommunikations-Kontrollinstanz mit europäischer bzw. weltweiter Befugnis zu gründen.

Oberste Priorität hat jedoch die Einbeziehung der Bevölkerung in den politischen Entscheidungsprozeß (nicht zu verwechseln mit der Einführung elektronischer Plebiszite, bei denen der Bürger nur die Wahl hat, einen von zwei Knöpfen der Fernbedienung zu drücken). Insbesondere in der Bundesrepublik fühlen sich viele Menschen von den Entwicklungen, die der *Infohighway* mit sich bringt, förmlich überrollt und reagieren mit Desinteresse oder Ablehnung. Schuld daran ist nicht zuletzt die ungenügende Öffentlichkeitsarbeit der Regierung, die sich im wesentlichen auf die Einrichtung abgeschotteter „Technologieräte" beschränkt, anstatt die Bürger engagiert und in allgemein verständlichen Worten über das Für und Wider zu informieren und einen Dialog in Gang zu bringen. Wird nicht einmal Interesse bei den Teilnehmern erweckt, dann ist der *Infohighway* von vornherein auf Sand gebaut.

---

[3] Vgl. Booz, Allen & Hamilton (Hg.): Zukunft Multimedia. Grundlagen, Märkte und Perspektiven in Deutschland -Franfurt a.M.: IMK 1995, S. 100 f..

7 Anhang

7.1 Listen und Auszüge

Infohighway: Die Mitwirkenden

EDV-Branche

–Hardware
a) Server

- Media Server, WWW Server
  Anbieter u.a.: Hewlett Packard, Silicon Graphics, n-Cube Corp. (MPP), Tektronix, Apple

b) Desktop Computer

- PC, Multimedia PC
  Anbieter u.a.: IBM, Apple, Compaq, Bell, Siemens

c) Portable Computer

- Laptop, Subnotebook, Notebook, Palmtop, PDA / PIC
  Anbieter u.a.: IBM, Apple, Compaq, Toshiba, Sony, Sharp

d) Netzlösungen

- Ethernet, LAN, MAN, WAN, Internet
  Anbieter u.a.: Novell, DEC, IBM, Apple, Alcatel/SEL

e) Peripherie & Zubehör

- Set-Top-Decoder, TV-Tunerkarten, int./ext. Modems, ISDN-Karten, CD-ROM-Laufwerke, Drucker, Chipkarten
  Anbieter u.a.: General Instrument, Intel, Motorola, Nokia, Apple, Intel, SupraFax, Leonardo, Matsushita, Hewlett Packard, Siemens

–Software
a) Media Server Software

- Video Management, Abrechnung
  Anbieter u.a.: Microsoft, Oracle

b) Betriebssysteme

• Desktop / Portable PCs, drahtlos (PIC)
  Anbieter u.a.: Microsoft, IBM, Apple, General Magic

c) Mensch-Maschinenschnittstelle (GUI) / Anwendungen

• Client-Software, Groupware, Dienstprogramme, Kompressionsverfahren
  (MPEG), Electronic Agents
  Anbieter u.a.: Netscape, SoftArc, IBM, Apple, Intel,
  Microsoft, Macromedia, Adobe, General Magic

Unterhaltungs-Elektronik

–Hardware

• TV-Geräte, Videokameras, Scanners, Videogame- / CDi-Konsolen
  Anbieter u.a.: Sony, Grundig, JVC, Sharp, Apple, Sega, Nintendo, Philips

–Zubehör

• Spiele-Cartridges, CD-ROM, Cdi, Joysticks, VR-Gear
  Anbieter u.a.: Sega, Nintendo, Toshiba, Matsushita, Philips, Pearl, Gravis

Übertragungstechnik

–Trägermedien
a) Kabelgestützte Trägermedien

• Kupfer, Koaxial, Glasfaser

b) Satellitengestützte und terrestrische Trägermedien

• Infrarot, RDS, RDBS, Mobilfunk, DBS, DAB, DTVB, Simulcast

  Anbieter u.a.: Siemens, PKI, SEL/Alcatel, Bosch

–Netzleistung und Dienste
a) Übertragungstechniken

• Frame Relay, DQDB, ATM, FDDI, SMDS

b) Dienste

- Datex-M, Datex-P, ISDN, B-ISDN

c) Verarbeitung

- Vorwärts-, Rückkanal, Bidirektionalität, Abrechnung, Kompression, Verschlüsselung

Anbieter u.a.: AT&T, MCI, Sprint, Deutsche Telekom, France Telecom, British Telecom, Nynex, Bell Atlantic, Bell South, Pacific, Thyssen/VEBA, RWE, Deutsche Bahn, Mannesmann, Motorola, McCaw, Microsoft, TCI

–Endgeräte

- Bildtelefon, Mobiltelefon, Pager, DAB-Empfänger
  Anbieter u.a.: Telekom, AT&T, PictureTel, Ericsson, Motorola, Nokia

Inhalte

–Inhaltliche Formen
a) Sendungen

- TV-Voll- bzw. Sparten-Programme, Multiplexing (Near-Video-On-Demand)-, Multiperspektiv-Programme

b) Schwerpunkt Werbung

- Tele-Shopping, Infomercial-/Advertainment-Programme

c) Data Broadcast

- Kabelzeitung, DAB

d) Electronic Publishing

- Videotext, Wissenschaftliche Publikationen, Mailing Lists, Electronic Newsstand (Abstracts, Abobestellung), Online-Kataloge, Electronic Newspapers, Document-On-Demand, Selektionszeitungen

e) Spiele

- Spiele-Kanal, Online-Spiele

f) Elektronische Multimedia-Dienstleistungen

- Video-On-Demand, Event-On-Demand, Media- und Information-On-Demand (für Schule / Weiterbildung), Angebote von Politik und Verwaltung, Bibliotheken etc., Home-Shopping, Tele-Ordering (Tickets, Abos), *Homeban-*

king, Tele-Learning, Telearbeit, Telemedizin, Verkehrsleitsysteme, Positions-Systeme

-Abrechnungsformen

GEZ-Gebühren, kostenlos durch integrierte Werbung, Ermäßigung durch gestaffelt ausgeprägten Werbungsanteil, günstige Grundgebühr durch „Flashes" (Werbebalken in Prodigy), Pay-Per-Channel, Pay-Per-View, zeit- und volumenabhängige Gebühren, Buchungsentgelte, Paketangebote

Anbieter u.a.:

Filmstudios: Paramount, Warner Bros., Disney, Dreamworks SKG

öffentlich-rechtliche Sender: PBS, BBC, ARD, ZDF

Private und Kabel-Kanäle: ABC, NBC, CBS, ITN, Italia 1, RTL, Sat1, Pro7

Pay-TV: TCI, HBO, Viacom, Premiere

Spartensender: CNN, ntv

Tele-Shopping: Home-Shopping Network, QVC, H.O.T.

Satelliten-Programme: Asia Sat, Deutsche Welle

VBI-Anbieter (Videotext): ARD / ZDF, RTL, Channel Video Dat, Pro7

Verlage: Time Warner, Murdoch Group, Bertelsmann, Holtzbrinck

Spiele: Electronic Arts, Sega, Nintendo, Philips, LucasArts, Microsoft

Edutainment: Microsoft, BMG Interactive, Voyager

Online-Dienste: CIS, MSN, AOL, Minitel, T-Online, Bertelsmann Online

Öffentliche Anbieter: Bayern Online, Arbeitsamt Online

Bibliotheken: Library of Congress, JADE

Datenbanken: Genios, GBI

Versandhandel: ISN, QVC, UPS, Otto Versand, Quelle

Touristik: Start, Amadeus, Galileo, Easy Sabre, United Airlines

Versicherungs- und Immobilienbranche, Kliniken, Schulungszentren

Gebräuchliche *Online*-Symbole, die Emotionen ausdrücken (*Emoticons*)

:-) = smile

:-D = laughing smile

:-* = kiss

;-) = wink

:-X = my lips are sealed

:-P = blah [slip of the tongue]

:-| = indifferent

:-(= frown

:'(= crying

:-o = oh!

0:-) = angel

>:-> = devil

:-> = biting sarcastic smile

>;-> = devilish wink

\\//_ = Vulcan salute

\o/ = Praise the Lord, pray, whatever...

->>>>-- = Feather (just teasing, tickling)

() = Cuddling (example: ((((John)))) John is being sent
cuddles by the user.)

{} = Hug (example: {{{Jane}}} Jane is being sent hugs by
the user.)

<> = Making Love

>< = Opposite of above - not to be used in polite company

@-'-,-- = A rose for you (this one even has thorns!)...

:) = Midget smilie

:} = Sheepish smilie

:> = Impish smilie

:(= Sad

:@ = look at my tonsils!

:{ = pout

:D = Laughter

:-` = smiley spitting out its chewing tobacco

:-1 = smiley bland face

:-! = smiley bland face with a cold sore

:-#| = smiley face with bushy mustache

:-$ = smiley face with it's mouth wired shut

:-% = smiley banker

:-6 = smiley after eating something sour

:^) = smiley with pointy nose (righty)

:-7 = smiley after a wry statement

8-) = smiley swimmer

:-* = smiley after eating something bitter

:-& = smiley which is tongue-tied

{:-) = smiley with its hair parted in the middle

}:-) = above in an updraft

:-a = lefty smilely touching tongue to nose

:-s = smiley after a BIZARRE comment

:-d = lefty smiley razzing you

g-) = smiley with ponce-nez glasses

:-j = left smiling smilely

:-k = beats me, looks like something, tho.

:-v = talking head smiley

:-o = smiley singing national anthem

:-p = smiley sticking its tongue out (at you!)

0-) = smiley cyclops (scuba diver?)

:-=) = older smiley with mustache

:u) = smiley with funny-looking left nose

:n) = smiley with funny-looking

:[= Real Downer
:I = Hmmm...
:< = disappointed
:O = Yelling
:,(= Crying
:C = jutting lower lip pout
|I = Asleep
:Q = shouting with a cold sore
|^o = Snoring
[] = Hugs and ...
:* = Kisses
:] = Gleep...friendly midget smilie who'll gladly be your friend.
=) and 8) = Variations on a theme
|_|} = cup of coffee (or other beverage)
>-I = martini glass
_}] = beer mug
]-| = champagne glass
)-I = wine glass
}-I = margarita glass
+O:-) = the Pope
C=:-) = the Galloping Gourmet
=):-) = Uncle Sam
=|:-) = Abe Lincoln
4:-) = George Washington
5:-) = Elvis Presley
7:-) = Fred Flintstone
= Helen Keller
:/7) = Cyrano de Bergerac
>:*) = Bozo the Clown
#:o+= = Betty Boop
_:^) = an Indian
>>-O-> = Gen. Custer
8(:-) = Walt Disney
7:^) = Ronald Reagan
:-™ = user is a lawyer
:-£ = English banker
:-¢ = penny pincher
:-∞ = tongue-tied

right nose
:-q = smiley trying to touch its tongue to its nose
=:-(= frowning punk-rocker (real punk rockers don't smile)
=:-) = smiley punk-rocker
= smiley invisible man
(:-) = smiley big-face
):-) = "
):-(= unsmiley big-face
)O-) = scuba smiley big-face
:-e = disappointed smiley
:-t = cross smiley
:-i = semi-smiley
:-[= Un-smiley blockhead
+:-) = smiley priest
:-{ = variation on a theme
:-] = smiley blockhead
:-} = ditto
:-O = smiley orator
:-l = y. a. s.
:-: = mutant smiley
:-\ = Undecided smiley
.-] = one-eyed smilely
:-| = "have an ordinary day"
:-? = smilely smoking a pipe
;-) = winking smiley
,-} = wry and winking
:-< = real sad smiley
:< = midget unsmiley
:-> = y.a.s.
:v) = left-pointing nose
:-z = y.a.c.s.
:-b = left-pointing tongue
:-c = bummed out smiley
:-/ = lefty undecided smiley
:-) = ha ha
|-P = yecch
~~:-(= net.flame
:-} = beard

:-§ = one heck of a cold sore!	|-) = hee hee
:-¶ = licking upper lip in anticipation or satisfaction	:-{ = mustache
	0 |-) = net.religion
:-• = woah!	:-# = braces
:-- = ooh!	|-D = ho ho
:-≠ = mouth is wired shut!	:-X = bow tie
:-« = debonair moustache	:-> = hey hey
:-¿ = confused in Spanish	:-Q = smoker
:-≈ = hare lip	8 :-I = net.unix-wizards
:-◊ = open-mouthed kiss	<:I = dunce
:-∑ = monster frown	:-(= boo hoo
:-© = unhappy cuz of double chin	(:I = egghead
:-Δ = talking sideways	X-(= net.suicide
:-~) = runny nose	@:I = turban
:-∫ = wishy washy smile	:-I = hmm
:-√ = eck!	8-) = glasses
:-Œ = Vampire with thick upper lip	E-:-I = net.ham-radio
(-: = User is left handed	B-) = horn-rims
%-) = Been staring at green screen for 15 hours straight	:-O = Uh oh
	8:-) = glasses on forehead
:*) = Drunk (hiccup!)	>:-I = net.startrek
[:] = User is a robot	3:o[= net.pets
8-) = User is wearing sunglasses	>:-< = mad
B:-) = Sunglasses on head	:-(= Drama
::-) = User wears normal glasses	:- = Male
B-) = User wears horn-rimmed glasses	>- = Female
	:-) = Comedy
8:-) = User is a little girl	|-O= = Birth
:-{) = User has a mustache	:-o = Surpise
:-{} = User wears lipstick	8-# = Death
{:-) = User wears a toupee	8-| = Suspense
}:-(= Toupee in an updraft	8 = Infinity
:-[= User is a Vampire	:-8(= condescending stare
:-E = Bucktoothed vampire	}:^#}) = mega-smiley: updrafted bushy-mustached pointy-nosed smiley with a double-chin.
:-F = Bucktoothed vampire with one tooth missing	
	C=}>;*()) = Ultra-Mega-Smilie...
:-7 = User just made a wry statement	A drunk, devilish chef with a toupee in an updraft, a mustache, and a double chin.
:-* = User just ate something sour	
:-)~ = User drools	
:-~) = User has a cold	:-(*) = sick of recent netnews and

:'-(= User is crying

:'-) = User is so happy, s/he is crying

:-@ = User is screaming

:-# = User wears braces

:^) = User has a broken nose

:v) = User has a broken nose, but it's the other way

:_) = User's nose is sliding off of his face

:<) = User is from an Ivy League School

:-& = User is tongue tied.

=:-) = User is a hosehead

-:-) = User is a punk rocker

-:-(= (real punk rockers don't smile)

:=) = User has two noses

+-:-) = User is the Pope or holds some other religious office

`:-) = User shaved one of his eyebrows off this morning

,:-) = Same thing...other side

|-I = User is asleep

|-O = User is yawning/snoring

:-Q = User is a smoker

:-? = User smokes a pipe

O-) = Megaton Man On Patrol! (or else, user is a scuba diver)

O :-) = User is an angel (at heart, at least)

:-P = Nyahhhh!

:-S = User just made an incoherent statement

:-D = User is laughing (at you!)

:-C = User is really bummed

:-/ = User is skeptical

C=:-) = User is a chef

@= = User is pro-nuclear war

*<:-) = User is wearing a Santa Claus Hat

:-o = Uh oh! (8-o It's Mr. Bill!

is about to barf

[:|] = a robot (or other appropriate AI project)

:>) submitter has a big nose

:<| submitter attends an Ivy League school

:%)% submitter has acne

#-) submitter partied all night

:-* submitter just ate a sour pickle

:-'| submitter has a cold

:-R submitter has the flu

:-)' submitter tends to drool

':-} submitter accidentally shaved off one of his

eyebrows this morning

0-) submitter wearing scuba mask

P-) = getting fresh

|-) = falling asleep

.-) submitter has one eye

:=) submitter has two noses

:-D submitter talks too much

:-{) submitter has moustache

:-)} submitter has goatee/beard

:-d~ submitter smokes heavily

Q:-) = a new grad

(-: = Australian

:-(*) = sick of recent netnews and is about to barf

[:|] = a robot (or other appropriate AI project)

:>) submitter has a big nose

:<| submitter attends an Ivy League school

:%)% submitter has acne

#-) submitter partied all night

:-* submitter just ate a sour pickle

:-'| submitter has a cold

:-R submitter has the flu

:-)' submitter tends to drool

':-) submitter accidentally shaved off one of his

*:o) = And Bozo the Clown!
3:] = Pet smilie
3:[= Mean Pet smilie
d8= = Your pet beaver is wearing goggles and a hard hat.
=:H = What a cute rabbit!
E-:-) = User is a Ham radio operator
:-9 = User is licking his/her lips
%-6 = User is braindead
[:-) = User is wearing a walkman
(:I = User is an egghead
<:-I = User is a dunce
K:P = User is a little kid with a propeller beenie
:-0 = No Yelling! (Quiet Lab)
:-: = Mutant Smilie
 = The invisible smilie
.-) = User only has one eye
,-) = Ditto...but he's winking
X-(= User just died
8 :-) = User is a wizard
\:-) wears a french hat
 $-) is a yuppie

eyebrows this morning
0-) submitter wearing scuba mask
P-) = getting fresh
|-) = falling asleep
.-) submitter has one eye
:=) submitter has two noses
:-D submitter talks too much
:-{) submitter has moustache
:-)} submitter has goatee/beard
:-d~ submitter smokes heavily
Q:-) = a new grad
(-: = Australian
| is lying down
|:-) has heavy eyebrows
{:-) has new hair style
{:-{)} has new hair style, mustache and beard
(:-) has no hair
:-~ has ugly nose (needs nose job)
:-E has major dental problems
C:-) has large brain capacity
|:-| is excessively rigid
:-G- smokes cigarettes
:-p~ smokes heavily

Online-Abkürzungen (*Acronyms*)			

ADN	Any Day Now
AFAIK	As Far As I Know
AOL	America OnLine
BBS	Bulletin Board System
BTW	By The Way
CIS	Compuserve Information Service
CI$	Compuserve Information $ervice
CU	see you
CUL8R	see you later
DIIK	Darned If I Know
ESAD	Eat Spam And Die
FAQ	Frequently Asked Questions
FITB	Fill In The Blank
FOAF	Friend Of A Friend
FWIW	For What It's Worth
FYA	For Your Amusement
FYI	For Your Information
\<g\>	grin (a suffix to signify a joke)
GA	Go Ahead (you turn, usually in a conference)
\<gd&r\>	grinning, ducking and running (a suffix to signify a joke at someone's expense)
GIGO	Garbage In, Garbage Out
GIWIST	Gee, I Wish That I had Said That
HHOK	Ha Ha, Only Kidding
HHOS	Ha Ha, Only Serious
IAE	In Any Event
IC	I see
LOL	Laugh out Loud
IMHO	In My Humble Opinion
IMNSHO	In My Not So Humble Opinion

\<vbg\>	very big grin
WTF	What The...
WYSIWYG	What You See Is What You Get
WYSINOT	What You See Is NOT what you get
D/L: download	
U/L: upload	
B4: before	
BCNU: be seein' you	
BM: board manager	
BMUS: beem me up Scotty!	
BO: back off	
BTL: between the lines	
CBU: carbon based unit (human)	
SBU: silicon based unit (computer, also known as CPU)	
DGT: daughter	
DH: dear husband	
FU: fouled up	
FUBAR: fouled up beyound all recognition	
FWFN: farewell for now	
FTBOMH: from the bottom of my heart	
GUI: Graphical user interface	
GMTA: great minds think alike!	
HAND: have a nice day!	
HD: hard drive, or high density	
HTH: hit the hay (got to bed)	
ISO: in search of	
ITMSS: I take myself so seriously	
KUTGA: keep up the good work	
LAN: local area network	
LLAP: live long and prosper (StarTrek)	
LTIS: laughing till I'm sick	
LMA: last minute addition	
MYOB: mind your own business	
MSG: message	
POB: pat on back	

IMO	In My Opinion	RTFM: read the fine manual
IOW	In Other Words	S/W: shareware
KISS	Keep It Simple, Stupid	SBI: so be it
L8R	later	STBX: soon to be ex (as in soon to be ex-husband, wife etc.)
LSTYD	Life Stinks Then You Die	SYSOP: system operator
O&O	Over & Out	TAFN: that's all for now
OIC	Oh, I see	TBC: to be continued
OTOH	On The Other Hand	TDMMDI: the devil made me do it
POV	Point Of View	TLC: tender loving care
ROFL	Rolling On the Floor Laughing	TNT: till next time!
RSN	Real Soon Now	TTYL: talk to you later
RTM	Read The Manual	ROTFL: Rolling On The Floor Laughing
TANJ	There Ain't No Justice	FOTFL: Falling On The Floor Laughing
TANSTAAFL	There Ain't No Such Thing As A Free Lunch	IMBO: In My Biased Opinion
TIA	Thanks In Advance	<evil g>: Evil Grin
TNX	thanks	OIC: Oh, I see.
TNXE6	thanks a million (E6 = 106)	<modem slap>: The other person has reached through the phone line, grabbed your modem, and slapped you with it. (ouch)
TPTB	The Powers That Be	
TTBOMK	To The Best of My Knowledge	KEWL: cool
TTFN	Ta Ta For Now	
TTUL	Talk To you Later	

Die de.*-Netiquette   [ruhr.de]

Dieser Artikel soll Ihnen helfen, die Sitten und Gebräuche, die sich mit der
Zeit in den "de.*"-Newsgruppen eingebürgert haben, kennenzulernen, und
Ihnen über die wichtigsten Stolpersteine hinwegzuhelfen.
Es folgen einige Tips, wie man das Netz effizient und auch höflich zu aller
Zufriedenheit benutzen kann (und sollte):

1. Vergiß niemals, daß auf der anderen Seite ein Mensch sitzt!

Die meisten Leute denken in dem Augenblick, wo sie ihre Artikel und
Mails verfassen, leider nicht daran, daß die Nachrichten nicht
ausschliesslich von Computern gelesen werden, sondern auch von
(anderen?) Lebewesen, in erster Linie von Menschen.
Je nach Distribution kann Ihre Nachricht von Leuten z. B. in ganz
Deutschland und der Schweiz gelesen werden. Denken Sie stets daran und
lassen Sie sich nicht zu verbalen Ausbrüchen hinreissen. Bedenken Sie:
Je ausfallender und unhöflicher Sie sich gebärden, desto weniger Leute
sind bereit, Ihnen zu helfen, wenn Sie einmal etwas brauchen.
Eine einfache Faustregel: Schreibe nie etwas, was Du dem Adressaten
nicht auch vor anderen Leuten ins Gesicht sagen würdest.

**2. Erst lesen, dann denken, dann nochmal lesen, dann nochmal denken
und dann erst posten!**

Die Gefahr von Mißverständnissen ist bei einem geschriebenen,
computerisierten Medium besonders hoch. Vergewissern Sie sich mehrmals,
daß der Autor des Artikels, auf den Sie antworten wollen, auch das
gemeint hat, was Sie denken. Insbesondere sollten Sie darauf achten, ob
nicht vielleicht Sarkasmus oder eine ähnliche Abart des Humors :-)
benutzt wurde, ohne ihn mit dem Smiley-Symbol ":-)" zu kennzeichnen.

3. Fasse Dich kurz!

Niemand liest gerne Artikel, die mehr als 50 Zeilen lang sind. Denken
Sie daran, wenn Sie Artikel verfassen. Nebenbei: Es empfiehlt sich, die
Länge der eigenen Zeilen unter etwa 70 Zeichen zu halten.

4. Deine Artikel sprechen für Dich. Sei stolz auf sie!

Die meisten Leute auf dem Netz kennen und beurteilen Sie nur über das, was Sie in Artikeln oder Mails schreiben. Versuchen Sie daher, Ihre Artikel leicht verständlich und möglichst ohne Rechtschreibfehler zu verfassen. Ein Duden neben dem Rechner mag manchem als Übertreibung erscheinen; in Anbetracht der Tatsache, daß viele Leser den Autor eines vor Fehlern beinahe unleserlichen Artikels für einen (um es ganz deutlich zu sagen) Vollidioten halten, ist diese Investition vielleicht nicht ganz verfehlt. Bedenken Sie, daß ihr Anliegen nicht rüberkommt, wenn es nicht einmal den elementaren Anforderungen an Stil, Form und Niveau genügt. Bedenken Sie bitte auch: Vielleicht lesen Ihre zukünftigen Kollegen oder Ihr zukünftiger Chef mit. Vorurteile bilden sich leicht.

5. Nimm Dir Zeit, wenn Du einen Artikel schreibst!

Einige Leute denken, es würde ausreichen, einen Artikel in zwei Minuten in den Rechner zu hacken. Besonders im Hinblick auf die vorangegangenen Punkte ist das aber kaum möglich. Sie sollten sich Zeit nehmen, um einen Artikel zu verfassen, der auch Ihren Ansprüchen genügt.

6. Vernachlässige nicht die Aufmachung Deines Artikels!

Es ist natürlich nicht zwingend, einen Schreibmaschinenkurs mitgemacht zu haben, jedoch ist es ratsam, sich mit den wichtigsten der "Regeln für Maschinenschreiben" (z. B. DIN 5008) vertraut zu machen. Darüberhinaus sollten Punkte und Kommas selbstverständlich sein; durch Gross- und Kleinschreibung wird der Text leserlicher. Absätze lockern den Text auf, wenn sie alle paar Zeilen eingeschoben werden.

7. Achte auf die "Subject:"-Zeile!

Wenn Sie einen Artikel verfassen, achten Sie bitte besonders auf den Inhalt der "Subject:"-Zeile. Hier sollte in kurzen Worten (möglichst unter 40 Zeichen) der Inhalt des Artikels beschrieben werden, so daß ein Leser entscheiden kann, ob er von Interesse für ihn ist oder nicht. In länger dauernden Diskussionen kann es passieren, daß das Thema, über das debattiert wird, vom ursprünglichen "Subject" abweicht. Bitte ändern Sie die "Subject:"-Zeile entsprechend ab. Eine gute Angewohnheit ist es, wenn Sie den alten Titel zusätzlich noch angeben; bei Followups auf solche Artikel sollte der alte Titel aber entfernt werden. Ein Beispiel:

Nach dem Drücken von "F" im Newsreader (meist "nn" oder "rn") werden Sie mit

Subject: Re: Kohlrabi im Vorgarten

konfrontiert. Die Diskussion ist aber längst auf das Thema "Erbsen im Treibhaus" abgeschweift. Also ändern Sie wie folgt:

Subject: Erbsen im Treibhaus (war: Re: Kohlrabi im Vorgarten)

Sollte die "Subject:"-Zeile nun länger als 80 Zeichen werden, so ist es sicher nicht schlecht, den alten Titel abzukürzen.
Followups auf Ihren neuen Artikel sollten nur noch den Titel

Subject: Re: Erbsen im Treibhaus   erhalten.

8. Denke an die Leserschaft!

Überlegen Sie sich vor dem Posten eines Artikels oder Followups, welche Leute Sie mit Ihrer Nachricht erreichen wollen. Ein Artikel mit dem Titel "Fernseher Bj. 1972 an Selbstabholer" ist in einer regionalen Newsgruppe sicher wesentlich besser aufgehoben als in einer weltweit lesbaren "de.*"-Gruppe.

Wählen Sie die Gruppe (oder Gruppen), in die Sie schreiben, sorgfältig aus. Posten Sie, wenn irgend möglich, nur in eine Gruppe. Ein "Crossposting" eines Artikels in mehrere, womöglich inhaltlich verwandte Gruppen ist nicht empfehlenswert. Wenn Sie dennoch ein Crossposting (durch Angabe mehrerer Gruppennamen in der "Newsgroups:"-Zeile) in die Welt setzen, lenken Sie bitte darauffolgende Postings mit Hilfe der "Followup-To:"-Zeile in eine Gruppe.

9. Vorsicht mit Humor und Sarkasmus!

Achten Sie darauf, daß Sie Ihre sarkastisch gemeinten Bemerkungen so kennzeichnen, daß keine Mißverständnisse provoziert werden. Bedenken Sie: In einem schriftlichen Medium kommt nur sehr wenig von Ihrer Mimik und Gestik rüber, die Sie bei persönlichen Gesprächen benützen würden.

Im Netz gibt es für diesen Zweck eine ganze Reihe von Symbolen; die gebräuchlichsten sind ":-)" und ":-(". Wenn Ihnen nicht sofort auffällt, was diese Symbole bedeuten sollen, legen Sie den Kopf doch einfach auf die linke Schulter und schauen Sie nochmal... :-)

10. Kürze den Text, auf den Du Dich beziehst, auf das notwendige Minimum!

> Es ist eine gute Angewohnheit, Texte, auf die man sich bezieht, wörtlich
> zu zitieren. Wenn Sie einen Followup-Artikel schreiben, wird Ihnen der
> gesamte Text, auf den Sie sich beziehen, von Ihrem Newsreader-Programm
> zum Bearbeiten angeboten. Der Originaltext wird dabei im Allgemeinen
> durch das Zeichen '>' eingerückt (ähnlich wie dieser Absatz), um klar
> ersichtlich zu machen, daß es sich dabei um zitierten Text handelt.

Machen Sie es sich zur Angewohnheit, nur gerade so viel Originaltext stehen zu lassen, daß dem Leser der Zusammenhang nicht verlorengeht. Das ist a) wesentlich leichter zu lesen und zu verstehen und b) keine Verschwendung von Ressourcen.
Lassen Sie den Originaltext aber auch nicht ganz weg! Der Leser Ihres Artikels hat den Artikel, auf den Sie sich beziehen, mit hoher Wahrscheinlichkeit nicht mehr exakt in Erinnerung und hat ohne weitere Anhaltspunkte grosse Mühe, den Sinn Ihrer Ausführungen zu erkennen.

ACHTUNG: Auch die UNTERSCHRIFT oder die SIGNATURE der Originalnachricht
sollte nur dann zitiert werden, wenn darauf auch inhaltlich Bezug genommen wird. Wie die ebenso lästige DOPPELSIGNATURE ist dies ein FEHLER, den der Betreffende selbst oft nicht bemerkt. Ein persönlicher Hinweis (bitte nur als MAIL!) kann in beiden Fällen nicht schaden.

11. Benutze Mail, wo immer es geht!

Wenn Sie dem Autor eines Artikels etwas mitteilen wollen, überlegen Sie sich bitte genau, ob dafür nicht eine simple Mail ausreicht.
Ein Beispiel: Spätestens dann, wenn hitzige Diskussionen schließlich in wüste Beschimpfungsorgien ausarten, ist der Zeitpunkt gekommen, an dem

die Diskussion niemanden ausser den Streithähnen interessiert.
Generell gilt: Wenn Sie etwas mitteilen wollen, das auch viele andere
Leute interessieren könnte, benutzen Sie die News. Anderenfalls ist
eine Mail sicherlich ausreichend.

12. Gib eine Sammlung Deiner Erkenntnisse ans Netz weiter!

Wenn Sie eine Frage an die Netzgemeinde gestellt haben, und darauf
Antworten per Mail empfangen haben, welche evtl. auch andere Leute
interessieren könnten, fassen Sie Ihre Ergebnisse (natürlich gekürzt)
zusammen und lassen Sie damit auch das Netz von Ihrer Frage
profitieren.

13. Achte auf die gesetzlichen Regelungen!

Es ist völlig legal, kurze Auszüge aus urheberrechtlich geschützten
Werken zu informationellen Zwecken zu posten. Was darüber hinaus geht,
ist illegal. Zu den urheberrechtlich geschützten Werken gehören unter
anderem Zeitungsartikel, Liedtexte, Programme, Bilder etc. Ebenfalls
illegal ist es, mit Wort und/oder Bild zu Straftaten aufzurufen oder
zumindest Anleitungen dafür zu liefern.
Achten Sie darauf, daß Sie mit Ihrem Artikel keine Gesetze brechen, und
bedenken Sie, daß sich evtl. jeder strafbar macht, der solche
Informationen auf dem eigenen Rechner hält und anderen zugänglich
macht.

14. Benutze Deinen wirklichen Namen, kein Pseudonym!

In der Mailboxszene ist es ab und zu üblich, seine wahre Identität
hinter einem Pseudonym zu verbergen. Pseudonyme ermöglichen es auch,
Dinge zu sagen und zu tun, die man sich sonst nicht erlauben würde.
Aufgrund der negativen Erfahrungen, die sehr viele Leute auf dem Netz
mit den Trägern solcher Pseudonyme gemacht haben, und auch aus
presserechtlichen Gründen sollten Sie Ihre Artikel mit Ihrem wirklichen
Namen versehen. Wenn Sie nicht vorhaben, Ihren Namen preiszugeben,
vergessen Sie das Usenet (oder zumindest das Schreiben von Artikeln und
Mails) bitte schnell wieder.
Die Betreiber von Systemen, die schreibenden Zugriff auf das Netz
anbieten, sind angehalten, entsprechende Massnahmen zu ergreifen (z. B.
Eintragung des "Fullnames" ins GECOS-Feld der Passwortdatei o. ä.).

15. Kommerzielles?

Ein gewisses Maß an kommerziellen Informationen wird auf dem Netz gerne
toleriert, z.B. Adressen von Firmen, die ein bestimmtes Produkt
anbieten, nachdem jemand danach gefragt hat. Als unverschämt wird
dagegen die Verbreitung von reinen Werbeinformationen angesehen,
insbesondere, wenn sie ein gewisses Volumen überschreiten.
Bedenken Sie: Dies ist ein nichtkommerzielles Netz, und nicht jeder
will Übertragungskosten für Werbung bezahlen.

16. Keine "human gateways" - das Netz ist keine Mailbox!

Ebenfalls wird davon abgeraten, seine Aufgabe darin zu sehen, Artikel
aus verschiedenen anderen, für jedermann zugänglichen Netzen (um Namen
zu nennen: Fido, Zerberus, BTX, etc. pp.) ins Netz zu pumpen.
Das gilt insbesondere dann, wenn es den Informationen am allgemein
üblichen Niveau mangelt, die darin angesprochenen Tatsachen jedem
durchschnittlich intelligenten Menschen bereits bekannt sind oder
abzusehen ist, daß sich nur ein verschwindend geringer Bruchteil der
Netz-User dafür interessiert.
Bedenken Sie: Das Netz ist keine Daten-Mülltonne.

17. "Du" oder "Sie"?

Aus der Deutschsprachigkeit der "de.*"-Hierarchie erwächst die Frage,
ob man andere Netzteilnehmer in Artikeln und Mails "duzen" oder
"siezen" sollte. Dafür gibt es keine allgemeingültige Regel; es hat
sich jedoch eingebürgert, den Anderen mit "Du" anzureden. 99,9 % der
Teilnehmer in der "de.*"-Hierarchie finden das auch völlig in Ordnung
und würden es als eher absonderlich ansehen, wenn sie auf einmal
gesiezt werden würden. Vielleicht ist diese Netiquette also der letzte
Artikel im Netz, in dem Sie geSIEzt werden...

18. Zusammenfassung der Dinge, die Sie bedenken sollten...

o Vergiß niemals, daß auf der anderen Seite ein Mensch sitzt
o Erst lesen, dann denken, dann nochmal lesen, dann nochmal denken,
   und dann erst posten
o Fasse Dich kurz!

o Deine Artikel sprechen für Dich. Sei stolz auf sie!
o Nimm Dir Zeit, wenn Du einen Artikel schreibst!
o Vernachlässige nicht die Aufmachung Deines Artikels
o Achte auf die "Subject:"-Zeile!
o Denke an die Leserschaft!
o Vorsicht mit Humor und Sarkasmus!
o Kürze den Text, auf den Du Dich beziehst, auf das notwendige
  Minimum!
o Benutze Mail, wo immer es geht!
o Gib eine Sammlung deiner Erkenntnisse ans Netz weiter
o Achte auf die gesetzlichen Regelungen!
o Benutze Deinen wirklichen Namen, kein Pseudonym
o Kommerzielles?
o Keine "human gateways" - das Netz ist keine Mailbox
o "Du" oder "Sie"?

Christian Kaiser <cmk@chi.sub.org>
Ulrich Dessauer <ud@nitmar.muc.de>
Patrick Guelat <patg@imp.ch>
Joachim Astel <achim@astel.com>

24.11.95 webmaster@ruhr.de

HotWired FAQ   Ver. 2.0 - 01.05.95
****

-1- What is HotWired's URL?
-2- Does HotWired cost anything?
-3- How do I contact a human at HotWired?
-4- What is HotWired about?
-5- What HotWired is not.
-6- What are the five channels of HotWired?
-7- How do I participate in HotWired?

+++

-1- What is HotWired's URL?
    ****

    http://www.hotwired.com/

-2- Does HotWired cost anything?
    ****

No. HotWired is free. You do need a direct connection to the Internet and
Transmission Control Protocol/Internet Protocol (TCP/IP) software, which
allows your computer to talk to other computers on the Internet. You also
need a compatible Web browser, which you can download free by pointing
to

    http://www.hotwired.com/browsers.html

(HotWired membership is _not_ required to access this page.)

-3- How do I contact a human at HotWired?
    ****

If you are having problems connecting to HotWired, we urge you to send
email to   support@hotwired.com

Please detail the problem you are having. We will try to diagnose what isn't working as quickly as possible.

If you think you've found a bug in HotWired, please send a description of the problem, along with the type and version of the Web browser you're using and the type of computer you're using, to   bugs@hotwired.com
As a last resort, call +1 (415) 222 6300.

If you are a member of the press and want to arrange an interview as part of a story on HotWired, please contact our publicist, Taara Eden Hoffman, at +1 (415) 904 0666, or better yet, send email to <taara@wired.com>.

-4- What is HotWired about?
****

Like television wasn't radio with pictures, the Net isn't magazines with buttons - or worse, video-on-demand. Instead, this is a new medium demanding new thinking, new content.

Today's events mirror television's arrival as a mass medium in 1948. Global networks are connecting people with captivating words, pictures, sounds, and ideas from around the world. Online communities are beginning to find their voices. Passive entertainment is passe. Through interactivity, people do not talk back to machines - they connect_to each other.

We're building something rich and strange here. Full of discussion, dialog, commentary, art, sound, and vision. Help us define the future of this new medium.

-5- What HotWired is not.
****

HotWired is not WIRED magazine with another name. (WIRED works perfectly well in print, thank you.) It's not a so-called online magazine (print content reduced to ASCII and shoveled into another medium, narrowband interactive). It's not video-on-demand (a pie-in-the-sky marketing concept created by out-of-touch old-media executives to justify their headlong rush into a new medium they don't understand, broadband interactive). It's not an online service like Prodigy or AOL (now rendered obsolete by the explosion of interest in the Internet and the development of the Web and graphical browsers).

And like WIRED before it, HotWired is not a cold, marketing concept, but the heartfelt expression of the passion of its creators.

-6- What are the five channels of HotWired?
****

HotWired's five channels are like five different doorways into the digital revolution. Technology, way new journalism, the arts, commerce, and the hubbub of electronic conversation can be found in Signal, Eyewitness, Renaissance 2.0, Coin, and Piazza. Expect plenty of overlap and cross-talk.

SIGNAL takes the pulse of the Digital Revolution. We write news about where to go and what to see on the Net, spread industry gossip, and review advances - and regressions - in communications technology.

EYE WITNESS is not the five o'clock news. Our highly personal hypertext essays and bulletins from around the globe are pointers to the way new journalism that is possible on the Web.

PIAZZA is the heart of HotWired, the central square where members, writers, and artists can exchange information, criticism, love-letters, and business cards. We have live guests in our auditorium and gateways to distant virtual worlds.

RENAISSANCE 2.0 is a set of digital galleries that will either blow your mind or crash your computer. Sounds, videos, pictures, and words from artists all over the world - commercial and anticommercial - melodic and antimelodic - beautiful and brilliantly unbeautiful.

COIN is where commerce takes place on HotWired. You can buy, sell, and trade goods and services with other members; browse personal ads; shop for WiredWare (and soon HotWiredWare); subscribe to the magazine; and explore WIRED's library.

-7- How do I participate in HotWired?
****

We are looking for the best and brightest digital artists, correspondents, musicians, dreamers, and realists for Renaissance 2.0. We have only one instruction to potential contributors: Amaze us!

If you are doing amazing work, check out

http://www.hotwired.com/Info/Ren.subs/index.html

There you'll find complete instructions on how to submit your work to Renaissance 2.0.

Thanks for joining the HotWired community.

+ + +

The HotWired Team - email: hotwired-info@hotwired.com

HotWired and WIRED (c) copyright 1994 WIRED Ventures Ltd.

Auszug aus einer Online-Konferenz mit dem
sächsischen Ministerpräsident Kurt Biedenkopf
im Online-Dienst CompuServe

********** 20.12.1994 18:44 Forum CO

SYSTEM | Switching to Konferenzraum

Lothar Krause ....| ein Nordlicht sagt "Guten Abend"

Stefan Fricke.....................................| Guten abend aus dem Westen <g>

Klaus Madzia.................................| Guten Abend aus Hamburg.

Joachim Mohr...............................| Guten Abend aus Hamburg.

Heiner Ulrich[sysop | Guten Abend auch vom Sysop

Stefan Fricke.................. | Bin ich hier bei McDoof (nur Hamburger)??????

Heiner Ulrich[sysop | Herr Biedenkopf ist schon hier, die formale Konferenz wird in Kürze eröffnet

Stefan Fricke.. | Noch 8 Minuten

Stengel1 | Guten Abend auch aus Muenchen

Freistaat Sachsen ....| Guten Abend auch aus Dresden

Bill Weidenbach...| Guten Abend aus Atlanta, Georgia - Atlanta-Saxony Liaison Office

- Visitor | ?

Bernward Franke....| Hallo von den Wirtschafts-Nachrichten aus Krefeld, unser Team steht Fragegewehr bei Fuß

- Visitor | Guten Abend nochmals aus Dresden

Dieter Boll | Gute Abend aus Bad Honnef

Heiner Ulrich[sysop | Bald geht es los: Bitte haltet euch an die Regeln - Fragen bitte nicht einfach stellen, sondern erst ein Fragezeichen eingeben - Sysop Peter Zobel ruft dann der Reihe nach auf.

Peter Zobel [sysop] | Die Konferenz ist eröffnet

Lothar Krause .... | ?

Peter Zobel [sysop] | Erste Frage bitte Visitor

Herbert Vogel... | ?

Freistaat Sachsen .... | ?

Volkmar Eich... | ?

Bernward Franke... | ?

Hans Thiel | ?

Peter Zobel [sysop] | Visitor keine Meldung. Jetzt bitte Herr Krause

Lothar Krause .... | ok

Peter Zobel [sysop] | bitte

Medienstadt Leipzig | Uwe Lemnitz

Peter Zobel [sysop] | Herr Krause?

Heiner Ulrich[sysop] | Herr Krause, Herr Biedenkopf wartet auf Ihre Frage

Lothar Krause .... | "ist den europäischen bzw. deutschen Regierenden bewußt, welch enormer Stellenabbau mit dem explosionsartigen Ausbreiten der Telekommuninkationsanwendungen einherget und welche Strategien verfolgt der MP Sachsens durch das zukünftige "ausgehen der Arbeit" für viele Wirtschaftsbereiche in den Industrieländern dabei, denn ist es nicht schon 5 nach 12 über dieses Thema eine europäische bzw. deutsche Strategie mit allen am wirtschaftlichen Prozeß Beteiligten schnellstens zu entwickeln"

Kurt Biedenkopf.. | Es ist noch nicht 5 nach 12. Die Arbeit wird uns auch nicht ausgehen, sondern sie wird sich verändern. Wichtig ist, daß wir uns durch das neue Medium nicht beherrschen lassen, sondern lernen, es zu beherrschen.

Peter Zobel [sysop] | Herr Vogel , bitte

Herbert Vogel.. | ok

Peter Zobel [sysop] | bitte

Herbert Vogel.. | wie schaetzen Sie den gegenwaertigen Stellenwert... von Informationstechnischer Grundbildung.. und Informatikunterricht an allgemeinbildenden Schulen ein

Hannes Boekhoff... | "?"

Medienstadt Leipzig | ?

Kurt Biedenkopf............ | Der Computer und seine Bedienung ist eine neue Kulturtechnik wie Schreiben und Rechnen. Er muß deshalb wie Basiswissen gelehrt werden, gehört also schon in die Grundausbildung der allgemein bildenden Schulen.

Peter Zobel [sysop] | Freistaat Sachsen bitte

Freistaat Sachsen .... | ok

Nico Koepke.. | ?

Peter Zobel [sysop] | bitte

Freistaat Sachsen | DNN:... Herr Ministerpräsident, was schenken Sie den Sachsen... zu Weihnachten ? ... Dirk Birgel

Kurt Biedenkopf............................ | Zuversicht für das Jahr 1995.

Peter Zobel [sysop] | Herr Eich bitte Herr Franke bitte

Bernward Franke... | ok

Christoph Blase... | ?

Bernward Franke............. | Hat das Land Sachsen gegenüber NRW künftig Standortvorteile, weil es über modernere Telefonleitungen (sprich Glasfaserkabel) verfügt und spielen solche Einrichtungen bei ausländischen Investoren ein besondere Rolle?

Peter Zobel [sysop] | bitte

Klaus Möller,ZDF....................................... | Bin ich hier richtig ??

Kurt Biedenkopf.............. | Die moderne Infrastruktur für Kommunikation ist wichtig, aber nicht allein entscheidend. Wichtiger als Standortvorteil ist, sie wirksam zu nutzen, d.h. insbesondere schnelles Verwaltungshandeln, effiziente Problemlösung für den Investor.

Thomas G. Rode... | ?

Bernward Franke... | ?

Volkmar Eich.. | ?

Christoph Kukulies.. | ?

Thomas Hammer.. | ?

Rainer Hattenhauer... | ?

Klaus Möller,ZDF... | ?

FH fuer Bibliotheks | ?

Thomas Schnuerer.. | ?

Thomas Hammer.. | ?

Heiner Ulrich[sysop | Hans Thiel:

Hans Thiel | ok Herr MP, muss nicht die Politik mit Beispiel online voran... gehen, um einen Impuls auszulïsen. "Leipzig Online"?... Was tut Sachsen fÅr DFö fÅr Behinderte?

Peter Klinghardt .... | ?

FH fuer Bibliotheks | ok

Medienstadt Leipzig | ?

Stefan Jan Schmidt... | ?

Kurt Biedenkopf...................| Ich glaube nicht, daß die Politik Impulse für Online-Systeme auslösen muß, sie muß vielmehr die notwendigen Infrastrukturen schaffen. Den Rest müssen die Nutzer tun. Zu dieser Infrastruktur gehört auch die bevorzugte Einbeziehung von behinderten Menschen.

Heiner Ulrich[sysop | Herr Böckhoff bitte:

Hannes Boekhoff.. | ok

Herbert Vogel... | ?

Hannes Boekhoff............. | Herr MP, beherrschen Sie das Medium selbst.... will heißen schreiben Sie jetzt selkbst oder lassen Sie schreiben?

Kurt Biedenkopf....| Hier lasse ich schreiben, zu Hause schreibe ich selbst.

Thomas Hammer.. | :-)

Heiner Ulrich[sysop | Stadt Leipzig bitte:

Medienstadt Leipzig | ok

Sascha Wolff... | ?

Medienstadt Leipzig | Herr MP, welche Rolle wird die TK-Wirtschaft in Ihrer zukünftigen Regierungspolitik spielen. Diese Frage gilt besonders vor dem Hintergrund der Tatsache, daß Sachsen jetzt Mitglied der Regionalen Informationsinitiative der EU ist

Albin Oberhofer... | ?

Kurt Biedenkopf.| Die TK-Wirtschaft ist ein wichtiger Bestandteil unserer

Strukturpolitik, wir können nur wettbewerbsfähig bleiben, wenn sich unsere Industriepolitik an der Front des technischen Fortschritts bewegt. Deshalb auch die Teilnahme an der regionalen Informationsinitiative.

Heiner Ulrich[sysop | Herr Koepke bitte

Nico Koepke...... | Lieber MP, hallo, ist dort WIRKLICH Kurt B - wie weiß ich das denn <g>?

Claus Brandstetter.. | ?

Kurt Biedenkopf.................... | Im Prinzip Glaubenssache, aber ich bin von SPIEGEL-Redakteuren umstellt.

Heiner Ulrich[sysop | Herr Blase bitte:

Christoph Blase.............. | ok: Kennen Sie Medienkunstwerke und falls ja, welche finden Sie gut?

Rüdiger Becker.. | ?

Ulrich Veigel .... | ?

T.Ruddy | quit

7.2 Literatur

Anthony Jr., G.: Encountering Friends through Cyber-Chat. In: Philadelphia Inquirer 11.2.1994

Bass, Thomas A.: Being Nicholas. In: Wired 11/1995, S. 202

Becker, Peter: Das „vierte Medium" auf dem Vormarsch. In: Der Tagesspiegel, 27.9.1995

Berg, Angelika: Unsere Fernsehzukunft. 400 Sender –und keiner guckt hin? Titelstory. In: TV Movie, 10.10.1994

Biernat, Frank (u.a.).: T-Online. Der deutschen liebstes Kind. In: MACup 12/1995, S. 34

Blei, Anni: Van Gogh TV. In: DOCmag Nr. 4, Juni 1992, S. 2

Booz, Allen & Hamilton (Hg.): Zukunft Multimedia. Grundlagen, Märkte und Perspektiven in Deutschland –Franfurt a.M.: IMK 1995

Bücken, Rainer: Bei alten Geräten: Balken im Bild. In: Der Tagesspiegel, 2.1.1995

Bünger, Reinhart: Datenautobahn mit Schlagloch. In: Der Tagesspiegel, 9.11.1994

Bünger, Reinhart: Die ARD als Navigator. In: Der Tagesspiegel, 25.8.1995

Bünger, Reinhart: Die „Glotze" ist kein Götze. In: Der Tagesspiegel, 8.8.1995

Caporael, L.R.: Anthropomorphism and mechanomorphism. Two faces of the human machine. In: Computers in Human Behavior, vol. 2, 1986, S. 215 f.

Cerf, Vinton G.: Netztechnik. In: Spektrum der Wissenschaft. Dossier 1, Datenautobahn. 2/1995, S. 26-30

Desmond, Edward: Playing Catch-Up in the Cyberspace. In: Time Magazine 6.3.1995, S. 50 f.

Deutsch, Peter: Paying for Internet Goods and Services. In: Matrix News, Vol. 2, No. 12, 12/1993

Distelbarth, Tilmann: Verkrusteter Rundfunk. In: Der Tagesspiegel, 30.11.1995

Döring, Nicola: Isolation und Einsamkeit bei Netznutzern? Öffentliche Diskussion und empirische Daten. Elektronisch veröffentlichte Studie, TU Berlin, Institut für Psychologie, FB 11, 14.2.1995

Ehrhardt, Johnnes: Europäische Initiative. In: iX 9/1994, S. 56

Ehrhardt, Johnnes: Transatlantische Kooperation. In: iX 9/1994, S. 54.

Eicke, Ulrich: Information Highway -Kultur-Revolution oder mediale Geisterbahn? In: Psychologie Heute 5/1995, S.32 ff.

Elmer-Dewitt, Philip: Battle for the Soul of the Internet. In: Time Magazine 25.7.1994, S. 47.

Elmer-Dewitt, Philip: On a Screen Near You: Cyberporn. In: TIME Vol. 146, No.1, 3. Juli 1995, S. 38 ff.

Elmer-Dewitt, Philip: Fire Storm on the Computer Nets. In: TIME Vol. 146, No.4, 24. Juli 1995, S. 40

Engelbart, Douglas C.: A Conceptual Framework for the Augmentation of Man's Intellect. In: Howerton, Paul William und David C. Weeks: Vistas in Information Handling, Band 1 – Washington D.C.: Spartan Books 1963, S. 1-29

Engst, Adam C.: Internet Starter Kit for Macintosh – Indianapolis: Hayden Books 1994

Eyrich, Christoph: Wie pc ist Ihr PC? In: Der Tagesspiegel 3.8.1995

Foucault, Michel: Überwachen und Strafen. Die Geburt des Gefängnisses -Frankfurt a.M.: Suhrkamp 1976

Gack, Thomas: Eine Überraschung für die Kritiker. In: Der Tagesspiegel, 11.11.1994

Gaffin, Adam, Joerg Heitkoetter: EFF's (Extended) Guide to the Internet: A round trip through Global Networks, Life in Cyberspace, and Everything... -elektronisch publiziert, Mai 1994

Gangloff, Tilman P.: Glotze als Einkaufswägelchen. In: Der Tagesspiegel 14.6.1995.

Gibson, William: Biochips -München: Heyne 1988

Gibson, William: Mona Lisa Overdrive -München: Heyne 1989

Gibson, William: Neuromancer -München: Heyne 1987

Gilster, Paul A.: Newsgroups Explained. In: CompuServe Magazine, Vol. 14, No. 1, 1/1995, S. 23

Glaser, Peter: Arbyter aller Länder! In: Süddeutsche Zeitung Magazin, #17/95 (28.4.1995), S.16

Glaser, Peter: Verlieben Online. In: Tempo Nr. 3 3/1995, S. 67

Glotz, Peter, Jörg Tauss u.a.: Informationsgesellschaft. Medien und Informationstechnik (Eckwerte-Papier der SPD-Bundestagsfraktion) -Bonn, 19.7.1995. Elektronisch publiziert

Goldmann, Martin und Gabriele Hooffacker: Politisch arbeiten mit dem Computer -Reinbek: Rowohlt 1991, S. 88

Heismann, Günter: Telefon unter Hochspannung, In: Die Woche, 10.2.1995, S.12-13

Heller, Paul. F., Anton Maegerle: NS-Mailboxen. Neue Rechte und Neue Medien. In: Medien Praktisch 2/1995, S. 22 f.

Herrmann, Günter: Boden-los. In: epd Nr.12, 15.2.1995, S.3

Herwig, Claus: Bürgerinfos Online. In: Data News 8/1995, S. 85

Herz, J.C.: Surfing on the Internet. A Nethead's Adventures On-Line –Boston: Little, Brown And Company 1995

Hooffacker, Gabriele: Online. Telekommunikation von A bis Z –Reinbek: Rowohlt 1995

J.K.: Allianz für das Gute. In: Der Tagesspiegel, 2.11.1995.

Jones, Leslie: AOL FAQ 2.6, 9/1995 elektronisch publiziert

Jurczik, Jan: Hochzeitslaune eint Firmen in der Telekommunikation. In: Der Tagesspiegel 28.4.1995

Kalle, Claus: Step by Step. IP-Entwicklung in Deutschland in kleinen Schritten. In: iX 10/1994, S. 106-114

Kehoe, Brendan P.: Zen und die Kunst des Internet. Kursbuch für Informationssüchtige –München: Prentice Hall 1994, S. 6

Kiesler, Sara, Jane Siegel und Timothy McGuire: Social Psychological Aspects of Computer-Mediated Communication. In: American Psychologist 39, Nr. 10 (Oct. 1984), S. 1123-1134

Kline, David: Align and Conquer. In: Wired, 2/1995, S. 110 ff.

Knopp, Gregor: Blackboards. Die dunkle Seite. In: DATA NEWS 8/1995, S. 84

Kotler, Philip: Marketing Management, 7th Edition –London: Prentice Hall, S. 469

Kratz, Wilfried: Auf der Insel funken Private kräftig mit. In: Der Tagesspiegel, 11.1.1995.

Krause, Gerd: Auffahrten zur Datenautobahn bleiben gesucht. In: VDI Nachrichten, 3.3.1995

Kröter, Thomas: Viel zu besprechen, wenig zu sagen. In: Der Tagesspiegel 24.3.1995

Krüger, Stefan: Sado-Maso in der Mailbox. In: TV Today 14/95, S. 9 ff.

Kubicek, Herbert, A. Rolf: Mikropolis. Mit Computernetzen in die „Informationsgesellschaft" –Hamburg: VSA 1985, S. 75

Kunz, Martin: Hustensaft online. In: Focus 10.7.1995, S. 121

Kürble, Peter: Determinanten der Nachfrage nach multimedialen Pay-TV Diensten in Deutschland. Diskussionsbeitrag Nr. 148 –Bad Honnef: Wissenschaftliches Institut für Kommunikationsdienste Mai 1995, S. 10 f.

Laing, Jonathan R.: Proceed With Caution. In: Barron's 24.10.1994, S. 31-36

Laisiepen, Klaus, E. Lutterbeck, K.-H. Meyer-Uhlenried: Grundlagen der praktischen Information und Dokumentation. Eine Einführung –München: Saur 1980, S. 19.

Levy, Steven: Hackers. Heroes of the Computer Revolution – New York: Doubleday 1984

Levy, Steven: The PDA gets real ...close. In: Wired 3.01 1/1995 S. 133

Licklider, J.C.R., Robert Taylor und E. Herbert: The Computer as a Communication Device. In: International Science and Technology, 4/1968

Maaß, Holger, Leo Jacobs, Bernhard Müller, Klaus Rautenberg: Streß am Schirm? In: Screen Multimedia 2/1995, S. 90-93

Madzia, Klaus: „Ständig neu verkaufen". In: Der Spiegel 9/1995, S. 95

Magenheim, Thomas: Teleshopping bald in ganz Deutschland. In: Der Tagesspiegel 13.12.1995

Maier, Gunther und Andreas Wildberger: In 8 Sekunden um die Welt. Kommunikation über das Internet –Bonn: Addison-Wesley 1995

Maney, Kevin: Megamedia Shakeout. The Inside Story of the Leaders and the Losers in the Exploding Communications Industry –J. Wiley & Sons (Hg.) 1995, elektronisch veröffentlichter Buchauszug

Marshall, Jules: The Medium is the Mission. In: Wired 5/1992. Elektronisch veröffentlicht

McLuhan, Marshall: Die magischen Kanäle. Understanding Media. –Düsseldorf: Econ 1992, S. 362 f.

McNutt, Dinah und John S. Quarterman: Highway Facts. In: iX 9/1994, S. 52

Medicus, Thomas: Wenn sich Fenster ins 21. Jahrhundert öffnen. In: Der Tagesspiegel, 14.8.1995

Melichar, Ferdinand: Einführung zum Autorensymposion „Auf der Medienautobahn. Urheber im Zeitalter der digitalen Reproduzierbarkeit" vom 14.5.1995, Dokumentation der VG Wort, S. 8

Moles Kaupp, Christina: Bilderstürme durchs Netz. In: Der Tagesspiegel 24.6.1995

Moles Kaupp, Christina: Per Doppelklick zur Macht. In: Der Tagesspiegel 25.8.1995

Müller, Wolfgang und Martin Potthoff: Schwer auf Draht – Screen Multimedia, 1/1995, S. 112

Myers, David: Anonymity is Part of the Magic. Individual Manipulation of Computer-Mediated Communication Contexts. In: Qualitative Sociology, vol. 10, no.3, Fall 1987, S. 251-266

Niemec, Piotr: Auf dem Weg aus der Nische. In: medium 2/1995, S. 46

Ohne Verfasser, Datennetze. Zielloses Blättern. Der Spiegel, 21.3.1994, S. 240-241

Ohne Verfasser: About the Electronic Frontier Foundation, 8.11.1995. Elektronisch veröffentlicht

Ohne Verfasser: Administration Backs Off Clipper Chip. C/S Media Daily, 21.7.1994. Elektronisch publiziert

Ohne Verfasser: Alles andere ist Rundfunk. In: Der Tagesspiegel 13.9.1995

Ohne Verfasser: America Online Tops 4 Million Members (PR/Newswire), elektronisch veröffentlicht in AOL 7/11/1995

Ohne Verfasser: Beilage 6/1993 zum Bulletin der Europäischen Gemeinschaften -Luxemburg: Amt für amtliche Veröffentlichungen 1993

Ohne Verfasser: CompuServe Selbstdarstellung (Stand 10/1995)

Ohne Verfasser: CompuServe Selbstdarstellung (Stand 11/1995)

Ohne Verfasser: Computernetz Internet fehlt die Müllabfuhr. In: Der Tagesspiegel 30.3.1995

Ohne Verfasser: Datenkommunikation für die Wissenschaft. DFN-Broschüre 1994, S. 18

Ohne Verfasser: Der Decoder zum Digital-TV kommt. In: Der Tagesspiegel, 4.8.1995

Ohne Verfasser: DFN-Informationsbroschüre 1994, S. 9

Ohne Verfasser: Electric Word. In: WIRED 2.12, Dezember 1994, S. 49

Ohne Verfasser: Enquetekommission „Zukunft der Medien in Wirtschaft und Gesellschaft". In: epd Nr. 44 10.6.1995, S. 17 f.

Ohne Verfasser: Europe Online startet im Internet. Burda ändert Strategie -dpa 9.11.1995, elektronisch veröffentlicht

Ohne Verfasser: Exon Debate on Senate Floor. Congressional Record from June 14, 1995. Elektronisch veröffentlicht

Ohne Verfasser: Hast Du Nacktbilder? In: Spiegel Special Nr. 3. Abenteuer Computer -Hamburg: Spiegel-Verlag, 3/1995, S. 53

Ohne Verfasser: IFA 1995 -BetaTechnik präsentiert „d-box" und digitale Programme (Pressemitteilung der Kirch-Gruppe), 25.8.1995

Ohne Verfasser: Industriestaaten stellen Weichen zur Informationsgesellschaft. In: Der Tagesspiegel 27.2.1995

Ohne Verfasser: PC-Pendler. Inseln der Seligen. In: Der Spiegel. 11/1994, S. 243 f.

Ohne Verfasser: Kirch bleibt im Dorf. In: Der Tagesspiegel, 11.12.1995

Ohne Verfasser: Logon, Index. In: Pl@net 11/1995, Ziff-Davis-Verlag, S. 12

Ohne Verfasser: Mehrheit der Zuschauer gegen mehr Programme. In: Der Tagesspiegel, 6.10.1994

Ohne Verfasser: Milestones in Computing and on CompuServe 1905 - 1994 (11/1994), elektronisch veröffentlicht

Ohne Verfasser: Mit der Kreditkarte in den Ruin. In: Der Tagesspiegel 3.12.1995

Ohne Verfasser: Multimedia. Chance und Herausforderung. Dokumentation –Bonn: Bundesministerium für Bildung, Wissenschaft, Forschung und Technologie 3/1995

Ohne Verfasser: Nokia und BetaTechnik vereinbaren Lieferung von 1 Million digitalen Dekodern (Pressemitteilung der Kirch-Gruppe), 25.8.1995

Ohne Verfasser: Nun peilt Bill Gates den Cyberspace an. In: Der Tagesspiegel 26.8.1995

Ohne Verfasser: Pressemittelung der Kirch-Gruppe: Das Dekoderkonzept der BetaTechnik (Pressemitteilung der Kirch-Gruppe), 26.8.1995

Ohne Verfasser: Prodigy reaches agreement in key online libel case –Reuter 25.10.1995, elektronisch veröffentlicht

Ohne Verfasser: Revolution des Lernens. In: Der Spiegel – Hamburg: Spiegel-Verlag, 9/1994, S. 101

Ohne Verfasser: Sears Actively Seeking Sale of Prodigy Stake – Reuter 9.11.1995, elektronisch veröffentlicht

Ohne Verfasser: Security Flaw Found in Netscape. Reuter, 19.9.1995, elektronisch veröffentlicht

Ohne Verfasser: Sektenspuk im Internet. In: Der Spiegel 31/1995. Elektronisch publiziert in Spiegel Forum, CompuServe

Ohne Verfasser: Springer Says Pulls Out of Europe Online – Reuter 01.11.1995, elektronisch veröffentlicht

Ohne Verfasser: Telekom bietet Rabatte für Privatkunden. In: Der Tagesspiegel 5.12.1995

Ohne Verfasser: Telekom dreht kräftig an Gebührenschraube. In: Der Tagesspiegel 19.8.1995

Ohne Verfasser: Unterhaltungsbranche hofft auf Multimedia. In: TV Today 13/95, S. 28

Ohne Verfasser: Viererbande. America Online wird Europas größter Online-Verbund. In: Der Tagesspiegel, 23.11.1995

Oldenburg, Ray: The Great Good Place. Cafés, Coffe Shops, Community Centers, Beauty Parlors, General Stores, Bars, Hangouts, and How They Get You through the Day –New York: Paragon House 1991

Oppermann, Christiane: Fremde neue Welt. In: Die Woche Extra, Nr. 35, 25.8.1994, S. I

Otte, Peter: The Information Superhighway. Beyond the Internet –Indianapolis: Que 1994

Palaß, Brigitta, Anne Preissner-Polte: Kampf der Giganten. In: Manager Magazin 5/1994, S. 82

Pape, Sven: Multimedia. Potentiale interaktiver Erzählstrukturen. Diplomarbeit Hochschule der Künste Berlin, FB 5, 29.12.1995

Pardey, Hans-Heinrich: Verlorene Hallorufe über die virtuelle Piazza. In: Frankfurter Allgemeine 14.7.1992

Pitzer, Sisi: Per Astra nach Digitalien. In: Der Tagesspiegel, 8.9.1995

Postman, Neil: Das Technopol. Die Macht der Technologien und der Entmündigung der Gesellschaft –Franfurt a.M.: S. Fischer 1992, S. 77 ff.

Postman, Neil: Mehr Daten –mehr Dumme. In: GEO Extra, Das 21. Jahrhundert. Faszination Zukunft. 1/1995, S. 66 ff.

Postman, Neil: Wir amüsieren uns zu Tode. Urteilsbildung im Zeitalter der Unterhaltungsindustrie –Franfurt a.M.: S. Fischer 1985, S. 83 ff.

Quarterman, John: The Matrix. Computer Networks and Conferencing Systems Worldwide –Bedford: Digital Press 1990

Quittner, Josh: Johnny Manhattan Meets the Furry Muckers. In: Wired 4/1993. Elektronisch veröffentlicht

Recke, Martin: Es geht auch ohne MSG. In: epd Nr. 31, 22.4.1995, S.3 f.

Recke, Martin: MAAB will digitales Fernsehen flächendeckend einführen. In: epd Nr. 31, 22.4.1995, S. 15 f,

Reid, Elisabeth: Electropolis –Communications and Community on Internet Relay Chat (Honor's Thesis für das Department of History, University of Melbourne). Elektronisch publiziert 1991.

Rheingold, Howard: Virtual Reality –London: Mandarin 1992

Rheingold, Howard: Virtuelle Gemeinschaft. Soziale Beziehungen im Zeitalter des Computers –Bonn: Addison-Wesley 1994

Rodwell, P.: The Personal Computer Handbook –London: Kindersley 1983, S. 30

Schall, Karin: Mailboxsysteme als Grundlage für Information und interpersonelle Kommunikation. Diplomarbeit –Stuttgart: Studiengang Dokumentation an der Fachhochschule für Bibliothekswesen 1994

Scheidges, Rüdiger: Krönung per Fernbedienung. In: Der Tagesspiegel, 13.6.1995

Schenk, Michael: Medienwirkungsforschung –Tübingen: Mohr 1987, S. 40 f.

Schenker, Jennifer: No Turning Back. In: Communications Week International, 26.9.1994, S. 12.

Schrape, Klaus, Daniel Hürst und Martina Kessler: Wirtschaftliche Chancen des Digitalen Fernsehens. Dokumentation zum Vortrag anläßlich des BLM-Rundfunkkongresses in München – Basel: Prognos AG 13.10.1994, S. 23 f.

Schröder, Burkhard: Einfach überrascht worden. In: Der Tagesspiegel 13.7.1995

Schwab, Uwe: Der Information Highway und seine Bedeutung für das Elektronische Publizieren in Zeitungs- und Zeitschriftenverlagen. Diplomarbeit Fachhochschule Darmstadt, Fachbereich Information und Dokumentation, 1.6.1995. Elektronisch publiziert

Schwartz, Evan: People Are Supposed to Pay for this Stuff? In: Wired 7/1995, S. 150 ff.

Seidl, Claudius: Die imaginäre Pizza. In: Der Spiegel – Hamburg: Spiegel-Verlag. 18.5.1992, S. 110

Severin, Rainer: Download im Fenster. In: Data News 8/1995, S.72-74

Shamp, Scott A.: Mechanomorphism in Perception of Computer Communication Partners. In: Computer in Human Behavior, vol. 7, no. 3, 1991, S. 147-161

Sherman, Barrie, Phil Judkins: Virtuelle Realität. Computer kreieren synthetische Welten –Bern: Scherz 1993, S. 27

Sietmann, R.: Datenautobahn für jedermann. In: Der Tagesspiegel, 19.12.1994

Smith, Marc: Voices from the WELL. The Logic of the Virtual Commons. Master's thesis, Department of Sociology –Los Angeles: UCLA Press 1992

Sontheimer, Michael: Chaos als Programm. In: Spiegel Special Nr. 3. Abenteuer Computer –Hamburg: Spiegel-Verlag, 3/1995, S. 40-42

Sperlich, Tom: Die Multimedia-Penne. In: Die Zeit 10.2.1995

Stampfel, Sabine: /WOMAN. Women Only Mail And News. Das Frauen-Mailbox-Netz. In: Data News 8/1995, S. 81

Stenz, Peter: Agenten für jeden Einsatz. In: W&V 10.11.1995 S. 94

Stenz, Peter: Agenten für jeden Einsatz. In: Werben & Verkaufen 10.11.1995 S. 94

Stoll, Clifford: Stalking the Wily Hacker. In: Communications of the ACM 31:5 5/1988, S. 484-497

Stoll, Clifford: The Cockoo's Egg –New York, N.Y.: Doubleday 1989

Stone, Allucquere Roseanne: Will the real Body please stand up? Boundary Stories about Virtual Cultures. In: Benedikt, Michael (Ed.): Cyberspace. First Steps –Cambridge, Mass.: MIT Press 1991

Thomas, Gina: Parlament, Monarchie und BBC. In: Monkenbusch, Helmut (Hg.): Fernsehen. Medien, Macht und Märkte – Reinbek: Rowohlt 1994, S. 145 ff.

Thomas, Jim und Gordon Meyer (Hg.): Government & Net Censorship. In: Computer Underground Digest (CuDigest) Vol. 7, Nr.89 12.11.1995. Elektronisch veröffentlicht

Thurn, Valentin: SOS per Computer. In: Die Woche 2. Dezember 1993, S. 44

Toffler, Alvin (Interview mit) In: Das Ende der Romantik. In: Spiegel Special Nr. 3. Abenteuer Computer –Hamburg: Spiegel-Verlag, 3/1995, S. 59

Turner, Mia: A Web for the Masses. In: Time Magazine 10.4.1995, S. 54

Warner, Sam Bass: Private City. Philadelphia in Three Stages of Its Growth –Philadelphia: University of Pennsylvania Press 1968, S. 19-20

Watson, Russell, John Barry: When Word Are the Best Weapon. In: Newsweek, Vol. 75, No. 9, 2/1995, S. 20

Wernery, Steffen: Computer in die Schulen! In: Die Woche 17.3.1994, S. 2

Wilmut, Roger (Hg.): Monty Python's Flying Circus, Vol. 2 – London: Mandarin 1992, S. 27

Wolf, Gary und Michael Stein: Aether Madness. An Offbeat Guide to the Online World –Berkeley: Peachpit Press 1995

Wright, Robert: Hyper Democracy. In: Time Magazine 23.1.1995, S. 53-58

Yanoff, Scott: *Hypertext*-Liste kostenloser Ressourcen, die im *World Wide Web* vorliegt (Stand: 28.5.1995)

Zumbusch, Sascha: Weiche oder harte Währung. In: Der Tagesspiegel 3.8.1995

Erklärung:

Hiermit versichere ich, daß ich die vorliegende Diplomarbeit selbständig verfaßt und keine anderen Hilfsmittel als die angegebenen verwendet habe. Die Stellen, die anderen Werken dem Wortlaut oder dem Sinn nach entlehnt worden sind, habe ich in jedem einzelnen Fall durch Angabe der Quelle gekennzeichnet.

Berlin, den 29.12.1995

0243 870

Wissensquellen gewinnbringend nutzen

Qualität, Praxisrelevanz und Aktualität zeichnen unsere Studien aus. Wir bieten Ihnen im Auftrag unserer Autorinnen und Autoren Wirtschafts-studien und wissenschaftliche Abschlussarbeiten – Dissertationen, Diplomarbeiten, Magisterarbeiten, Staatsexamensarbeiten und Studien-arbeiten zum Kauf. Sie wurden an deutschen Universitäten, Fachhoch-schulen, Akademien oder vergleichbaren Institutionen der Europäischen Union geschrieben. Der Notendurchschnitt liegt bei 1,5.

Wettbewerbsvorteile verschaffen – Vergleichen Sie den Preis unserer Studien mit den Honoraren externer Berater. Um dieses Wissen selbst zusammenzutragen, müssten Sie viel Zeit und Geld aufbringen.

http://www.diplom.de bietet Ihnen unser vollständiges Lieferprogramm mit mehreren tausend Studien im Internet. Neben dem Online-Katalog und der Online-Suchmaschine für Ihre Recherche steht Ihnen auch eine Online-Bestellfunktion zur Verfügung. Inhaltliche Zusammenfassungen und Inhaltsverzeichnisse zu jeder Studie sind im Internet einsehbar.

Individueller Service – Gerne senden wir Ihnen auch unseren Papier-katalog zu. Bitte fordern Sie Ihr individuelles Exemplar bei uns an. Für Fragen, Anregungen und individuelle Anfragen stehen wir Ihnen gerne zur Verfügung. Wir freuen uns auf eine gute Zusammenarbeit.

Ihr Team der Diplomarbeiten Agentur

Diplomica GmbH
Hermannstal 119k
22119 Hamburg

Fon: 040 / 655 99 20
Fax: 040 / 655 99 222

agentur@diplom.de
www.diplom.de

www.ingramcontent.com/pod-product-compliance
Lightning Source LLC
LaVergne TN
LVHW092331060326
832902LV00008B/581